Fritz Bischoff

Der Konjunktiv bei Chrestien

Fritz Bischoff

Der Konjunktiv bei Chrestien

ISBN/EAN: 9783744612845

Hergestellt in Europa, USA, Kanada, Australien, Japan

Cover: Foto ©Thomas Meinert / pixelio.de

Weitere Bücher finden Sie auf **www.hansebooks.com**

DER
CONJUNCTIV BEI CHRESTIEN.

VON

DR. FRITZ BISCHOFF.

HALLE a./s.
VERLAG VON MAX NIEMEYER.

Inhalts-Verzeichniss.

	Pag.
Einleitendes	1

I. Theil. Der Conjunctiv des Wunsches.
A. In unabhängigen Wunschsätzen.

1. Capitel. Die unbedingten (beziehungslosen) realen Wunschsätze.
   - § 1. Gutes wünschend 5
   - § 2. Verwünschend 7
2. Capitel. Die bedingten (bezogenen) Wunschsätze.
   - § 1. Verwünschend, zum Zwecke drohender Warnung 8
   - § 2. Bedingungsweise Selbstverwünschung im Sinne einer Betheuerung 8
   - § 2a. Der Sprechende wünscht zum Zwecke der Betheuerung Gutes auf sich herab.
     - α) Vergleichend — correlativ 9
     - β) Conditional 10
   - § 3. Der Sprechende verwünscht einen Jeden, der dies oder das thun werde, um damit zu betheuern, dass er selbst es jedenfalls nicht thun werde 11
3. Capitel. A a β. Der Conj. in irrealen Wunschsätzen. 12
4. Capitel. Ab. Der Conj. in unabhängigen Aufforderungssätzen.
   - § 1. Die Aufforderung richtet sich an die angeredete Person.
     - a. Die angeredete Person ist Subject des Satzes . . . 13
     - b. Die angeredete Person ist Object eines unpersönlichen Verbs 15
     - c. Die Aufforderung bezieht sich auf eine Handlung, welche in der Sphäre der angeredeten Person liegt . 15
   - § 2. Die Aufforderung richtet sich an eine Mehrheit von Personen, zu denen der Sprechende mit gehört. 16
   - § 3. Aufforderung an éine dritte Person 16
   - § 3a. Mais que 17
5. Capitel. Ac. Der Conjunctiv in unabhängigen Einräumungssätzen.

B. Der Conjunctiv in abhängigen Wunschsätzen.

1. Capitel. Der Conjunctiv in Wunschsätzen im engeren Sinne, eingeleitet mit einem Verb oder verbalen Ausdruck des Wünschens (voloir, nebst ainz que, avoir talent, li cuers m'aporte, avoir envie, estre desirranz, querre, n'avoir cure, avoir covoitié, atendre, ne cuidier veoir l'ore, talenz me prent, volentez m'est prise, moi est tart, il me tarde, il me demore, plaire, atalenter, venir a creant, venir a talent, moi est bel) 24

	Pag.
Indicativ nach volantez me vient, talens m'est pris, avoir talent, plaire, seoir, atendre	28
Capitel 1a. Die Verba des Fürchtens	30

2. Capitel. Der Wunsch äussert sich in einer Handlung, welche auf ein Ziel hingeht.

§ 1. Der Hauptsatz enthält in seinem Verb etc. bereits die Andeutung, dass er zur Einleitung eines Zwecksatzes dient.
    a) Das erstrebte Ziel ist ein positives 32
    b) Das erstrebte Ziel ist ein negatives 32

§ 2. Die Ausdrucksweise im Hauptsatz ist nicht derartig, dass darauf nothwendigerweise ein Zwecksatz folgen müsste . . 33

3. Capitel. Der Wunsch äussert sich als Aufforderung; der den Inhalt des Wunsches enthaltende Satz wird eingeleitet mit: Comander, mander, faire crier, crier le ban que, eserier a aucun, dire, loer, conseillier, enseignier, aprendre, chastiier, semondre, amonester, demander, querre, requerre, enquerre, priier, conjurer, aplaidier merci a aucun, porchacier, metre a raison, tenir en grant, venir au pié, metre a aucun en courage, voloir, rover, orer, orer et destiner, dire oraisons que, faire proiere que, desfandre, menacier, veer, faire ban a aucun que... ne . . . 34

    Im abhängigen Satz steht der Imperativ 40

4. Capitel. Der Wunsch äussert sich in dem Urtheil, welches im Hauptsatz über den Inhalt des Nebensatzes ausgesprochen wird.

§ 1. Der Conj. in Sätzen, über deren Inhalt im Hauptsatz ein Urtheil ausgesprochen wird, welches derart ist, dass damit ein Wunsch des Urtheilenden verbunden ist. Solche Ausdrücke der Beurtheilung sind: droiz est, raisons est, il covient, il avient, il afiert, il ateint a, il monte a aucun, il est avenant, il est bien, il est mialz, il vaut mieuz, il vient mix a aucun, desiervir que, estovoir, avoir mestier, il m'est besoigne 41

§ 2. Der Inhalt des beurtheilten Satzes ist der objective, bereits in Wirklichkeit vorhandene Grund, nicht, wie in den unter § 1 betrachteten Fällen, das zugleich mit erstrebte Ziel des im Hauptsatz gefällten Urtheils; in Sätzen solcher Art steht der Indicativ als Modus der Thatsächlichkeit 43

§ 3. Die Ausdrücke der Gemüthsbewegung 45
§ 3a. Die Ausdrücke der Verwunderung 48

5. Capitel. Der Wunsch äussert sich abgeschwächt in einem Ausdruck der Einräumung, des Zugestehens: soffrir, doner, abandoner, otroier, consentir, voloir, bien soit que 49

II. Theil. Der Conjunctiv der Irrealität.

I. Abtheilung. Der Conj. in Substantivsätzen.

1. Capitel. § 1. Der Substantivsatz ist Subject eines Verbs des Seins   51
§ 2. Der Substantivsatz ist Object eines Verbs oder verbalen Ausdrucks der Wahrnehmung, des Denkens oder der Aussage. —

Pag.

A. Der Substantivsatz giebt den Gegenstand einer sinnlichen oder geistigen Wahrnehmung an 53
B. Der Substantivsatz giebt den Inhalt einer Gedankenvorstellung des Subjects im Hauptsatz an 55
C. Der Substantivsatz ist Object eines im Hauptsatz enthaltenen Verbs oder verbalen Ausdrucks der Aussage 61
Die Verba des Versprechens, Festsetzens und Uebereinkommens 65
D. Die Verba des Scheinens und einen Schein Erweckens 68
2. Capitel. Der Conjunctiv in indirecten Fragesätzen . . 70

II. Abtheilung. Der Conj. in determinierenden Sätzen.

A. Der Conj. in adjectivischen Determinierungssätzen oder determinierenden Relativsätzen.
1. Capitel. In attributiven. 75
 § 1. Der Conjunctiv in qualitativ determinierenden attributiven Relativsätzen 80
  a) Der Hauptsatz enthält einen auf den aus Beziehungswort nebst determinierendem Relativsatz bestehenden Artbegriff bezüglichen Ausdruck des Wunsches . . . 82
  b) Die Realität des Artbegriffs wird durch die auf ihn bezügliche Negierung des Hauptsatzes direct in Abrede gestellt 83
   Je ne gart l'ore que 87
   Der Artbegriff ist indirect negiert 88
  c) Der Artbegriff hat zweifelhafte Realität. α. Positive Aussage. β. Directe Frage. γ. Indirecte Frage. δ. Hypothetische Annahme. ε. Der Hauptsatz ist negiert. Die Verneinung trifft aber nicht den Artbegriff, welcher in seinem ganzen Umfange als wirklich zugegeben wird, sondern lediglich das Verb des Hauptsatzes, welches eine auf diesen Artbegriff bezügliche Annahme enthält, die als irreal zurükgewiesen wird 89
   Die Verallgemeinerungssätze 90
   Der Artbegriff bildet das zweite Glied einer Vergleichung der Ungleichheit 95
   Der Conjunctiv in Relativsätzen, deren Beziehungswort von einem superlativischen Attribut begleitet ist 96
 § 2. Die quantitativ determinierenden attributiven Relativsätze 98
2. Capitel. In praedicativen. 99
3. Capitel. Die adverbial determinierenden Sätze . . . 100
 § 1. Die determinierenden Adverbialsätze im eigentlichsten Sinne 102
 § 2. Determinierende Adverbialsätze im Conjunctiv, welche einen die Handlung des Hauptsatzes begleitenden Nebenumstand angeben.
  a) Die determinierende Handlung ist beabsichtigt . . . 104
  b) Die determinierende Handlung ist nur angenommen:
   α Der Hauptsatz ist negiert 104
   β Der Hauptsatz ist hypothetisch 105

§ 3. Adverbial determinierende Sätze, welche die Art, wie sich die Handlung des Verbs im Hauptsatze vollzieht, dadurch näher bestimmen, dass sie die durch dieselbe hervorgebrachte Wirkung angeben 105
    a) Wo die Wirkung bloss beabsichtigt ist 106
    b) Die Wirkung ist negiert 106
    c) Der Hauptsatz ist hypothetisch 108
    d) der Hauptsatz enthält eine Frage 108

§ 4. Die Temporalsätze:
    1) **Tant que** so lange bis
        a) Mit dem Conjunctiv 108
        b) Mit dem Indicativ 109
    2) **Tant com** so lange als
        a) Mit dem Conjunctiv 109
        b) Mit dem Indicativ 109
    3) **Dusque, jusque, jusqu'ou jor que**
        a) Mit dem Conjunctiv 110
        b) Mit dem Indicativ 110
    4) **Endementres que** während; **Que que** während nun **Maintenant que, Luesque; Lors que; Des que** 110
    10) **Ainz que**
        a) Mit dem Conjunctiv 110
        b) Mit dem Indicativ 110

§ 5. Determinierungssätze der Gradbestimmung 111

III. Theil. Die hypothetischen Sätze.

I. Vollständige hypothetische Satzgefüge 114
  1. Vollständige hypothetische Satzgefüge der Irrealität im Conj. Imperf. = latein. Conj. Imperf. 115
  2. Vollständige hypothetische Satzgefüge der Irrealität im Conj. Imperf. = latein. Conj. Plusquamp. 115
  3. Vollständige hypothetische Satzgefüge im Conj. Plusquamp. . 116
  4. Vollständige hypothetische Satzgefüge im Conj., deren Nebensatz in einer anderen als der gewöhnlichen Weise ausgedrückt ist 117
  5. Vollständige hypothetische Satzgefüge im Conj., deren Hauptsatz in dem vergleichenden con (oder que) angedeutet ist . . 117
  6. Vollständige hypothetische Satzgefüge in verschiedenem Modus 118
II. Unvollständige hypothetische Satzgefüge.
  1. Hauptsatz ohne Nebensatz im Conj. irrealer Annahme . . . 119
  2. Die mit **por oec que, por ce que, por tant que, por que** eingeleiteten Sätze 119
  3) Zu Mätzner, franz. Grammatik p. 829, § 104 120
II. Theil. Hypothet. Satzgefüge im Indicativ.
  A. Vollständige 121
  B. Unvollständige 122
III. Theil. Aneinanderreihung von Bedingungssätzen . . 123

Der Conjunctiv bei Chrestien.

Die anerkannte Bedeutsamkeit, welche die auch sprachlich für die Zeitgenossen mustergültigen Werke Chrestien's für die altfranzösische Grammatik besitzen, machen eine Rechtfertigung der Wahl des Themas für den folgenden Aufsatz überflüssig. Die Ausführung weicht von der gewöhnlichen Darstellungsweise der Grammatiken insofern ab, als der Versuch gemacht worden ist, einen Eintheilungsgrund durchzuführen, der von dem inneren Wesen des Conjunctivsatzes, nicht von seiner äusseren Stellung zum Hauptsatze (als dessen Subject, Object, adjectivisches oder adverbiales Attribut) hergenommen ist.

Die ganze Masse der dem Bereiche des Conjunctivs zufallenden Sätze ist nach den zwei Gesichtspunkten des Wunsches und der Irrealität angeordnet, indem diese Zweitheilung des Conjunctivs in Bezug auf die französische Grammatik einfach wie als etwas Gegebenes, ein für alle Mal Feststehendes angenommen worden ist, ohne dass der Versuch gemacht worden wäre, an der Hand der sprachphilosophischen Untersuchungen von *Wüllner*,[1] *Hoffmeister*[2] und *Delbrück*,[3] oder der compendiarischen Zusammenstellung von *Güth*[4] sämmtliche Fälle von Conjunctiven von Einem Gesichtspunkt aus, sei es nun der des Wunsches, oder sei es der der Irrealität, zu erklären und anzuordnen. Es dürfte sehr schwer, wenn nicht unmöglich sein, eine logisch motivierte Entscheidung darüber zu treffen, welcher von beiden Conjunctivarten auf französischem Gebiete die Priorität zuzuerkennen sei. Wenn *Hölder* p. 373 ff. seiner französischen

---

[1] „Die Bedeutung der sprachlichen Casus und Modi, ein Versuch von Dr. Fr. Wüllner, Münster 1827."
[2] „Erörterung der Grundsätze der Sprachlehre etc. von Dr. Karl Hoffmeister, Essen 1830."
[3] „Syntaktische Forschungen von B. Delbrück und E. Windisch. 1. Band: Der Gebrauch des Conj. und Optativs im Sanskrit und Griechischen von B. Delbrück, Halle 1871."
[4] „Die Lehre vom Conjunctivus mit Anwendung auf die italienische Sprache, von Dr. A. Güth, Programm der Luisenschule, Berlin 1876."

Grammatik die Conjunctive des Wunsches einfach denen der Nichtwirklichkeit beigesellt hat, so lässt sich das ja allerdings in gewisser Hinsicht rechtfertigen, da das Gewünschte seiner Natur nach nicht als wirklich gedacht sein kann. Dass aber das Element des Wunsches, welches dann nur die Rolle eines Accedens spielen würde, die eines selbständigen Faktors in der Conjunctivsetzung beanspruchen darf, beweisen die zahlreichen und mannigfaltigen Fälle von unabhängigen Conjunctiven des Wunsches, denen gegenüber die wenigen Fälle von Conjunctiven der Irrealität in unabhängigen Sätzen viel zu wenig in Betracht kommen, als dass sie als die Vorbilder jener angesehen werden könnten.

Wir folgen daher in der Festsetzung der Reihenfolge für beide Arten des Conjunctivs der von G. Curtius, zur Chronologie der indogermanischen Sprachforschung, Leipzig 1873, p. 49 aufgestellten Regel, wonach „der Conjunctiv in unabhängigen Sätzen nach dem unverwerflichen Zeugniss der griechischen Sprache wesentlich eine Aufforderung ausdrückt, ἄγωμεν im Unterschied von ἄγομεν, φέρωμεν von φέρομεν, womit aber keineswegs gesagt sein soll, dass der im Französischen in die Funktionen des griechischen Optativs eingetretene Conjunctiv der Irrealität nicht ganz gleichberechtigt neben dem des Wunsches stände.

Den Stoff zu der im Folgenden gegebenen Untersuchung des Conjunctivgebrauchs bei Chrestien haben geliefert:

Erec et Enide [cit. Erec]; Li Chevaliers au Lyon [cit. Lyon]; der von Chrestien verfasste Theil des Roman de la Charrette [cit. R. Charr.]; und des Conte del Graal [cit. Percev.] Das von C. Hofmann [„Ueber ein niederdeutsches Lancelotfragment", in den Monatsberichten der baier. Akademie der Wissenschaften, philos. histor. Classe, 11. Juni 1870] und von P. Meyer [Romania VIII 315] Chrestien abgesprochene Gedicht über Guillaume d'Angleterre [cit. Guill. d'Angl.] ist, wenn auch nicht ohne Bedenken, ganz ebenso zur Lieferung von Belegstellen für den Conjunctivgebrauch Chrestien's herangezogen worden, wie die vorhergenannten, unzweifelhaft echten Werke dieses Dichters. Die aus dem Roman de la Charrette beigebrachten Stellen sind der Tarbé'schen Ausgabe entnommen, da dem Verfasser der folgenden Untersuchung lange Zeit nur diese zu Gebote stand; der auf viel besserer Ueberlieferung beruhende Text, welchen Jonckbloet in seinem Lancelot giebt, konnte nur zur Angabe von Varianten benutzt werden. Die Chrestien zugeschriebenen Lieder [abgedruckt bei Holland, „Chrestien de Troies, Eine litteraturgeschichtliche Untersuchung", und an den daselbst angeführten Orten] haben keine Berücksichtigung gefunden, da Werke dieser Gattung für eine syntaktische Untersuchung nur von untergeordnetem Werthe sein können.

Der Verfasser der folgenden Untersuchung entledigt sich einer angenehmen Pflicht, indem er seinem hochverehrten Lehrer, Herrn Professor *Ad. Tobler,* für die vielfache Anregung und Belehrung, die derselbe ihm nicht nur durch seine Allen zugänglichen Vorlesungen und Abhandlungen, sondern auch bei privaten Anlässen stets mit gütigster Bereitwilligkeit hat zu Theil werden lassen, seinen aufrichtigsten Dank ausspricht.

I. Theil: Der Conjunctiv des Wunsches.

Zu diesem Theile gehören die **Wunschsätze** im eigentlichen Sinne, die **Aufforderungs-** und die **Einräumungs- Sätze.**

II. Theil: Der Conjunctiv der Irrealität.

Der Conj. der Irrealität findet sich in **Aussage-**, in indirecten **Frage-**, in **determinierenden** und in **hypothetischen Sätzen.**

I. THEIL.
Der Conjunctiv in Wunschsätzen.

A.	B.
In unabhängigen.	In abhängigen.

Aa.	Ab.	Ac.
In Wunschsätzen im engeren Sinne	In Aufforderungs- Sätzen	In Einräumungs- Sätzen

α.	β.
In realen.	In irrealen.

I. In unbedingten.   II. In bedingten.

Wie im Lateinischen, sondern sich die unabhängigen Wunschsätze im engeren Sinne rücksichtlich ihrer grammatischen Form nach den beiden Classen der **realen**, d. h. erfüllbaren, und in der Hoffnung auf Erfüllung geäusserten Wünsche; und der **irrealen**, d. h. nicht erfüllbaren, oder, wenn sie auf die Vergangenheit Bezug haben, nicht in Erfüllung gegangenen Wünsche, welche nicht so sehr um der Hoffnung auf Erfüllung willen geäussert werden, als um zu zeigen, was unter anderen Umständen, als den zur Zeit vorhandenen, dem Sprechenden als ein erfüllbarer Wunsch erschienen sein möchte. Die Sätze der ersten Classe stehen im Conj. Praes., die der zweiten im Conj. Imperf. oder Plusquamp.

Innerhalb der ersten, aus den erfüllbaren oder realen Wünschen bestehenden Classe der unabhängigen Wunschsätze heben sich schon durch die Verschiedenheit der Satzform zwei Gruppen von einander ab: die eine gebildet aus den unbedingten, beziehungslosen Wunschsätzen, in denen der ausgesprochene

1*

Wunsch Selbstzweck ist, um seiner selbst willen geäussert wird und keiner Ergänzung in einem zugehörigen Satze bedarf — die unbedingten Wunschsätze; die andere bestehend aus den bedingten oder bezogenen Wunschsätzen, denen, bei welchen der Wunsch Mittel zum Zweck ist, in denen es weniger auf den Wunsch an und für sich ankommt, als vielmehr auf die Beziehung, in welche derselbe zu etwas anderem gesetzt wird, von dessen Eintreten seine Realität als Wunsch selbst abhängig gemacht wird.

Es geschieht nur der Uebersichtlichkeit wegen, wenn wir die erste Gruppe der ersten Classe der erfüllbaren Wünsche dem Inhalte nach in zwei Unterabtheilungen zerlegen:

1) Wunschsätze in denen der Sprechende sich oder einer anderen Person Gutes wünscht;

2) Wunschsätze verwünschenden Inhalts.

Es ergiebt sich auf diese Weise folgendes Schema der Eintheilung:

I. THEIL.
Der Conjunctiv in Wunschsätzen.

A. In unabhängigen.	B. In abhängigen.

a. In Wunschsätzen im engeren Sinne.	b. In Aufforderungs-Sätzen.	c. In Einräumungs-Sätzen.

α. In Realen (erfüllbaren).	β. In Irrealen (nicht erfüllbaren oder nicht erfüllten).

I. In Unbedingten, (beziehungslosen)	II. In Bedingten, (bezogenen)

1. Gutes wünschend.	2. Verwünschend.

I. Abtheilung.

A.

Der Conjunctiv in unabhängigen Wunschsätzen.

1. Capitel.

Die unbedingten (beziehungslosen), realen Wunschsätze.

§ 1.

Gutes wünschend.

Guill. d'Angl. 53,12), Or en alons, Diex nos avoit! Sätze desselben Inhalts und von derselben Construction finden sich: Guill. d'Angl, 49,18. 100,17. 104,11. 111,14. R. Charr. 30,23. 39,29. 78,14. 78,18. 82,8. 96,24. 121,7. Erec 5228. 5428. 5472. 6327. 5620. Perceval 851. 997. 1811. 2556. 2600. 2888. 3037. 3275. 3338. 3348. 4794. 4952. 4957. 5774. 1486. 4009. 5965. 6868. 7184. 8218. 8326. 8741. 9668. 9917. 9188. 10427. 9345. Chev. Lyon 1287. 1297. 1443. 1607. 1688. 1691. 2336. 3758. 3803. 4401. 4621. 4622. 4900. 4916. 4993. 5032. 5044. 5167. 5096. 5167. 5241. 5242. 5331. 5337. 5416. 5798. 5925. 5935. 5977. Percev. 3088. Gret vos en sace Dex li rois. R. Charr. 86,4), Seignor, grant merci en aiez. Percev. 4629), Mors, car en[1] gete l'arme fors; Si soit en la soie[2] compagne, Se Jhesucris faire le dagne. ib. 2865), De tous les apostles de Rome Soiés vos beneois, biaus sire. Lyon 5397), De quanque dex puet faire et dire, Soiez vos beneoiz clamez.

Es ändert nichts an der unabhängigen Natur des Wunschsatzes, wenn derselbe auch scheinbar durch ein voraufgehendes que an ein in Gedanken zu ergänzendes Verb des Wünschens geknüpft ist: R. Charr. 79,15) Que Dex te doint joie et honor. Percev. 5399) Desarmés vos, fait il, biaus sire. Que joie et bone aventure ait Cil, ki de vos joie me fait. Et vos soiés li bien venus. Guill. d'Angl. 86,18) Que Diex tes proieres entenge Et merite del bien te renge Que tu m'as fait en ta maison. ib. 62,17 Signor, fait il as marceans, Que Diex vos face bien ceans, Et Diex a tos gaaigne doinst.

Dasselbe gilt von Percev. 10520) Or va, que li sires des rois Te laist bien aler et venir, Et la droite voie tenir. und Guill. d'Angl. 62,20) Se vos de vitaille avés point, Donés m'ent, que Dex le vos rende, in denen man es auch mit unabhängigen Wunschsätzen, und nicht mit Absichtssätzen (que = damit, auf dass) zu thun hat.

In die indirecte Rede getreten sind die ursprünglich als unabhängig gedachten Wunschsätze: Erec 1532) Tuit li dient, que dex le gart. Lyon 5796) Et cil respont, que dex les saut. ib. 205) Et il me dist tot maintenant Plus de VII foiz en un tenant, Que beneoite furt la voie, Par ou leanz entrez estoie.

Den unabhängigen Wunschsätzen der vorliegenden Art sind ferner beizuzählen die explicativen Relativsätze: Lyon 210) En mi la cort au vavasor, Cui dex doint et joie et enor, Tant com il

---

[1] d. h. de mon cors.
[2] d. h. de mon ami.

fist moi cele nuit. R. Charr. 82,19) Or m'en irai; si vos comant A Deu, qui d'encombrier vos gart. Guill. d'Angl. 53,10) Alons-nos-ent seurement Ensamble au Dieu comandement, Qui en sa garde nos recoive. ib. 62,21 Donés m'ent, que Diex le vos rende, Qui d'encombrier tos vos deffende, Et si vos doinst gaaigne a tous. Percev. 2562) ... de la court le roi Artu; Que novel chevalier m'a fait Li rois, ki bone aventure ait. ib. 2889) Alés a Dieu, qui vos conduise. (Ein neufranz. Beispiel bei Hölder p. 421, Z. 1—2 v. o.)

Nicht des Sprechenden eigener Wunsch, sondern der einer dritten Person, über deren Sprechen Bericht erstattet wird, liegt vor in: Erec 267) Et la royne ausimant (—1) A deu, qui de mal le desfende, Plus de cinq cenz fois le commande. ib. 1910) Au roi en ala congié prendre, Qui a sa cort, ne li grevast, Ses noces faire li lessast.

Es bleiben, als hierhergehörig, noch zu erwähnen, die Begrüssungs- und Abschiedsformeln, in denen sich dieselbe Idee des beziehungslosen Wunsches, nur etwas weniger intensiv als in den angeführten Stellen ausspricht. Ihrer conventionell-formelhaften Natur gemäss, findet bei ihnen wenig Wechsel in der Ausdrucksweise statt.

Begrüssungsformeln:

Erec 5503. 3256. 981. 6386. R. Charr. 69,15. 71,8. 93,1. 46,13. 143,9. Percev. 9296. 8054. 563. 847. 995. 2134. 3721. 5401. 5935. 6676. Guill. d'Angl. 135,25. 160,17. Chev. Lyon 3801. 4879. 2334. 2370. 2380. 2379. Percev. 9666) Sire, bien soiés vous levés. ib. 5971) Et la roine li respont: Et vos soiés li bien trovés. ib. 566) Et vous soiés li bien trovés, Fait li vallés, biaus sire ciers. cfr. Auc. Nicol. XXVI: Biaus dous amis, bien soiiés vos trovés! — Et vos, bele, douce amie, soiés li bien trovée.

Eine eigenthümliche Begrüssung wird Yvain zu Theil, als er zum chastel de pesme aventure kommt: Lyon 5107) Et les genz qui venir les voient, Trestuit au chevalier disoient: Mal veigniez sire, mal veigniez. (Hartmann 6107: ir sît uns unwillekomen). Ebenso v. 5176) Et li portiers a soi l'apele, Si li dit: venez tost, venez, Q'an tel leu estes arivez, Ou vos seroiz bien retenus. Et mal i soiez vos venuz.

Dass man es in der That mit einer Begrüssungsformel, und nicht etwa mit einem Conjunctiv der unsichern Behauptung zu thun hat, ergiebt sich aus 5134 ff. in Verbindung mit 5776 ff.

Abschiedsformeln:

Erec 4848) A deu soiez vos commandez! Percev. 1917) et dist: Puciele, bien aiés (= gehabt euch wohl!)[1]

Da der Inhalt des Wunschsatzes ein ähnlicher bleibt, ob man nun Gutes herbeiwünscht, oder ob man durch seinen Wunsch ein bevorstehendes Unheil abzuwenden sucht, so mögen die Bei-

---

[1] Der im Neufranzösischen bei diesen Formeln stets anftretende bestimmte Artikel ist bei Chrestien, wie im Altfranz. überhaupt, noch facultativ. Er findet sich Percev. 3721, 5401. 566. 5971. Er fehlt: Percev. 995 8054. 9666. Lyon 3801 5176. Guill. d'Angl. 135,25. In den letztangeführten sechs Stellen ist aber auch die Wortstellung eine andere, als in den vier ersten; nämlich wie in diesen, ist sie nur in Guill. d'Angl. 160,17. — In den drei Stellen R. Charr. 46,13. 69,15. 93,1., wo das part. praes. von venir steht, fehlt der Artikel.

spiele der letzteren Art von beziehungslosen Wunschsätzen hier gleich mit angeschlossen sein. Lyon 3970) Ce ne me lest ja dex veoir. ib. 5017) Sire, fet ele, dex m'an gart. ib. 5472) Sire, fet il, je n'en quier point, Ja dex ensi part ne m'i doigne. ib. 4460) Ne place le saint esperite. Percev. 9109) Ha! biaus sire, Dex vos en gaut. Guill. d'Angl. 108,9) Peletier! Que ja Diex n'en rie! Chi a male peleterie.

Meistens wird das, was man durch seinen Wunsch abwenden möchte, und was in den soeben citierten Beispielen durch ce, en, i, oder gar nicht angedeutet wird, in einem abhängigen Satze ausgesprochen. Percev. 8202) Ce ne te laist ja Dex conter, Que tu entre les bras me tiegnes. Lyon 4130) Mes ja dex ce soffrir ne vuelle, Qu'il ait pooir de vostre fille. ib. 4050) Et il respont: dex me desfande, Que je ja rien nule en aie. ib. 3975), Dex m'an desfande, C'orgiauz en moi tant ne s'estande, Que a mon pie venir les les. R. Charr. 90,10) et dex m'en deffende, Qu' en tel guise je la li rende. ib. 77,29) Ja Deu ne place, que g'i mont. ib. 133,21) S'a Deu ne place, qu'en me croie. Percev. 4926) Diex, fait ele, ja ne te plaise, Que jou issi longuement vive. ib. 9696) Sire, ne place Dieu, que gie De vostre mal congié vos doingue. ib. 9708) Ne place Diu, que jou i soie Ensi longuement prisoniers. ib. 9110) Ha, biaus sire! dex vos en gart, Que vos n'aprociés cele part. ib. 10335) Ja le fil Damlediu ne place, Que vos par moi anui aiés. Lyon 3714) Et il respont: ja' deu ne place, Que l'en por moi nul mal vos face. Percev. 9816) Et ele dist: ja Dieu ne place, Que jou retorner vos en voie.

Dieses letzte Beispiel gehört, streng genommen, zu den Verwünschungen, kann aber doch auch mit hierher gezogen werden, weil die pucele damit zugleich etwas für sie Angenehmes erwünscht.

§ 2.

Verwünschend.[1]

Percev. 3380) Maudehait ait ceste novele, Fait li varlés, et qui l'a dite. ib. 4220. 4615. 7218. 8114. 8979. 10032. R. Charr. 73,26) L'ore, que charete fu primes Pensée et faite, soit maudite. ib. 60,14. 63,22. 134,31. Erec 3100. 4993. 5662. Guill. d'Angl. 98,20. Lyon 613. 4362. 6537.

Einmal findet sich der verwünschende Satz eingeleitet mit que: Percev. 7337) Que ja Dex joie ne vos doint, ohne darum unselbständiger (abhängiger) zu sein, als: R. Charr. 68,22) Ne ja Dex joie ne t'en doint.

Der verwünschende Wunschsatz zeigt sich als explicativer Relativsatz: Lyon 3848) Li fel jaians, cui dex confonde, A non Harpins de la montaingne. ib. 3930) Einz est alez apres celui, (Meleagant) Cui dame dex doint grant enui. R. Charr. 146,13) La novele..... vint chiez .I. seneschal Meleagant le desloial, Le traitor, que maus feus arde. Percev. 9682) Ce est ele, que maufus arde, Qui ersoir vos amena çà. ib. 9973) Si vos voloit faire noier En l'eve bruiant et parfonde, Li dyable (die Teufelinne), que Dex confonde. ib. 10121) La bele, la grant, qui fu fame Le roi Lot, et mere celui, Qui males voies tiengne hui(—i) Mere Gauvain. ib. 10132) Et suer, ne vos celerai mie, Celui, cui Dex grant honte doinst. ib. 10300) Te voel dire, si ne t'anuie: Cil chevaliers, cui Diex destruie, Qui de là outre a toi parla, S'amor en moi mal emploia.

---

[1] cfr. Tobler, vom Verwünschen; besonderer Abdruck aus den Commentationes philologicae in honorem Theodori Mommseni, Berlin 1877, p. 4.

2. Capitel.
Die bedingten (bezogenen) Wunschsätze.

Da in den hierher gehörigen unabhängigen, realen Wunschsätzen der Wunsch nicht Selbstzweck, sondern Mittel zu einem Zweck ist, so ist der für das 1. Capitel angenommene Eintheilungsgrund aufzugeben. Es kommt nicht mehr darauf an, welcher Art der Wunsch ist (ob Gutes wünschend oder verwünschend), sondern welcher Art der Zweck ist, den der Sprechende durch die Aeusserung des Wunsches erreichen will. Es wird daher in der Anordnung der dieser Classe unterstehenden Wunschsätze dieselbe Reihenfolge wie in Tobler's Abhandlung „Vom Verwünschen" beobachtet.

§ 1.
Verwünschend, zum Zwecke drohender Warnung.
(Tobler, l. c. § 1.)

Lyon. 2487) Honiz soit de sainte Marie, Qui por anpirier se marie! ib. 619) Leingne, qui onques ne recroit De mal dire, soit maleoite! ib. 1959) v. c. dahez ait s'ame, Qui mainne an chambre a bele dame Chevalier, qui ne s'an aproche etc. ib. 2576) De m'amor soiez maz et haves, Se vos n'iestes jusqu'à ce jor Ceanz avoec moi an retor. Percev. 5766) Maudehé ait ki le cuida Et ki le cuide, que je soie! ib. 8067) Maudehait ait ki le pensa!

§ 2.
Bedingungsweise Selbstverwünschung im Sinne einer Betheuerung. (Tobler § 2 und 5.)

R. Charr. 35,13) Et ja Dex n'ait de moi merci, Se assez menz morir ne vueil A honor, que a honte vivre. Percev. 8254) Ja puis Dex honor ne me face, Que jou arai en nule guise Talent de prendre ton servise. ib. 8986) Ja puis Dex n'ait en m'arme part, Que je nul consel en kerrai (croirai) Percev. 5144) . . . Que je puis Dex ne li ait, Que il enterroit, por nul plait. En court, que li rois Artus ait etc. ib. 5759) V. c. dahaiz ait li miens cors,[1] Se vous estes mie si fols, C'on ne puist bien en vos aprendre. Lyon 4462) Ja dex ne m'an doint removoir, Tant que je delivree l'aie. ib. 4784) . . . . Sire, dex me confonde, Se ja de ma terre il part Chastel ne ville. ib. 5970) Max fex et male flame m'arde, Se je t'an doing, don tu mialz vives. ib. 1680) Se tu ne manz, dex me confonde! (straf mich Gott, das ist gelogen!) ib. 1766) Ja n'aie je de mort respit, S'onques por mal de vos le fis! ib. 3590) . . . ja dex n'et De l'ame de mon cors merci, Se je l'ai mie desservi. Guill. d'Angl. 96,16) Honie soit tote ma gorge, S'il furent onques de le forge Dant Gonselin ne dan Fouquier. ib. 46,8) Ja n'aie jou remission, Sire, quant par moi ert seue, Cose, qui doive estre teue. R. Charr. 131,20) Ja Dex, quant de cest siecle irai, Ne me face pardon a l'ame, Se onques jui avec ma dame. ib. 131,26) Ne ja mes Dex santé greignor, Que j'ai orendroit, ne me doint, Einz me preigne en icest point (—1) Se je onques la me pensai.[2] ib. 50,28) . . . . Einz jure, qu'il n'en rendra point, Et dist: ja puis Dex ne me doint Joie, que ja la li rendrai! ib. 51,23) Mes se je riens por vos en les, Dex joie ne me doint ja mes! ib. 89,35) Dex me con-

---
[1] l. cols Hals.
[2] Besser Jonckbloet 4868) Einz me praigne morz an cest point, Se je onques le me pansai.

fonde, S'ausi boen ou meillor n'i a! ib. 121,9) Et ja Dex de moi merci n'ait, Se vos n'eustes molt grant droit.

Es ist wiederum (cfr. oben p. 6) nicht der eigene Wunsch des Sprechenden, sondern der einer dritten Person, über deren Sprechen Bericht erstattet wird, welcher vorliegt in: Percev. 5444) Que ja puis dex ne li ait, Que il enterroit, por nul plait, En court, que li rois Artus ait. Hierhin lässt sich auch das einzige Beispiel einer Selbstverwünschung im Sinne eines Gelübdes ziehen, welches sich bei Chrestien findet (Tobler, l. c. § 4, pag. 8). Percev. 9480) Biele, je n'ai de maugier cure; Li miens cors ait male aventure, Que (Tobler: l. quant) mangerai né n'arai joie, Tant que g'autres noveles oie Dont je me puisse resjoir.

§ 2a.

Die zahlreichen Fälle, in denen der Sprechende zum Zwecke der Betheuerung Gutes auf sich herabwünscht, hängen mit den soeben angeführten Verwünschungen eng zusammen, da die Vorstellung, auf Grund deren sie ihren betheuernden, bekräftigenden, oder bestätigenden Gehalt erlangen, die ist, dass sich das erflehte Gute in sein Gegentheil verkehren möge, falls die gethane Aussage eine Unwahrheit enthalte. — Die Art des Ausdrucks ist zweifach verschieden.

α.
Vergleichend — correlativ.

Lyon 664[1]). La main destre leva adonques La dame, et dit: Trestot ainsi, Com te l'as dit, et[1] je le di Que, si[2] m'äist dex et li sainz, Que ja mes cuers ne sera fainz, Que je tot mon pooir n'en face. ib. 6784) Dame, fet il, v. c. merciz! Et si m'äist sainz esperiz, Que dex en cest siegle mortel Ne me feist pas si lie d'el. R. Charr. 70,14). Si me doint Dex joie et santé, La volenté autant me faite, Com se chascuns m'avoit ja fete Molt grant honor et grant bonté. ibid. 45,23) Si m'äist Dex, ainz m'ociroie, Que je l'amasse en nul endroit. ib. 114,11) Ne fis ge que folle? Que folle, einz fis, si m'äist Dex, Que felonesse et que cruex. ib. 131,35) Se m'äist Dex, träi nos ont Li diable et li vif maufé. ib. 134,13) Issi m'äist Dex et cist sainz! Kex li seneschaux fu compainz Ennuit la roine en son lit. ib. 134,28, Et jurerai... Que, se il [Dex] hui venir me laist De Meleagant au desus, (Tant m'äist Dex et non ja plus, Et ces reliques, qui sont ci) Que je n'en aurai ja merci. Percev. 4302) Si m'äit Dex, fait li prodom Trop grant jornée avés hui fete.

Dieselbe Betheuerungsformel kehrt wieder: Percev. 4730. 4747. 3482. 6661. 7028. 7338. 8978. Percev. 9948. R. Charr. 90,7. 107,1. Guill. d'Angl. 139,16) Or vos ai donee ma vie: Se doinst Diex moi et vos joir. „So wahr ich euch mit dem Ringe mein ganzes Leben hingebe, so wahr möge Gott euch und mich glücklich sein lassen."

Wenn sich auch in einigen der angeführten Stellen se statt si geschrieben findet, so zeigt doch die invertierte Wortstellung, dass man es mit Correlat-Sätzen der Vergleichung zu thun hat, entsprechend lateinischen Ausdrücken, wie: ita vivam,

---

[1] Diez III⁴, 345. Tobler, Zeitschr. II 142.
[2] Pott, Ztschr. für Alterthumswissenschaft XII p. 236 unten: si (statt sic) me deus adjuvet, non habeo nihil. Ital. così Dio m'adjuti.

ita me dii ament, Ellendt-Seiffert § 249 Anm., es ist gleichgültig, ob das zweite Glied der Vergleichung sich äusserlich als solches kennzeichnet, oder nicht.

β.
Conditional.

Diez III⁴ 357: „Die Conjunction si hat noch eine andere, ihrem Begriffe, so scheint es, minder angemessene Bedeutung: sie wird in Beschwörungen und Betheuerungen gesetzt, und verlangt alsdann stets den Conjunctiv." Und am Ende der Seite: „Auch hier hat si bedingende Kraft: „„Sage die Wahrheit, wenn Gott dir helfe,"" d. h. wenn du willst, dass Gott dir helfe."

Es ist schwer, Diez in der Annahme solcher Ellipse zu folgen, da es gerade der wichtigste Theil des Ausdruckes sein würde, der unterdrückt worden wäre. In der überwiegenden Mehrzahl der Fälle ist es zudem nicht die angeredete Person, welche der Sprechende in dieser Weise beschwört, sondern er ist es selbst, der für sich den Beistand Gottes in betheuerndem Sinne anruft.

Es scheint näherliegend, an eine Verwendung von si zu denken, von der Diez III⁴ 213 § 4 sagt: „Das conditionale si dient zum lebhaften Ausdruck des Wunsches, wie in si nunc se ostendat." Allerdings kennt, wie Diez mit der Weisung: „fr. (Impf. Ind.)" kurz andeutet, und III⁴ 327 b. weiter ausführt, das Französische in Sätzen dieser Art nur das Imperf. Indic. Auch lässt sich keineswegs annehmen, dass in Formeln, wie Percev. 9750: „Et il respont: se Dex me gart, Autrui n'aloie jou querant," sich die classische Construction, wie sie der Satz: „si nunc se ostendat" zeigt, erhalten habe. Denn abgesehen davon, dass das Französische zum Ausdruck solcher hypothetisch aufgestellter Wünsche überhaupt einen anderen Weg eingeschlagen hat, unterscheidet sich die altfranz. Ausdrucksweise von der lateinischen auch dadurch, dass bei der letzteren ein beziehungsloser Wunsch vorliegt, was bei den altfranz. Wunschformeln dieser Art nie der Fall ist.

Es heisst wenigstens einen Versuch zur Erklärung dieser schwierigen und bisher unerklärt gebliebenen Construction machen, wenn man annimmt, man habe es dabei mit einer Vermengung von zwei Wunschsatzconstructionen zu thun, indem der Satz so angefangen wird, als sollte ein hypothetischer Satz wünschenden Inhalts ausgesprochen werden (oh! si je pouvais le voir!),[1] nachher aber, da der Satz als Betheuerung oder Beschwörung dienen soll, so fortgefahren wird, wie es in Phrasen solcher Art üblich ist. Die so häufig wiederkehrenden Formeln: Dex me voie, Dex me doint joie et sante, Dex me cravent, Dex me confonde etc. hätten dann das schemaartige Vorbild geliefert.[2]

---

[1] Falls derartige Sätze in der alten Sprache vorkommen.
[2] Die hier als Erklärungsversuch vorgeschlagene Ansicht von der Entstehung dieser Formeln findet eine, allerdings sehr schwache, Stütze an

Lyon 6743) Se dame dex me saut, Bien m'as or au hoquerel prise.
ib. 6698. 6468. 6344. 4913. 3652. 3622. 1560. Guill. d'Angl. 127,16. 128,18.
152,22. 48,19. Percev. 1461) Ne sai, fait il, se Dex m'avoie.¹ ib. 601.
619. 1360. 1430. 1449. 1479. 2158. 2448. 2463. 2722. 4132. 4289. 4044. 4646.
4826. 5452. 5728. 6100. 5858. 6219. 6310. 6498. 6915. 6754. 7526. 8364. 8396.
8513. 9157. 9514. 9750. 10090. 10199. 10265. R. Charr. 130,30) Elle respont:
Se dex m'äist, Onques n'avint mes [l. nëis] en songe Contee si male men-
çonge. ib. 133,25. 129,8. 107,16. 94,5. 91,30. 66,32. 29,19. 21,27. Erec
2801. 4043. 5887. Erec 3551) Mais se dex ait de moi merci, Tant
qu'eschaper puisse de ci, Ceste vos iert molt chier vendue, Se corages ne me
remue. ib. 5860) Fox estes, se je soie sax (salvus), Quant vers ma da-
moisele alez. R. Charr. 81,27) Merci, por Deu(x)! merci, Vassaux! Et cil
dist: Se je soie saus, Ja mes de toie n'arai pitié, Des qu'une foiz t'ai
respitié.

Die angeredete Person ist Object im beschwörenden
Wunschsatze: Erec 1203) Mais ce me di, se dieus t'äit, Coment as
non? R. Charr. 54,10) Menez m'i, se Dex vos ëist. Percev. 4028)
Amis, se Dameldex t'äit, (:dist) Fait li rois, dy moi verite. ib. 1490)
Vallet, se Damledex t'äit, Se tu me ses dire noveles Des chevaliers et
des puceles etc. ib. 596) Biaus amis, se Dieus vos ament, De vos no-
veles nos contés. ib. 8974) Car sejornés, se Dex vos gart, Hui et demain
et plus encore.

§ 3.

Tobler, l. c. § 3. „Den Uebergang von der zuvor be-
trachteten drohenden Warnung zu dieser Betheuerung bilden die
in grosser Zahl begegnenden Fälle, wo in der Form einer
allgemein gehaltenen Verwünschung eines jeden, der dies oder
das thun sollte, doch, wie der Zusammenhang lehrt, nur die
nachdrückliche Versicherung gegeben werden soll, entweder
dass eine grössere Gesammtheit, zu welcher der Sprechende sich
selbst mitrechnet, oder dass er es keinesfalls thun werde."

Chrestiens bietet nur Beispiele der zweiten Art. — Ausser den
bei Tobler, l. c. § 3 b angeführten: Lyon 5747) .. s'il vos plest, de ma
main destre Vos plevirai, si m'en creez, Qu'ainsi com vos or me veez, Re-
vanrai ca, se j'onques puis . . . Dahait, fait il, qui el quiert, Ne qui
foi ne ploige an requiert. ib. 505) Fet m'avez chose, qui m'enuie, Et da-
hez ait, cui ce est bel. R. Charr. 798) (Tarbé 26,18) Dahez (daha) ait,
qui vos öi onques, Ne vi (vit) onques mes, que je soie. ib. 1825) (Tarbé
53,16) „Et cent dahez ait, qui mesui Lessera a joer por lui. Ralons joer."
Lors recomancent Lor jeus, si querolent et dancent. Percev. 2065) Li
varlés vit les armes beles, Qui fresces furent et noveles, Si li plorent, et
dist: par foi, Celes demanderai le roi; S'il le mes done, bien m'en iert,
Mau dehait ait, qui autres quiert. Percev. 6020 (6026) La damo-
sele . . . Le roi et ses barons salue . . . Fors ke Perceval seulement; Et
dist . . . . Mau dehait ait, ki te salue, Et ki nul bien te viut ne prie.
Lyon 2059 (2062) Et tuit saluent et anclinent Mon seignor Yvain, et
devinent: C'est cil, qui ma dame prendra. Dahez ait, qui le desfandra.
finden sich bei Chrestien noch folgende Stellen: Percev. 2363)

---

der Uebersetzung, welche Diez II⁴ 233 giebt: „Daher salt, conselt, in den
gewöhnlichen Betheuerungsformeln: se dex me salt „so Gott mich behüte,"
se dex me conseut „so Gott mir rathe;" insofern, als auch das deutsche
so vermöge seiner Doppelsinnigkeit ein Ineinandermengen zweier Con-
structionen gestattete a) „so behüte mich Gott" (wie) etc.; b) „Wenn mich
doch Gott behütete;" für welches wenn auch so stehen kann (so dich dein
Auge ärgert, so reiss es aus und wirf es von dir).

¹ Vermuthlich se dex me voie.

Honnie soit la gorge toute, Qui ce kerroit, ne loing ne pres Ses bons dras doinst por uns mauves. (ich will sicher keinen Anzug als den, welchen meine Mutter mir gegeben hat). ib. 3444) Dahait, fait il, doint qui mius quiert. ib. 5766) Maudéhé ait, ki le cuida, Ne ki le cuide, que je soie. R. Charr. 49,19) Dahe ait, qui joer vos quiert. ib. 51,10) Mai [mal] dahe ait, qui vos crerra, Et qui por vos s'en retrera. Percev. 6781) Et por cou ma suer m'apela Fole garce, et me laidenga, Et dahait ait, cui ce fu biel.

3. Capitel.

Aa β.

Der Conjunctiv in irrealen Wunschsätzen.

Percev. 8516) Et car[1] fust or cis roncis ive! ib. 1392) Mais vous estes plus biaus ke Dex; Car fusce jou ore autreteus, Ausi luisans et ausi fais! ib. 9967) Ce dist ele, la renöie? Et car fust ele ore nöie, Qui moult est plaine de dyable, Quant ele vos dist tele fable. Lyon 2066) Car l'ëust il ja afiee, Et ele lui de nue main, Si l'espousast hui ou demain. ib. 2928) Car li ëust or Dex randu Le san au mialz, que il ot onques, Et puis, si li plëust adouques, Qu'il remassist en vostre äie.

Der Inhalt des Wunsches wird in einem abhängigen Satze ausgesprochen: Guill. d'Angl. 65,22) Pleust a Dieu, que fuisse quites Ainsi de tous autres pechiés! Percev. 9516) Car pleust Diu, que tuit ensamble Fuscent or ci avoecques nos! ib. 10424) Pleust a Dieu, que il l'eust Espousee, et tant li pleust Com plot Amas la fille Ayne.

Guill. d'Angl. 73,17) Ha, leus! que mar fuisses tu nés! „Wärest du doch nie geboren worden!"

Wegen mar als Stellvertreter der Negation cfr. Diez III 282 und Scheler, Anm. zu Berte 2933) Car sachiés que mes cuers est a ce atornés, — Que ele soit ma fenme, ja mar le mescrerrés, dto. ib. v. 2941. 3241. Erec 606. Auberi 13,9 u. öfter. Scheler sagt l. c. „Mar suivi du futur équivant à un impératif négatif: ja mar le mescrerrés == n'en doutez point." Wie Guill. d'Angl. 73,17 zeigt, beschränkt sich der Gebrauch nicht hierauf. (In ähnlicher, d. h. auf Vergangenes bezüglicher Verwendung findet sich tant mar z. B. Erec 3092) Tant mar vi Mon orguil et m'outrecuidance. ib. 2495) Tant mar i fus.)

Mit derselben Bedeutung ist a mal ëur verwendet: Lyon 5254) A mal ëur i venist il (wäre er doch nie hieher gekommen), Que nos cheitives, qui ci somes, La honte et le mal en avomes. Percev. 6041 ... Ce es tu, li malëureus, Qui vëis, que fu tans et leus De parler, et si te tëus; Assés grant loisir en ëus. A malëur tant te tëusses (hättest du doch nicht so lange geschwiegen).

---

[1] Wegen des car cfr. Diez III⁴ 214 Anmerkung. Ein schönes Beispiel Auberi 15,20) Por dieu de gloire, et car me crëissiez!

4. Capitel.
A b.
Der Conjunctiv in unabhängigen Aufforderungssätzen.
§ 1.
Die Aufforderung richtet sich an die angeredete Person.
a.
Die angeredete Person ist Subject des Satzes.

Einen breiten Raum nehmen unter den hierhergehörigen Conjunctiven die von Verben ein, welche keine besondere Form für den Imperativ haben. Von den bei Diez II 253 und III 210 angeführten kommen bei Chrestien nur aies, aiez; soies, soiez; saches, sachiez in Betracht.

aies.

R. Charr. 96,4) De ce n'aies tu ja poor. Percev. 1383) Vallet, fait il, n'aies paor. (Es ist aies und nicht aiés zu lesen, wie aus ib. 1396 hervorgeht). ib. 7815) Se de ta mere te repens, Si aies boine repentance.
Ein Imperativ Perfecti, der dadurch zu Stande kommt, dass der Sprechende sich die Thätigkeit in ihrer künftigen Vollendung vorstellt, liegt vor in: Percev. 10223) Et tu aies le roi mandé Et la roine et sa gent toute; Et je r'arai la moie toute De par tout mon palés mandée.

aiez.

Guill. d'Angl. 126,23. 167,4. 45,3. 51,25. Erec 4526. 3364. 4658. Lyon 742. 1966. 2940. R. Charr. 163,27. 85,32. 86,3. Percev. 1753. 6514. 6750. 8769.

soies.

Percev. 3420) Or ne soies pas si estous, Que tu n'aies merci de moi. Guill. d'Angl. 86,16) Douce amie, vois ci le toen, Et tu soies ma douce suer.

soiez.

Erec 1504. 2753. 3370. 3826. 4338. 4538. 4886. 4959. 5002. 5055. 5412. Guill. d'Angl. 160,23. 168,14. R. Charr. 4,13. 8,16. 8,18. 20,17. Lyon 1018. 1332. 1573. 2488. 2565. 6689. Percev. 4032. 5401. 8289. 8777.

saces.

R. Charr. 2,34. 80,24. 81,7. 89,31. Percev. 1911. 2233. 4767. 4769. 5011. 7779. 8478. 8656. 9959. 10211.

saciez.

Erec 113. 266. 294. 597. 1269. 1365. 2990. 3286. 4021. 4496. 5579. 5888. 5890. 5807. 6212. R. Charr. 4,13. 5,4. 6,7. 6,33. 9,11. 22,18. 26,22. 47,35. 55,11. 56,2. 74,33. 85,30. 93,6. 128,14. 141,33. 150,16. Percev. 89. 343. 427. 460. 462. 529. 546. 548. 775. 807. 879. 898. 927. 1086. 1096. 1127. 1164. 1251. 1278. 1444. 2292. 3093. 3811. 3677. 4052. 4254. 4288. 4854. 4730. 5075. 5848. 5862. 6071. 6399. 8369. 8993. 9028. 9402. 9688. 10013. Guill. d'Angl. 44,6. 44,22. 49,20. 63,24. 65,5. 85,20. 89,14. 91,20. 101,28. 103,16. 115,13. 127,5. 153,23. 154,24. 165,11. 166,6. Lyon 447. 513. 524. 623. 999. 2036. 2121. 2568. 4031. 5073. 5258. 5305. 5490. 5721.

Die Indivativform savés findet sich im Sinne des Imperativs nur dreimal bei Chrestien, und von diesen drei Stellen lassen sich zwei durch Veränderung der Interpunction ihres imperativischen Charakters entkleiden. Percev. 1525) Et savés, por coi il le fircent. ib. 3527) Et savés ques la merci fu: En la prison le roi Artu Se metra, se covent me tient.

Es hindert nichts, hinter firent 1525, und fu 3527, ein Fragezeichen zu setzen, um so mehr, als dies in der Absicht des Dichters selbst gelegen zu haben scheint, da mit den folgenden Sätzen: Por les chevaliers que il virent etc. und: En la prison le roi Artu — Se metra, offenbar eine Antwort auf die von ihm selbst aufgeworfene Frage gegeben werden soll.

An der dritten Stelle: Percev. 8518) Je le vorroie, ce savés, Por cou, que plus averïes honte, ist savés wohl überhaupt nicht als Imperativ, sondern als Indicativ aufzufassen, mit dem Sinne: „ihr wisst es wohl, ich brauchte es nicht erst zu sagen;" cfr. engl. „you know."

Von anderen Verben als den genannten finden sich imperativische Conjunctive der 2. Person an folgenden Stellen: Lyon 1715) Fui, plainne de mal esperite, Ne mes devant moi ne reveingnes. Guill. d'Angl. 84,21) Biaus sire, or esgardes raison. (Dass so, und nicht esgardés zu schreiben sei, beweisen ib. 84,16) entent, 84,18) tes proieres, 19) te, 20) tu as fait en ta maison,· 24) tu es.) ib. 85,4) Et se tu veus, le voir en oies. Percev. 3486) Ains m'ocies, biaus dous amis. Lyon 4395) .... Sire, de la part De Vaingniez vos a mon grant besoing. Percev. 3486) Ains m'ocies, biaus dous amis, Que tu a lui aler me faces. ib. 7819) Ne laisses mie por nul plait Se tu ies en liu, ou il ait Mostier, capele, ne perroce, Va i, quant sonera la cloce. ib. 8148) Or n'i tendes tu ja le doi. ib. 10034.) Va t'ent, je te claim ma foi quite, Et tu me requites la moie.

Mindestens zweifelhaft ist: R. Charr. 102,17) Molt haut escrie: Lancelot, Trestornes toi, et si esgarde, Qui c'est, qui de toi se prent garde. Jonckbloet 3667 hat: Trestorne; auch ist das durch den Reim gesicherte esgarde zu bedenken.

Da das im Neufranzösischen für die 1. und 2. pers. plur. aller Conjunctive charakteristische i erst lange nach Chrestien's Zeit durchdrang, und es auf die bei Diez II[4] 231, Willenberg, Böhmers Studien III 421 angegebenen lautgesetzlichen Verhältnisse, nicht auf syntaktische Erwägungen zurückzuführen ist, wenn wir solches i in der 2. pers. plur. antreffen, so lässt sich nicht entscheiden, ob Formen wie Percev. 4990) fuiés tant com il vos loist. ib. 6149) Ne honnissiés vostre lignage. R. Charr. 146,26) Voir me conoissiez. ib. 163,26) Or ne vos esmaiez. ib 4,31) Eincois l'en chaioiz vos as piez. Percev. 1233) Si ochiés cevrieus et cers, etc. etc. indicativische Imperative oder imperativische Conjunctive seien. Letzteres dürfte wohl nur (mit Willenberg p. 392 Anm. 1), wegen des voraufgehenden gardez, für Erec 4068) Gardez, ja ne vos en feingniez, anzunehmen sein.

Der Vollständigkeit wegen sollen, wenn auch ausserhalb des Conjunctivgebietes liegend, die Stellen angeführt werden, an denen ein negativer Infinitiv, der alsdann das tonlose Pronomen personale vor sich duldet, an Stelle des negierten Imperativs, resp. imperativischen Conjunctivs, steht. R. Charr. 79,7) Si li dist: ne la croirre mie, Qu' („da") ele me het. Erec 988) Merci, ne m'ocire tu pas.

b.
Die angeredete Person ist Object eines unpersönlichen Verbs.

Der Gebrauch beschränkt sich auf wenige häufig wiederkehrende Wendungen, von denen einige, die Entschuldigungsphrasen, geradezu formelhaft geworden sind.
Ein wirkliches Gebot liegt vor in: Lyon 3721) Mes de conter, ne de retreire As genz, qui je sui, ne vos chaille. ib. 1674) De vostre enor vos resoveigne, Et de vostre grant gentillesce. Erec 4763) Soveingne vos, de quel poverte Vos est tel richece overte (—1). Percev. 6924) Ha, suer! de Dieu vos resoviegne. ib. 2831) Et dit: biaux frere, or vos soviegne etc. ib. 10027) Sire, sire, parlez a moi, Ramembre vos de votre foi. R. Charr. 14,3) Quant tu verras Charete, ne n'encoutreras, Si te seigne et si te soveigne De Deu, que mal ne t'en avieigne. Erec 3494) Ne vos soit pou, seus retenez. Percev. 8010) De ceste pucele vos pri, Que vous prenés garde de li, Qu'ele n'ait honte ne mesaise. Et por cel affaire vos plaise, (l. et por ce a faire vos plaise) Que Diex ne fist, ne ne vot faire Plus france ne plus debonnaire.
In der Mitte zwischen Wunsch und Aufforderung stehen die Entschuldigungsphrasen: ne vos poist, ne vos ennuit, ne vos chaille, ne vos dessiee, ne vos griet.

ne vos poist:
Guill. d'Angl. 129,10. Erec 4277. 576. Percev. 1960. 4989 4029. 7932.

ne vos ennuit:
Percev. 4516. 6063. 9718. R. Charr. 33,15. 130,8. Guill. d'Angl. 44,19. Erec 1259. 3279. 3976. 4125. 5405.

ne vos chaille:
Percev. (calle) 6734. 8813. 9684. Lyon 132. 6688. R. Charr. 94,21. 124,13.

ne vos dessiee:
Percev. 9920. R. Charr. 33,15.

ne vos griet, ne vos (te) soit grief.
Percev. 2592 (lege mit mscr. Mons: si, nicht se). 1466. 4285. 8649. 9723. (cfr. 2592). Lyon 6614.
Nicht der Sprechende, sondern eine dritte Person (cfr. p. 6) spricht die Aufforderung in indirecter Rede aus in: Erec 1909) Au roi en ala congie prendre, Qui a sa cort, ne li grevast, Ses noces faire li lessast. (In directer Rede würde es heissen: ne vos griet).

c.
Die Aufforderung bezieht sich auf eine Handlung, welche in der Sphäre der angeredeten Person liegt.

Guill. d'Angl. 46,6) Biaus sire, celés ceste chose. Ja parole n'en soit declose, Nient plus que de confession. ib. 50,15) Ne ja par vos n'en soit parlé. ib. 78,3) Cil escrient: tués, tués Ce vif diable, ce larron; Ja n'i ait espargnié baston, Qu'il n'en soit batus et roisciés. (cfr. Lyon 4633)

Lunete seule le convoie, Et il li prie tote voie, Que ja par li ne soit sëu, Quel chanpion ele ot ëu). Percev. 1731) Se vos trovés, ne pres ne loing, Dame, ki d'äide ait besoing, Ne puciele desconsellie: La vostre äide aparellie Lor soit, s'eles vos en requierent. Guill. d'Angl. 78,6) Et bras et gambes li froissiés, Et de vos ne so puist estordre.

§ 2.

In den Aufforderungen an eine Mehrheit von Personen, zu denen der Sprechende mit gehört, steht fast immer der Indicativ. Diez III⁴, 210.

Percev. 1181) Une maison faisons ci faire. ib. 810) disons. 4807) alons-ent. 4810) suivons. Erec 890) estons. 924) recommençons. 1123) alons tost. dto. 1133. 5433. ib. 4690) Or faisons tost, sanz nul delai, Une biere chevalerece. Lyon 29) parlons, 30) leissons, dto. 1563. 1126) lessomes. 97) teisons nos ent. R. Charr. 48,4) alons, 53,18) ralons, 57,26 ralons-nos-ent, 65,35) alons, aidons. Guill. d'Angl. 53,8) Alons-nos-ent, 53,12) or en alons.

Die Interpunction ist zu ändern in: Percev. 7253) Et dist.: Ha! or, somes nos mort! Es ist einfache Aussage: or somes nos mort.

Den Conjunctiv gewährt nur eine einzige Stelle: Erec 4680) Et dist: façons tost une biere, Sor quoi cest cors en porterons.

b.

Der Abtheilung c des vorangehenden § 1, entspricht für § 2: R. Charr. 70,18) Or soit en leu de fes conté. „Eure Güte möge an Stelle einer guten That gezählt werden." Jonckbloet 2488 liest mehr sinngemäss: si soit an leu de fet conté.

Hier ist wohl auch der geeignete Ort für die Einreihung der folgenden Selbstaufforderungen: Guill. d'Angl. 154,6) Seignor, cou soit de la part De, Fait li rois, que trovés vos ai. Lyon 1080) Je ne vos sai ore plus dire,... Mes deu puisse je aorer, Qui m'a done le leu et l'eise De feire chose, qui vos pleise. ib. 5888) Deu an puisse je aorer, Quant el ne vient, ne ne repeire, Bien i pert, que mialz ne puet feire. Percev. 3718) Et cil dieut: benëois soit Dex, ki au vent dona la force, Qui ça vos amena a force. ib. 9258) Et dès jouenes et des kenus Serés servis et honourés Caiens, dont Diex soit aourés. R. Charr. 72,5) Dex en soit aorez, fet il.

§ 3.

Aufforderung an eine dritte Person.

R. Charr. 49,15) Et qui le velt oir, si l'oie. ib. 84,30) La nul ne doute, que ele chiee. lege mit Jonckbloet 3028) Ja nus ne dot, que il i chiée. — cfr. Percev. 4450) Dont furent eles (les escaches le roi pescheor) d'ebenus, Del fust, de qui (l. quoi) ja ne doutnus, Que il pourisce ne qu'il garde; De ces. II. choses n'a il garde. Erec 158. 1780. Lyon 4791. 4772. 4632. 4631. 4449. 1839. 1828. 6346. Guill. d'Angl. 40,3. 67,1. Percev. 1972. 2090. 2465. 4109. 5031. 5060. 6142. 7079. 7351. 7494. R. Charr. 49,17. 133,27.

Da die Aufforderung sich ihrer Natur nach durchweg auf etwas in Zukunft zu vollziehendes bezieht, so ist das Praesens conj. die einzige diesen Sätzen angemessene Zeitform. Wenn sich nun an einer Stelle: Percev. 7696) Sire, ki aler i vorroit, Si tenist ce sentier trop droit, Si come nos somes venu Par ce bos espes et menu; Si se prëist garde des rains, Que nos noasmes a nos mains — das Imperf. conj. findet, so widerspricht dies doch nicht der allgemeinen Regel; denn dieses Imperfect ist nicht das der Vergangenheit, sondern das der hypothetischen Annahme von Zukünftigem: es ist der Conjunctiv des Conditionalis.

§ 3 a.
Mais que.

Den selbständigen Wunschsätzen der Aufforderung an eine dritte Person schliessen sich die zahlreichen Fälle an, in denen eine solche Aufforderung als nachträglich einschränkende Bedingung ausgesprochen wird. Dass sie conjunctional, mit mais que, eingeleitet sind, kann nicht hindern sie mit hier aufzuführen. R. Charr. 5,27) Lors li a Kes acreanté, Qu'il remaindra; mes que li rois Otreit ce qu'il dira apres, Et ele meismes l'otreit. ib. 21,31. 77,34. 78,31. 116,8. 118,9. 120,33. Percev. 7536) Il le coumande, et jou le di — Mais qu'il ne poist ne vos ne lui — Que vos respités ambedui Jusqu'a un an ceste bataille. Guill. d'Angl. 89,19) Biaus sire, soit, puis qu'il vos siet; Mais que del sourplus ne vos griet. Erec 5001. 6158. Lyon 1804. 3985. 4049. 4414. 4854. Guill. d'Angl. 64,13. 87,19 und 22. 139,8. 85,5. Percev. 2443. 2606. 3695. 5712. 7535. 8302. 8999.[1]

Mit der Anführung der soeben citierten Stellen ist die Verwendung von mais que, welche dem Gebiete des uns hier beschäftigenden Abschnittes von den unabhängigen Aufforderungssätzen zugehört, erschöpft. Es bedeutet daher eine Inconsequenz gegen das von uns befolgte System, wenn wir aus praktischen Gründen die sonstigen Gebrauchsweisen von mais que, welche mit der bereits besprochenen keinen Zusammenhang haben, hier abhandeln. Es sind ihrer drei:

a) mais hat seine gewöhnliche Bedeutung „aber;" que führt eine vorangehende Conjunction weiter.

Beispiele sind: Guill. d'Angl. 96,4) Et lor parole est si tote une, Que, se par[2] lui [l. li] oiiés cascune, Mais que les enfans ne vissiés, Que vos ne cuidiés ne crissiés, [l. Que vos cuidassiés et crissiés] Quant öis

---
[1] Dieser Gebrauch von mais que findet sich noch im Neufranz. z. B. Lafont. Fables IX 14) Le trop d'expédients peut gâter une affaire; N'en ayons qu'un, mais qu'il soit bon. (citiert b. Gachet Gloss. zu God. de Bouillon, p. 855.)
[2] Anm. zu Guill. d'Angl. 96,4) par li = für sich allein; cfr. englisch: to sit by one's self. Berte 17) si comme Berte fu en la forest par li. Lyon 2455) Et la dame tant les enore, — Chascun par soi et toz ansamble, Que tel fol i a etc Amis Am. 398) li glouz par lui se prinst moult a prisier. Jeh. de Condé, li dis dou Magnificat v. 118) Et li fols rois, qui convoitoit — Le baing, par lui se delitoit, Tant que li bains fu refroidiés. L. Gautier, Ep. franç. III 156. Si a dit à par soi: Vecy bonne trudaine. ib. III. 385 unten: Il se regarda tout par luy. Lyon 1242) Ensi la dame se debat, Ensi tot par li se conbat, Ensi tot par li se confont; — übrigens schon, wie ich nachträglich bemerke, von Reithel in seiner Dissertation „Die altfranz. Präpositionen" verwerthet.

les ariés andeus, Que n'aroit parlé que uns seus. Die Stelle ist verderbt; vissiés, crissiés sind keine Formen. R. Charr. 105,5) Ne por ce nel demant je mie, Qu'il m'en poist, mes qu'il ne l'ocie Lancelot qu'en a le pooir. lege mit Jonckbl. 8779) mes que ne l'ocie Lanceloz, qui an a pooir.

b) mais que = ausser dass.

Guill. d'Angl. 118,13) Et jou n'i quierc ja part avoir, Mais que jou r'aie mon avoir, Et tiens en soit trestous li gains. Lyon 1649) Fui, fet ele, lesse m'an pes! Se je t'an oi parler ja mes, Ja mar feras, mes que t'an fuies; Tant paroles, que trop m'enuies. Quinze Joies de Mar. p. 42) Et pource luy voyant les charges dessus dites, et ce qu'il a à faire, comme j'ay dit, il ne lui chaut. mes qu'il vive, et est tout en nonchaloir. Ville-Hardouin XLII 199) Il ne chaloit a cels, qui l'ost voloient depecier, de meillor ne de pejor, mais que li oz se departist.[1] ib. LII 239.

Das Bemerkenswerthe an den angeführten Stellen ist nicht der Conjunctiv in den mit mais que eingeleiteten Sätzen; denn derselbe erklärt sich ganz einfach daraus, dass ihr Inhalt Gegenstand eines mit querre, chaloir, faire que ausdrücklich ausgesprochenen Wunsches ist; sondern die eigenthümliche Verwendung von mais. Ehe wir aber an eine erörternde Besprechung derselben herantreten, erscheint es rathsam, die übrigen Stellen, welche mais que in dieser Verwendung zeigen, im Zusammenhange vorzuführen. Sie sind: Erec 1552) Ses peres est frans et cortois; Mais que d'avoir a petit pois. Percev. 2429) Et coment fu ce, biaus amis? „Sire, ne sai, mais que je vi, Que li chevaliers le feri De sa lance, et fist grant anui; Et li varles referi lui." ib. 4105) Mais riens ne vaut, quanque il dient, Mais que il lor met en covant, Se sa mere trueve vivant, Qu'avoec lui il l'en amenra. ib. 5504) Ne sai, coment en comença La mellee, ne li assaus; Mais ke li chevaliers vermaus . . . . Le feri, je ne sais (sic!) por coi, De sa lance, et fist grant orguel, Et li varles, tres parmi l'uel, Le feri d'un sien gaverlot. ib. 6977) Et ele ne fist onques el, Mais ke ele a l'estrier le prist, Sel salua, et si li dist etc. ib. 7269) Quant ele l'ot de l'armeure Bien armé, si doterent mains Et ele et mesire Gauwains; Mais que tant de mescief i ot, Que point d'escu avoir ne pot. ib. 8234) Mesire Gauwains tout escoute, Quanque la damoisele estoute Li dist, c'onques .I. mot ne sone, Mais que son palefroi li done, Et elle son cheval li laisse. Guill. d'Angl. 60,11) Et si ne set, que faire puisse; Mais que des braons de sa cuisse Pense, qu'à mangier li donra. R. Charr. 53,5) Lors li a cil acreauté, Mau gré suen, que il meuz ne puet, Com cil, cui plorer en estuet, Dit qu'il s'en soferra[2]) por lui, Mes qu'il le sivront ambedui. cfr. Amis et Am. 831) Mere, dist ele, car l'en laissons aler; Mais que sor sains li ferommez jurer, Que il au jor et au champ affiner, Que il a mis, noz venra aquiter. In präpositionaler Verwendung: Percev. 6279) N'onques n'i eut autre portier, Mais c'une petite posterne,

---

[1] Citiert von Krollick, Der Conjunctiv bei Ville-Hardouin, Greifswalder Doctor-Dissertation p. 34 oben.

[2] Soi soufrir d'aucune chose ist gleich soi passer de, renoncier volontiers, de son gré à aucune chose. Tarbé hat mehrere Stellen unverständlich gemacht, wo es sich um dieses Verb handelt. R. Charr. 37,23) En la sale en vout mains a mains, Mes celui mie n'enbeli Qu'il le soufrist molt bien de li; richtig bei Jonckbl. 1194: Qu'il se soufrist etc. — ib. 31,1) Damoiselle, de vostre hostel Vos merci gie; si l'ai molt chier. Mes s'il vos plesoit, dou couchier, Me souterroie je molt bien? l. mit Jonckbl. 953: Mes s'il vos plesoit, dou couchier Me souferroie je molt bien. cfr. Amis et Am. 1954) Il n'a si bele en seissante päis. Moult m'esmerveil, com en poez souffrir. Lyon 6444. R. Charr. ed. Jonckbl. 1245. Berte 2086. Percev. 9725.

Dont li huis n'estoit pas de verne. R. Charr. 91,9) Quar bien gardez et maintenuz Jert vers tous homes sauvement, Mes que vers ton cors seulement. In derselben Weise, mit Unterdrückung von que: Lyon 155) De cez i a, qui la chose oent, Qu'il n'entandent, et si la loent; Et cil n'en ont ne mes l'öie. Vollständig gleichbedeutend fors que, fors tant que etc. Percev. 3600) Se (si) n'i feront li XX noiant, Fors k'il les menront favoiant,[1]) Tant que nous par ceste valee Venrons sor aus à recelee. Erec 5814) Se (si) fai que fox, que je m'en vant. Mais je nou di pas por orguil, Fors tant que conforter vos vuil. ib. 4370) Li jeant n'avoient espiez, Escuz, n'espees esmolues; Fors que tant seulement maçues Et corgies andui tenoient.

Die elliptische Satzfügung, bei der Substantivsätze mit que ·anheben, ohne in ersichtlicher Abhängigkeit von einem Verb der Aussage zu stehen, (Mätzner, franz. Gramm. p. 512 β) ist Chrestien unbekannt. Die wenigen Stellen, an denen man auf Grund der vorhandenen Drucke geneigt sein könnte, solche Satzellipse anzunehmen, werden durch richtige Emendierung, die Herr Professor Tobler die Güte hatte mir mitzutheilen, hinfällig. In R. Charr. 109,1) A moi, fait li rois, ne remaint; Car bien a faire me resemble; Et que le seneschal ensemble Vos mostrerai, se bien vos siet. — ist für que zu lesen: Que (= Ke) den Seneschal. Für R. Charr. 158,3) S'il a mauvestié en baillie, Qu'il ne puet rien contre lui [l. li] faire. — bietet Jonckbl. 5866) Si l'a das Richtige. Erec 729) Se l'ernois a parler ne fait, Que la povretes ne li lait, Dont li vavasors estoit plains — ist offenbar ganz verdorben. Die demnach ausgeschlossene Annahme, man habe es bei den vorher aufgeführten mit mais que beginnenden Sätzen mit elliptischen Substantivsätzen zu thun, liesse sich zudem nur unter der Voraussetzung machen, dass mais auch in den angeführten Beispielen seine gewöhnliche Bedeutung „aber" habe. Dass dies nicht der Fall ist, sondern dass mais, ausgehend von seiner ursprünglichen Bedeutung „mehr" durch Vermittelung verschiedener Zwischenstufen, schliesslich zu der Bedeutung „ausser" gelangte, wird von Chabaneau, Revue des langues romanes VIII p. 179 ff. nr. 8, v. mai ausführlich nachgewiesen.

Die von Chabaneau am angeführten Orte gemachten Aufstellungen beziehen sich allerdings zunächst nur auf das Neulimousinische, von dem aus er sich dem Altprovenzalischen zuwendet. Da indessen das Altfranzösische dieselben Zwischenstufen im Gebrauche von mais aufweist, wie das Neulimousinische und das Altprovenzalische, so kann man das für diese Sprachen gewonnene Endresultat unbedenklich auch auf jene übertragen.

Der von Chabaneau aufgedeckte Weg ist folgender:

Wie neulimous. ne mâ quan (= franz. non plus que), gewöhnlich mit Unterdrückung von quan einfach ne mâ^2, und selbst noch einfacher mâ, von seiner, ursprünglich eine Ver-

---

[1] Favoiant, wohl gleich falso viantes, cfr. fauborg. s. Scheler zu Bastard de Bouillon 4029.
[2] cfr. Lyon 155) Et cil n'en ont ne mes l'öie. Bartsch 123,28: Dont n'a on mal ne mais d'amors? Weitere Beispiele bei Perle, Ztschr. II, 6

gleichung hinsichtlich der Quantität ausdrückenden Bedeutung[1], sich ebenso wie franz. ne ... que (eigentlich ne ... pas plus autre chose que), zu der von seulement im allgemeinen fortentwickelte, (la ne minjo re, la ne bëu noumâ == elle ne mangea rien, elle but seulement), so auch das altprov. no mas quan, elliptisch no mas („Jeu vos am tan, dona, celadamens, Que res nol sap mas quan ieu et amors." Arnaut de Mareuil. Mahn, Werke I, 150. Elliptisch: „nous aus preyar mas en chantan." Peire Vidal. ib. „Que res non o sap mas Deus." Mahn, Werke I, 227. Und schliesslich „Qu'en dey blasmar, si dans m'es? Non mas mon cor leugier fat." Gir. Riquier. Mahn, W. IV, 13. „Yeu conosc las costumas dels Frances bobanciers: Qu'ilh an garnitz los corses finament a dobliers, E dejos en las cambas non an mas los cauciers." Chans. de la Crois. contre les Albig. ed. Meyer, v. 8352. „E quand er en l'estor intratz Cascus hom de paratge, Non pens mas d'asclar caps et bratz. Guill. de Saint-Gregori, Bartsch, prov. Chrest. 163,9).

Dem negativen no mas quant == non plus (non autrement) que, ne... que, endlich = seulement, steht nun, wie Chabaneau weiterhin zeigt, ein positives mas quant zur Seite, welches sich von seiner ursprünglichen Bedeutung: „mehr (in einem anderen Falle, in Bezug auf andere Verhältnisse etc.) als (in dem folgenden)" schliesslich zu der von „ausser" fortentwickelte,[2] wie z. B. in Gir. de Rossilhon v. 6621—23) Gran joi en fai lo reis, qui que s'en plor, — E tuh siei enamic, gran e menor, Mas quan cilh noble ome ancianor, Que cilh en an gran dol per sa valor. Elliptisch: Flamenca 3058) A totz valon, mas al seinor. Bern. de Ventadour „Per que tug amador Son guay e cantador, Mas ieu que plang e plor." ib. „E que val viure ses amor. Mas per far enueg a la gen?"

Damit sind wir bei der Bedeutung des afr. mais in Ausdrücken, wie Guill. d'Angl. 118,13. Lyon 1649, und allen folgenden Beispielen angelangt. Die Stelle: Guill. d'Angl. 118,13 würde, dem ursprünglichen Sinn gemäss übersetzt, heissen: „Und ich begehre in der That nicht daran Theil zu haben, (einen

---

[1] cfr. Erec 1984) Belins, li rois d'Antipodes, J ot cent chevaliers et mes. Lyon 6444)... Que les armes oster se lest; Et mes sire Yvains, se lui plest, Se relest les soes tolir, Car bien s'au pueent mes sofrir. Erec 1005) Et se rien mes fait vos ai, — A vostre merci en serai. Berte 3238) Tant leur donnent, que mais n'averont povretés. Berte 1163) Ne povoit mais aler, car forment ert lassée. ib 1778) Mais ne maudirai Berte. ib. 2319) Mais nous disons par droit, nel vous voulons celer, Que mais apres ce jour ne doit a vous parler. ib. 3006) si dist u'arrestera, Ne mais en une vile c'une nuit ne gerra, Jusqu'à tant que la bouche de Bertain baisera. ib. 3037) Que mais ne sera aise, si avera seu, — Se c'est Berte. ib. 3402) Mais n'eusse veu ma douce chiere mere. dto. ib. 1878. 2827. Erec 382. 386. 592. 999. 1273. 1280. 4346. 4473. Guill. d'Angl. 106,17. 103,23. 125,10. Lyon 3408.
[2] Eine Fortentwickelung der Bedeutung, die derjenigen nicht unähnlich ist, welche se .. non se .. ne nach negiertem Satze die Bedeutung „sondern nur" hat annehmen lassen. Tobler, Jahrb. XV p. 249. Perle, Zeitschrift II p. 4. Man trage nach Erec 6677.

Theil) der mehr umfasste, als dass ich mein eingelegtes Capital zurückbekomme." Es liegt hier dieselbe Vereinfachung eines doppelten que, von denen das eine das Adverb = quam, das andere die Conjunction = quod ist, vor, wie wir sie später bei amer mieuz que, ainz que finden werden.

c) mais que = quoique.

Das Altfranzösische ist bei dieser Verwendung von mais que nicht stehen geblieben. Es finden sich bei Chrestien mehrere Beispiele von conjunctivischen Wendungen, eingeleitet mit mais que, in denen es keine andere Bedeutung, als die von „wenn schon, obgleich" haben kann, sich also mit quoique, encore que deckt.

Der Weg, welcher die Sprache von „ausser dass, abgesehen davon dass, ohne das in Betracht zu ziehen dass" zu „ohne Rücksicht zu nehmen darauf dass, trotzdem dass" und somit zu „wenn schon das der Fall ist dass, obgleich", geführt hat, ist nicht eben weiter, oder schwerer zu finden, als jener, welcher sie von „mehr (in anderer Hinsicht) als (in der folgenden)" zu „ausgenommen, ausser" hat gelangen lassen. Angedeutet ist diese Weiterentwicklung bei Gachet, welcher (a. a. O. p. 855) sagt: „Pourtant il semble que nous devrons y (dans: „mais que") voir l'équivalent de quoique dans les vers suivants: Chev. de la Charr. 29,3) Le gué (mes que bien li ennuit), Et le passage li otroie. — En provençal, mais que se rapproche de cette signification, car il veut dire excepté que."

Ausser in dem von Gachet citierten Beispiel verwendet Chrestiens mais que im Sinne von quoique an folgenden Stellen: Erec 4686) Là iert en terre mis li cors. Puis voudrai la dame esposer, Mais que bien li doie peser. ib. 5587) Se la joie volez entendre, Vos l'auroiz, mais que bien vos poist. Guill. d'Angl. 66,21) Hors de ses mains estes këue, Car orendroit a nostre nef Vos em porterons molt souef, Si serés gardee a grant aise, Mais que bien poist et bien desplaise. Lyon 3333) Des chevaliers et de la dame S'est partiz, mes que bien l'en poist; Que plus remenoir ne li loist. ib. 5555) Se (si) vos convient, ce vos afi, Vostre lyon oster de ci, Mes que bien vos poist orandroit. Zweifelhaft ist: Percev. 5751) Ace mot, Kex se coureça Et dist: ha, mesire Gauwain, Vous l'en amenrés par le frain, Le chevalier, mais bien li poist.

Die Stelle würde hierher gezogen werden können, wenn sich noch weitere Beispiele[1] für den Ausfall sowohl des Adverbs que—quam als auch der Conjunction que—quod beibringen liessen; dass das erstere unterdrückt werden kann, beweisen Lyon 155, und die drei letzten von Chabaneau aus Flamenca und Bern. de Ventadour beigebrachten Beispiele. Für die Unterdrückung der Conjunction werden sich im Verlauf unserer Darstellung noch Beispiele genug finden, doch sind sie anderer Art und beweisen nichts für den vorliegenden Fall.

---

[1] Solche giebt es allerdings, und zwar sind mir durch die Güte des Herrn Prof. Tobler folgende Beispiele zur Verfügung gestellt worden: mes bien lor peist, Troie 9323; Mais bien leur poist, Aliac. 93, Meis bien li peist, Mont S. Michel 2009; Mes poist au roi Cadoalant, Percev. (Forts.) 14449.

5. Capitel.

A c.

Der Conjunctiv in unabhängigen Einräumungssätzen.

R. Charr. 91,35) Tant com vos plest, soiez boens hom, Et me lessiez estre cruel. Lyon 1996) „Comant"? fet ele; „or le me dites; Si soiez de l'amande quites." ib. 3734) Vostre merci de la promesse! Que volentiers le feroiez. Mes trestoz quites en soiez. Guill. d'Angl. 102,7) Se (si) li dist: „or soiés en pais, Biax fix, que je vos ai menti. ib. 102,16) Soiés en pais. Erec 5055) De cest forfait quites soiez, Que vos ne me connoissiez. ib. 5412) Don soreplus soiez toz quites. Percev. 8100) S'on le vos tot (tollit), s'en soiés quites. Erec 2798) Le palefroi vueil je avoir, Et vous aiez tout l'autre avoir. ib. 3842) Sire, merci! conquis m'aiez; Des qu'autrement estre ne puet. Guill. d'Angl. 84,4) Et, se tu veus, le voir en oies. ib. 118,14) Et jou n'i quierc ja part avoir, Mais que jou r'aie mon avoir, Et tiens en soit trestous li gains. ib. 126,10) Li rois, qui bien la connissoit, Li dist: „a vostre plesir soit." ib. 68,23) Vostre soient vostre besant. ib. 72,20) Tout li dient: „vostres soit dont." ib. 89,17) Biau(s) sire, soit, puis qu'il vos siet. Lyon 5473) Sire, fet il, je n'en quier point. Ja dex ensi part ne m'i doint. Et vostre fille vos remaingne.

Erec 2965) Il m'ocira. Assez m'ocie. Ne laisserai, que ne li die etc. Guill. d'Angl. 156,22) Que ja n'ara, tant com je vive, A moi pais, s'ele ne me prent, U se sa terre ne me rent: Lors si[1] s'en fuie et si s'en aille. ib. 91,6) Cui caut? Face cou que li plest. Lyon 720) Mes il ne s'en quiert ja vanter, Ne ja son vuel nus nel saura, Jueque tant, que il en aura Grant honte ou grant enor ëue: Puis si[1] soit la chose sëue. Percev. 1999) Et des qu'il l'em porte, si l'ait. R. Charr. 133,35) „Ne doit estre sanz seremenz Bataille de tel mescreance." Meleaganz sans demorance Li respont molt isnelement: Bien i soient li serement. ib. 113,14) Et cil, qui se voldront tenir, Lez la reine, si se tieignent. ib. 47,17) Vos em merrai, voiant ses euz, Se (l. Si) en face trestot son meuz. Guill. d'Angl. 150,18) Quant apres sa mort me menace, Au pis, que il pora, me face. Percev. 5130) Jou prois moult poi vostre manace, Qui le mins pora, le pis face. Erec 4404) Qui le porra avoir, si l'ait. ib. 1449) Et je di: Qui se vialt, si l'oie. ib. 5730) Mais une mervoille veoit, Qui pöist faire grant peor Au plus hardi combateor De toz ices, que nos savons, Se (l. Si) fust Tiebauz li Esclavons, Ou Opiniax, ou Ferraguz. Lyon 5696) „Et nostre fille iert vostre dame, Car nos la vos donrons a fame." „Et je," fet il, „la vos redoing; Qui vialt si l'ait, je n'en ai soing." Lyon 4416) Qui peor aura, si s'en fuie.

Guill. d'Angl. 103,12) Sire, fait il, or soit mençonge. R. Charr. 85,15) Or soit, c'outre soiez passez. Percev. 5040) Femme, ki sa bouche abandone, Le seureplus de legier done, S'est ki a certes i entenge; Et bien soit, k'ele se deffenge, Si set on bien, sans nul redout, Que femme vint vaincre partout, Fors en celle mellée seule. R. Charr. 112,32) Or soit a son comandement, Fet Lanceloz, qui meuz n'en puet. Erec 6662) Mais puis que faire le m'estuet, Or aviegne, qu'avenir puet, Ne laisserai que ne li die Selonc mon sens une partie.

Das Zugeständniss wird nicht vom Sprechenden selbst gemacht, sondern ist in der Vergangenheit von einer anderen

---

[1] Wegen des si cfr. Tobler, Vrai Aniel p. 24 u. 25, als Ergänzung zu Diez III⁴ 344.

Person gemacht worden in: Lyon 5276) Si jura, qu'il envoieroit Chascun an, tant com vis seroit, Ceanz de ses puceles trante; Si¹ fust quites par ceste rante.

Eine Chrestien sehr geläufige, durch ihre Kürze wirksame, Construction ist die antithetische Gegenüberstellung von zwei oder mehr Einräumungssätzen: Guill. d'Angl. 116,14) Frere estes; mais dire ne l'oses. Cui caut? soiés vos frere u non (cfr. ib. 91,6: Cui caut? face cou que li plest auf p. 22). Erec 56) Ou fust a tort, ou fust a droit. ib. 182) La pucele, quant mieuz ne puet, Vuelle ou non, retorner l'estuet. ib. 250) Suire le me covient ades, Ou soit de loing, ou soit de pres. ib. 1039. 3342. 3376. 4204. 4751. Guill. d'Angl. 81,16. R. Charr. 36,20. 143,8. Lyon 2544. 4048. 5327. 5464. Percev. 36. 1902. 2141. 2850. 3991. 4138. 5232. 5665. 5910. 8578. 9394. 9977. 10011.²)

Den Einräumungssätzen mit verallgemeinert zugegebenem Inhalt nähern sich Stellen, wie: R. Charr. 104,25) L'en maine, maugré en ait il. Erec 4624) Ainsi morrai, malgré en ait La morz, qui ne me vuet aidier. ib. 4002) Et bien vos poist, se (si) i iroiz Andui, et vos et vostre fame. Gewöhnlich steht an der Spitze der unabhängigen Einräumungssätze mit verallgemeinertem Inhalt ein, in verallgemeinerter Bedeutung aufzufassendes Adverb der Gradbestimmung: tant, si.

1) tant³

Erec 3859) Je n'ai voisin, qui ne me dot; Tant se face orgoillox ne cointe. ib. 520) Ne n'a baron en cest pais, Qui, tant soit riche et poestis, Qui⁴ ne l'eust a femme prise. ib. 1658) .. ne cuit pas, qu'en nule terre, Tant seust l'en cerchier ne querre, Fust sa paroille recovree. ib. 4878. 6655. R. Charr. 88,17. 78,1. 153,26. Lyon 1038. 2859. 5616. Percev. 6124. Guill. d'Angl. 101,21. 112.21.

2) si.

Percev. 913) Lors öissiés et cris et plour, Qu'il n'est hom, si dur cuer ëust, S'il le vëist, dolans ne fust.

¹ Wegen des si cfr. Vrai Aniel p. 28.
² Chrestiens allein gewährt 29 Belege für eine Construction, von der Krollick, Der Conjunctiv bei Ville-Hardouin, Greifswalder Dr.-Dissertation 1877 p. 39, Zusatz, glaubt, man dürfe an ihrem frühen (d. h. in die ganze Zeit vor Ville-Hardouin, Joinville, und den in Monnard's Chrestomathie gegebenen Stücken, fallenden) Vorkommen zweifeln!
³ cfr. Diez III⁴ 363, und Tobler, Mittheilungen, lexicalischer Anhang, v°tant. Die Construction kommt noch im Neufranz. vor, cfr. z. B. Molière ed. Moland VI, p. 273) Pourquoi n'en deroberais-je pas un tant soit peu pour moi-même?
⁴) Wiederaufnahme des Relativs, wie an anderen Stellen der Conjunction que; Diez III⁴ 342, Anm.

II. Abtheilung.

B.
Der Conjunctiv in abhängigen Wunschsätzen.

1. Capitel.
Der Conjunctiv in Wunschsätzen im engeren Sinne, eingeleitet mit einem Verb oder verbalen Ausdruck des Wünschens.

Verba, resp. verbale Ausdrücke des directen Wunsches sind: Voloir, avoir talent, li cuers m'aporte, avoir envie, estre desirranz, querre, n'avoir cure, avoir covoitié, atendre, ne cuidier veoir l'ore, talenz me prent, volentez m'est prise, moi est tart, il me tarde, il me demore, plaire, atalenter, venir a creant, venir a talent, moi est bel.

1. voloir.

R. Charr. 20,35) Des qu'il a en charete esté, Bien doit voloir, qu'il soit tué. dto. ib. 41,33. 57,18. 59,18. 62,8. 71,9. 83,1. 83,18. 96,26. 105,21. 106,1. 116,4. 131,24. 145,14. 164,9. Percev. 1080) Et por cou, qu'en toute ma tiere Voel, ke il n'ait estrif ne guerre, Voel jou, ke trestout me jurés, Que la tiere me garderês. dto. ib. 608. 2692. 4347. 4827. 5049. 5241. 5408. 10163. 10219. 10396. 10463. Erec 1340) Je vuil, que ma dame l'atort De la soe robe domainne. dto. ib. 1367. 1396. 3357. 3963. 5969. ib. 1792) Ne je ne vuil pas, que remaigne La costume ne li usages, Que suet[1] maintenir mes lignages. Lyon 1275) Qu'il volsist, qu'il fussent tuit ars, Si[2] li eust coste cent mars. dto. ib. 1423. 3008. 3247. 8730. 4070. 4273. 6032. 6341. 6629. 6729. 6739. Guill. d'Angl. 51,9) Por C. mile mars de besans Ne vauroie, k'en ces bocages M'avenist de vos nus damages. dto. ib. 47,18. 87,1. 128,25. 154,10. 168,25.

In verglichenen, mit voloir mialz eingeleiteten Wunschsätzen steht vor dem zweiten abhängigen Wunschsatze stets que an Stelle von que que (quam quod, Tobler, Bruchstück p. 16). So in: R. Charr. 131,24) Certes meuz voldroie estre morz, Que tex ledure, ne tex torz Fust par moi quis vers mon seignor. Lyon 1542) Mialz vialt morir, que il s'en aut. ib. 2794. Mes ainz voldroit le san changier, Que il ne se poist vengier De lui qui joie s'a tolue. R. Charr. 127,28) Por ce pas ne s'en coroca. Car il se volsist melz doulors Aus .II. les braz avoir tres fors,[3] Que il ne fust outre passez. Percev. 1995) Je vosisse mius estre morte, Qu'il l'en eust ensi porté. ib. 10462) Sire, mius vorroie avoir traite La langue par desous la gole, C'une parole toute sole M'en fust de la bouce coulée, Que vosissiés, que fust celée. ib. 10898) Ha, biele, il s'est ja vantés, (— 1) Que vous vorrïés mius assés, Que mors fust mesire Gauwains, Qui est vostre frere germains, Qu'il eust mal en son

---
[1] Da suet als Präsens im Sinne eines Tempus der Vergangenheit steht, so lässt sich die Stelle den von Dr. Weber, „Ueber den Gebrauch von devoir, laissier, pooir etc. im Altfranzösischen," Berliner Doktor-Dissertation von 1879, p. 3 angeführten Beispielen solches Gebrauches beigesellen.
[2] Wegen des si cfr. Tobler, Vrai Aniel p. 29.
[3] l. mit Jonckbl. 4730) Por ce pas ne s'en correca; Car il se volsist mialz del cors Andeus les braz avoir traiz fors, Que il ne fust oltre passez.

ortel. Guill. d'Angl. 87,14) Et d'autre part, revau roit (= re voudroit) mix Estre arse et a cevax traite, (— 1) Que de son cors li eust faite Carnelment nule vilonie. Percev. 10165) Se (si) li dites, que je m'affi Et croi tant en l'amor de li, Qu'ele vorroit mius, que ses frere Gauwains fust mors de mort amere, Que je eusse nes blecié Le plus petit doit de mon pié.

Das Gleiche gilt von amer mieuz: Erec 3320) Mieuz ameroie, je fusse a nestre, (+ 1) Ou en un feu d'espine arse (l. espines), Si que la cendre fust esparse, Que j'eusse de riens fausé Vers mon seignor, nes en pensé, (l. ne enpensé) Felonie ne traison.

Der Wegfall der Conjunction hinter dem vergleichenden Adverb que konnte nur stattfinden, so lange der Inhalt des Wunsches in einem unvermittelten Satze ausgedrückt werden konnte, auch wenn bereits mit einem Verb des Wünschens oder der Aufforderung im voraus auf ihn hingedeutet war. Dass der Sprache Chrestien's diese Fähigkeit eigen sei, zeigt eine ganze Reihe von Beispielen, welche dem obigen: mieuz ameroie je fusse arse entsprechen.

Da bei der Anordnung der einzelnen Fälle, in denen Chrestiens den Conjunctiv zur Anwendung bringt, durchgehends mehr Gewicht auf die Natur des Conjunctivsatzes gelegt wird, als auf die besondere Art, wie derselbe eingeitet ist, so mögen, als mit den soeben besprochenen, abweisenden Wunschsätzen (nach voloir mialz, amer mieuz) gleichwerthig, die mit ainz que eingeleiteten gleich hier ihre Stelle finden. Die Grundanschauung, dass lieber irgend etwas Unangenehmes dem Sprechenden zustossen solle, als dass er das oder jenes thun wollte, bleibt dieselbe, ob man nun mit Wace, Nicholas v. 1247 sagt: „Mielz vousissent morir lor vuel, Qu'il veissent lor enfant mort, oder mit Chrestien, Lyon 144: „Einz me leissasse un des danz traire, Que je hui mes rien lor contasse." — In derselben Verwendung, wie hier, findet sich ainz que: Erec 6032) Ainz que ma fiance mentisse, Ja ne l'eüsse je plevi. R. Charr. 45,24) Si m'aist Dex, ainz m'ociroie, Que je l'amasse en nul endroit. ib. 52,3) Je te feré lier, Eins que combatre te lessasse. ib. 74,23) Mes eincois me recombatroie, Que noanz (l. noauz) fere m'esteust. Percev. 3218) Mais ciertes, ains que il m'ait vive, M'ocirai je, si m'aura morte. ib. 3487) Ains m'ocies, biaus dous amis, Que tu a lui aler me faces. ib. 6659) De moi, de trestot mon linage, Vos desfi ci tot maintenant, Ains que cestui desavenant Faire en mon ostel vos sofrisce. ib. 7551) Certes, je me lairoie ancois, Fait mesire Gauwains, caiens U morir, u languir vivens, Que je sairement en fesisce, Ne que ma foi vos en plevisse.[1] ib. 9846) Ains que je perge vostre grasce, Le ferai, se je onques puis. ib. 10279) Ains c'a mauvestié le me tiengne La damoisiele felenesce, Li renderai ge sa promesse etc. Guill. d'Angl. 84,6—12. Lyon 144— 146. 6004. 6300. ib. 2102) Loez li tuit, que seignor praingne, Einz que la costume remaingne etc. Erec 3611) Mout esfichent forment et jurent, Que il le chaceront encois A esperon deux jors ou trois, Qu'il ne le praignent et ocient.

Zu vergleichen ist auch das später unter den Ausdrücken der Beurtheilung aufzuführende: Erec 3404) Mieuz est assex, qu'ele le meute, Que ses sires fust depeciez. Lyon 3735) Que mialz est, que je seule muire, Que je les vëisse deduire De vostre mort.

---

[1] In demselben Sinne auch avant que: Berte 1055) Je le dirai avant, pour moi faire douter, Que dou cors me laissasce honnir ne vergonder.

An zwei Stellen, wo eine einfache Vergleichung der Ungleichheit, ohne den Nebenbegriff eines abwehrenden Wunsches, vorliegt, (ein Verhältniss, das durch die in solchem Falle gebotene Setzung der halben Negation im zweiten Satzgliede erwiesen wird), steht der Indicativ. Lyon 4375) Ja de ce n'iert parole feite; Que nus n'est mes franz ne cortois. Einz demande chascuns eincois Por lui, que por autrui ne fait. R. Charr. 90,7) Joinz piez et jointes mains Volez, espoir, que je devieigne Ses hom, et de lui terre tieigne? Se (si) m'aist Dex, einz devendroie Ses hom, que je ne li rendroie La reine. (Ebenso Jonckbloet 3228.)

2) avoir talent.

R. Charr. 126,27) Que la reine tant li plest, Qu'il n'a talent, que il la lest. dto. ib. 119,26. Erec 1202. 3750. Lyon 3504. 5526. Percev. 2318. 4098. 6442. 6660. 8360. 9370. 9655. 9899. 10059. Guill. d'Angl. 43,17. 78,15. 137,11. 167,9.

3) li cuers m'aporte.

Guill. d'Angl. 51,32) Et se vostre cuers vos aporte, Que vos n'aiés mes de vos cure, Ne ne doutes male aventure, Ne de rien ne vos esmaiés, De vostre enfant pitié aiés.

4) avoir envie.

R. Charr. 55,34) Or ai si grant envie, Que je seusse vostre non. Guill. d'Angl. 140,19) Mais li rois a molt grant envie, Que veoir le puisse en la face.

5) estre desirranz.

R. Charr. 116,19) Tant sui desirranz, que je l'aie.

6) avoir covoité.

Percev. 8247) Je n'ai voir nule covoitié, Que de moi servir t'entremetes.

7) querre.

R. Charr. 95,10) Ja autres armes n'i auré, Que volantiers a ces fëisse La bataille, ne ne quëisse; Que ja ëust pas ne demore, Ne respit, ne treve, ne hore.[1]) Lyon 5070. Percev. 7273. 8595.

Einer Verbesserung bedarf: Percev. 2653) „Amis, sarriés vos faire ensi, La lance et l'escut demener Et le cheval poindre et torner?" Et cil li dist tout a delivre, Que ne querroit ja jor plus vivre, Ne tiere ne avoir n'eust, Ne mais k'ensi faire seust.

Der Sinn der Stelle ist verständlich; klarer tritt er hervor in der von Potvin beigedruckten Parallelstelle des Prosaromans von 1530) et il respont qu'il ne luy challoit pas tant de vivre, ne des honneurs, ne des tresors de ce monde, qu'il faisoit de sçavoir ainsy faire, s'il eust peu. Der beabsichtigte Sinn tritt deutlicher hervor, wenn man liest: Ne ke tiere n'avoir eust, Mais k'ensi faire ne seust. „Er würde nicht einen Tag länger zu leben begehren, noch dass er Land und Habe erwürbe, wenn die Bedingung wäre, dass er nicht lernen sollte, es so zu machen."

---

[1] l. mit Jonckbl. 3407) Et cil respont: s'il vos plëust, Ja autres armes n'i ëust, Que volantiers a ces fëisse La bataille, ne ne quëisse, Qu'il i ëust ne pas ne ore Respit, ne terme, ne demore.

8) n'avoir cure.

Erec 4944) Je n'ai cure, que il vos voient; Car je ne sai, quex genz ce sont. R. Charr. 162,27) Nel treuvent point, que il s'en fuit; Qu'il n'a cure, qu'en le conoisse. Percev. 6621) Quant la petite si le voit, Que il i va en tel maniere, Si s'en ist par .I. huis derriere. Car n'a soing, que nus hom le voie. **Fernere Beispiele des Litotes n'avoir cure = ne point vouloir sind** Auc. et Nic. XVIII Vos estes fée, si n'avons cure de vo conpaignie. Percev. 9429) Biele, je n'ai de mangier cure. Lyon 2767) Yvain, n'a mes cure de toi Ma dame. Cl. Marot p. 67) Trouve de l'encre espesse et fort obscure, Avec papier si gros qu'on n'en ayt cure. Brandan's Seefahrt, ed. Auracher, Ztschr. II, 447 v. 754 (Suchier v. 803) Li abes lor dist: n'aies cure De boire trop outre mesure. Huon de Bord. 186. Fiex, vien avant, n'aies soing d'atargier. ib. 199) Fiex, n'aies cure de traïtor lanier. Méon III 295 v. 403. Vuidez l'ostel, jel vos commant; Je n'ai cure de tel serjant. cfr. Bêowulf 1761) oferhyda ne gym, mære cempa! **Andere Beispiele bei Diez III 440 unten.**

9) atendre.

Percev. 6042) Moult est maleureus, ki voit Si biau tans, que plus ne coviegne, S'atent encor, que plus biaus viegne. ib. 8947) S'atendent une grant folie, Qui ne poroit avenir mie, Qu'il atendent que il i viengne Uns chevaliers, qui les maintiengne, Qui range as dames lor honors etc. Erec 523) Mais j'atent encor meillor point, Que dex greignor honor li doint, Que aventure ça amoint Ou roi, ou conte, qui l'en moint.

10) ne cuidier veoir l'ore.[1]

Erec 5269) Ja ne cuide veoir cele ore Enide, qu'il soient monté. **Diese Wendung gehört, wie die correspondierende: Je ne gart l'ore qu'il vos fiere, Erec 2979 unter die Relativsätze, und ist hier nur um der Aehnlichkeit des Sinnes willen mit aufgeführt worden.**

11) talenz me prent.

R. Charr. 157,1) Quant la reine point nel voit, Talenz li prent, que ele envoit Les rens (rancs) cerchier, tant que le truisse. Erec 3233) Quant li cuens ceste novele ot, Talanz li prent, que veoir l'aille, Se ce est veritez, ou faille.

12) volentez m'est prise.

R. Charr. 4,9) Einsinc m'est or volentez prise, Que (je) m'an aille sanz respit.

13) moi est tart.

R. Charr. 119,25) Et molt est la reine tart, Que sa joie et ses amis viegne. ib. 120,8) Tart li est, que son desirrier Voie. Percev. 1557) Tantost les gros galos s'en part Li chevaliers, cui moult fu tart, Qu'il eust les autres atains. ib. 2072. 2893. Erec 6237. 1471. 5679. Lyon 4336.

14) il me tarde.

Lyon 4187) Tantost mes sire Yvains li passe, Cui tarde, qu'il s'an soit partiz. ib. 2618. Erec 3242. 5984. Guill. d'Angl. 106,25. 125,19.

---

[1] Nicht im Sinne eines Wunsches, weil nicht negativ, Rom. d'Alixandre 19,10: Encor quit veoir l'eure que Daire ert deceüs.

15) il me demore.

Guill. d'Angl. 47,10) Et a cascun demoroit mout, Que la noise et l'escrois öissent, Et que la clarte revëissent.

16) plaire.

R. Charr. 110,30) Mes ne li plest, qu'ele me voie, Ne qu'ele ma parole escout. dto. ib. 70,27. 115,15. 133,21. 77,30. 91,31. Guill. d'Angl. 65,22. Percev. 1608. 3000. 4927. 6181. 7691. 9517. 9697. 9708. 9817. 9845. 10243. 10336. 10424. Lyon 2931. 3641. 3714. 4304. 5557. 6256. 5402. 5428. 5542. R. Charr. 115,15) Moi certes est il molt plesanz, Que je aille lonc duel fesant. Aehnlich Jonckbloet 4242.

17) atalenter.

R. Charr. 70,27) Mes lui ne plest ne atalente, Que uns d'eus s'en aut avec lui.

18) venir a talent.

Guill. d'Angl. 74,18) Tant k'en la fin li resovient De l'aumosniere au marceant; Et dist, or li vient a talant, Qu'il l'aille prendre, et qu'il le gart.

19) venir a creant.

Percev. 8869) Mais ce li vient bien a creant, Qu'il en la prison se mëist Le roi Artu, et si dëist A la puciele son mesage.

20) Moi est bel.

Guill. d'Angl. 87,8) Bel li seroit qu'ele fust dame De le terre, coi qu'avenist, Ensi, qu'apres lui le tenist. Percev. 1748) Et, se ele a aniel en doi, Cainte cainture u aumosniere, Se par amor u par proiere Le vos done, bon m'ert et bel, Que vos em portés son anel.

Auffallender Weise steht den angeführten Stellen mit regelrechtem Conjunctiv nach Verben etc. des Wünschens eine nicht ganz unbedeutende Anzahl von Beispielen gegenüber, in denen nach denselben Verben etc. der Indicativ gesetzt ist. Wir sehen dabei ab von den Imperativformen, welche mitunter vermöge eines Uebergehens in die directe Rede an Stelle der Conjunctivformen eintreten; von jenen wird weiter unten, bei den abhängigen Aufforderungssätzen zu handeln sein. Auch weist Chrestiens nur éin Beispiel eines Imperativs nach einem Verb des Wünschens im engeren Sinne auf: Percev. 9543) Mais encor voel de vos savoir, Que vos me dites seulement De l'iestre et del contenement La roine, s'il ne vos poise — ein Beispiel, das zu Willenberg, Böhmers Studien III p. 391 e, hinzuzufügen ist.

Dagegen sind wirkliche Indicative, also nicht auf dem von Willenberg, nach Ztschft. I, 14, p. 390 ff, gezeigten Wege erklärbar:

1) volantez me vient.

Lyon 553) En la fin volantez me vint, Qu'a mon oste covant tanroie, Et que a lui m'an revanroie.

2) talens m'est pris.

Guill. d'Angl. 171,1) Or m'en sont si douc a retraire Li grant anui et li contraire, Qui me vinrent (l. m'avinrent?) en cest propis (l. porpris), Que talens m'est orendroit pris, Que jou de ci n'en (l. nem) partirai, N'a castel, n'a cite n'irai, Tant que mes nies sera venus, Cil qui ore est por rois tenus.

3) avoir talent.

Lyon 2229) Et mes sire Kex ot talant, Qu'il demanderoit la bataille.

4) plaire. seoir.

Lyon 3449) Ja fu pres de nuit, se (si) li plot, Qu'il necques se herbergeroit, Et le chevrel escorcheroit, Tant com il en voldroit mangier. R. Charr. 84,4) Et il sor le cheval celui Monte, qu'ensi li plot et sist, Que chascuns sor son cheval sist. R. Charr. 154,24) Mes a tous et a toutes sist, Que l'endemain tuit revendroient A l'aatine, et si prendroient Les damoiseles a seignors Cels, cui le jor seroit l'ennors.

5) atendre.

Percev. 3070) Et la damoisele atendoit, Qu'il l'aresnoit de quanque soit, Tant qu'ele vit tres bien et sot, Que il ne li diroit ja mot, S'ele ne l'aresnoit devant.

Bemerkungen zu den voranstehenden Indicativstellen.

Zu Nr. 4, 2. Beispiel.

Die Lesart Tarbé's in R. Charr. 84,4 ist grammatisch (wegen der unmöglichen Verwendung des passé défini) und sachlich unhaltbar. Eine Aenderung in sëist (Lyon 3688) geht des Metrums wegen nicht an. Man lese mit Jonckbloet v. 2098) Et il sor le cheval celui Monte, qu'ainsi li plot et sist. Quant chascuns sor son cheval sist, etc.

Zu Nr. 5.

Aresnoit in Percev. 3070 dürfte durch die herumstehenden zahlreichen Formen auf -oit und -oient veranlasst sein. Wer sich, um aresnoit als richtig zu halten, auf Mätzner, franz. Gramm. 2. Aufl. p. 342, Absatz 2 berufen wollte, müsste doch zugeben, dass dann das Conditionale aresneroit stehen müsste. Hölder § 193, V p. 367 kennt nur s'attendre als mit dem Indicativ construierbar, und deutet durch das Fehlen eines Astérisque bei: On attendait que les chefs de l'armée se déclarassent p. 370, § 194, II, letztes Beispiel, an, dass nach attendre nur der Conjunctiv stehe. An einen Conj. praes. auf -oit, wie Willenberg p. 392 deren aus den Nouveles françoises du XIII° siécle anführt, ist bei Chrestien nicht zu denken. Ich halte die Form, wie gesagt, für einen Fehler, veranlasst durch die zahlreich herumstehenden Formen auf -oit und -oient.

Die übrigen Beispiele haben das unter sich gemein, dass im abhängigen Satze die Vorstellung eines Wunsches, dass etwas geschehen möchte, zurücktritt. Es handelt sich nicht so sehr um einen Wunsch, dessen Erfüllung zweifelhaft sein würde, sondern um einen Vorsatz, dessen Ausführung bei dem steht, welcher ihn fasst, und demnach dem thatsächlichen Eintreten so nahe steht, dass der Indicativ hier ganz ebenso gut gesetzt werden konnte, wie in den bei Mätzner p. 342, Absatz 3 besprochenen Fällen. Mit dem bei Hölder p. 373, Anmerkung 79 aus Michelet angeführten Beispiel haben unsere Stellen keine Verwandtschaft. Auch nicht mit dem von Glauning, Syntakt. Studien zu Marot p. 20 u. 21 aus Marot angeführten Beispiel. Die Stelle lautet im Zusammenhang: Clem. Marot, ed. Mötjens, La Haye 1700, Band I p. 76, Schluss der 17. Elegie: Et pour former ma complainte accomplie, Treshumblement vostre grace supplie, Perseverer en l'amour commencée, Et ne l'oster de si noble pensée. Quant est à moy, seule vous serviray Tout mon vivant, et pour vous souffriray, Jusques au jour, que Fortune voudra, ne Q par mercy ma grand'peine faudra.

Vouloir hat hier jedenfalls den Sinn von arrêter, décréter; es änderte nichts am Sinn, wenn man sagte: Jusqu'au jour qu'il arrivera par l'arrêt de Fortune, que ma grand'peine faudra.

Man könnte aber auch lesen: Jusques au jour, que Fortune voudra: Que par mercy ma grand'peine faudra. „Usque ad diem quem Fortuna constituet, quo labor meus terminabitur."

Capitel 1a.

Eine exceptionelle Stellung unter den Verben des Wünschens nehmen die Verba und verbalen Ausdrücke des Fürchtens ein; insofern sie in ihrer Bedeutung die von Verben des Wunsches, der Vorstellung, und der Gemüthsbewegung in Eines zusammenfliessen lassen.

Die im Neufranz. durchgehends beobachtete Regel, nach nicht negiertem oder nach nicht in negativem Sinne fragend gebrauchtem Verb des Fürchtens im abhängigen Satz die unverstärkte Negation zu setzen, erweist sich auch bei Chrestien als zu Recht bestehend. So in: Erec 2833. 2972. 5381. R. Charr. 41,10. 147,21. Percev. 2929. 4426. 6273. 6481. 9102. 9753. 10503. Guill. d'Angl. 42,3. 43,16. Lyon 3510. 3993. 4041. 4168. 4292. 6084. 6529. 6687.
Die Conjunction fehlt in: R. Charr. 101,14. Guill. d'Angl. 64,1.
Die Negation unterbleibt bei negiertem Hauptsatz: R. Charr. 124,35. Lyon 6456. Percev. 4450. R. Charr. 84,30.
Als unregelmässig ist zu bezeichnen das Fehlen der Negation im abhängigen Satze bei positivem Hauptsatz: R. Charr. 30,10) Car ele crient, qu'il la conoisse. ib. 48,10) Que je crien, qu'il se brist la cuisse. Lyon 977) Je criem, que mal soiez venuz. Percev. 4389) Et crient, se il le demandast, C'on le tenist a vilounie. Guill. d'Angl. 106,9. 107,9.
Umgekehrt steht die Negation im abhängigen Satze, trotzdem der Hauptsatz negiert ist: Lyon 1967) Si li dit: En ca vos traiez, Chevaliers, ne peor n'aiez De ma dame, qu'el ne vos morde.
Vereinzelt finden sich indessen auch im Neufranz. Beispiele dafür, dass die Negation nicht steht nach positivem Hauptsatz:

„J'ai peur qu'il en ait trop dit", Bourrienne, citiert von Mätzner, Gramm. 342.[1]

Das Gleiche begegnet auch im Provenzalischen. „Senher, eu tem que falhis, S'eu fatz coblas ni chansos." Monge de Montaudon, Bartsch prov. Chrest. 131,21. Wenn Tobler bei Besprechung der Stelle in den Vorlesungen des W. S. 1878/79 bemerkt: „Verb des Fürchtens ohne Negation im folgenden Satz, wie es im Romanischen doch erforderlich wäre. Man vrgl. Gir. de Rossilh. 322) E tem quel ducs en fassa al rei rebel. Jedenfalls aber, mag die Negation stehen oder nicht, ist immer nach den Verben des Fürchtens der Conjunctiv erforderlich," so ist doch zu constatieren, dass auch die Regel vom Conjunctiv, nicht nur die von der Negation, mitunter durchbrochen wird. Erec 223) Et crient, qu'assez tost l'ocirroit, Se devant li (lui) son nain feroit, womit sich vergleichen lässt: Mémoires de Comines, ed. Petitot, XI 517: Le dit monseigneur Charles craignoit déplaire audit duc de Bourgogne; et avoit peur aussi que, s'il accordoit et le Roy ne luy tinst verité,[2] qu'il auroit perdu son amy et son partage, et demourast en mauvais party. Ne craignais-tu pas, dis la verité, que Pythias ne reviendrait point? Fénelon, citiert bei Hölder p. 368 Nr. 3.

Der Indicativ in den angeführten drei Stellen dürfte sich daraus erklären lassen, dass die sonst bei craindre im Vordergrunde stehende Bedeutung des Wünschens, es möge etwas nicht geschehen, ganz zurück tritt hinter der, sonst nur an zweiter Stelle wahrnehmbaren, einer Vorstellung dass etwas der Fall sein werde (ein Vorgang, der bei espérer stets stattfindet). Daher steht auch in den ersten beiden Stellen, wo Gelegenheit dazu wäre, keine Negation im abhängigen Satze. Man hat übrigens nicht einmal nöthig, den Indicativ der ersten beiden Stellen in der soeben versuchten Weise erklärbar zu machen; da das Eintreten dessen was gefürchtet wird, von Bedingungen abhängt, so ist die Setzung des Conditionale ebenso logisch, wie es dies in den bei Mätzer p. 330, Z. 6 und 3 v. u. angeführten Beispielen ist, in denen sogar nach hypothetischem si das Conditionale steht, weil das, was als Bedingung für den Vordersatz ausgesprochen wird, seinerseits wiederum als Vordersatz zu einer nicht ausgesprochenen, aber durch das Tempus (das Conditionale im si-Satze) angedeuteten Bedingung ist. Wo ein solches Verhältniss vorliegt, gewinnt das Conditionale natürlich die Oberhand über das Tempus, resp. den Modus, welche unter anderen Umständen regelrecht gesetzt werden müssten; von diesem Gesichtspunkt aus lässt sich auch eine Stelle aus Augier, Effrontés V 6: „La délicatesse ne m'en ferait un devoir

---

[1] cfr. Marot p. 70: Tu crains (pour vray) que mon affection Soit composée aveques fiction.

[2] Wegen des Wechels der Construction ohne formale Weiterführung der Bedingung durch que cfr. Floire et Blanceflor 2037.

qu'au cas où mademoiselle votre sœur ne m'épouserait pas de son plein gré", zur Vergleichung heranzuziehen.[1]

2. Capitel.
Der Wunsch äussert sich in einer Handlung, welche auf ein Ziel hingeht.

§ 1.

Der Hauptsatz enthält in seinem Verb oder verbalen Ausdruck bereits die Andeutung, dass er zur Einleitung eines Zwecksatzes dient. Letzterer bildet mit dem Hauptsatz zusammen ein Ganzes, stellt also einen integrierenden Bestandtheil der Gesammtaussage dar.

a.
Das erstrebte Ziel ist ein positives.

R. Charr. 108,30) Et Meleaganz molt s'efforce, Que de l'autre part se recort.[2] Lyon 2482) Mes il avoient la semainne Trestuit proie, et mise painne Au plus, qu'il s'en porent pener, Que il en pöissent mener Mon seignor Yvain avoec ax. Lyon 1876) Alez, ja plus ne delaiez! Si faites tant, que vos l'aiez. ib. 6605) Et la dame dit: Je sui preste, Einz que vos entroiz en la queste, Que je vos plevisse ma foi; Et jurerai (directe Rede) etc.

Ist das Ziel der Handlung nicht mehr Gegenstand des Wunsches, so steht der Indicativ: Lyon 6675) Que j'ai ma dame a ce menee, Que tot ausi com ele siaut, S'ele parjurer ne se viaut, Jert vostre dame, et vos ses sire.

a α.

In der Mitte zwischen den soeben angeführten Conjunctivsätzen der erstrebten Thätigkeit, und den weiter unten zu besprechenden der zugelassenen, gestatteten Thätigkeit, stehen die mit doner que eingeleiteten Conjunctivsätze: R. Charr. 7,29) Dex, donez moi, que il m'atende. Lyon 1691) Et ce doint Dex, que il vos pleise. ib. 5417) Or doint Dex, que trop ne li cost Ceste losenge et cist servise. ib. 5098) Or me doint Dex et cuer et grace, Que je par sa boene aventure Puisse desresnier sa droiture. Guill. d'Angl. 104,12) Ha, sire! Diex vos en deffenge, Et me doint pooir, que vos renge Le guerredon, ains que jou muire! Erec 627) Mais encor vos voel querre un don, Dont je vos rendrai guierredon, Se dex done, que je m'en aille A tout l'onor de la bataille.

b.
Das erstrebte Ziel ist ein negatives.

Der Wunsch, es möge etwas nicht geschehen, verbindet sich mit einer darauf abzielenden Thätigkeit in den mit garder

---

[1] Bei Besprechung dieser Stelle in einer der Uebungen des roman. Seminar's vom W. S. 1878—1879 nahm Tobler Gelegenheit, auf die oben erwähnten Beispiele bei Mätzner p. 320 hinzuweisen; mit der von uns diesen Beispielen beigefügten Erklärung haben wir nur das von Tobler Bemerkte wiedergegeben.
[2] l. mit Jonckbloet 3713: „Que de l'autre part se retort."

que ne und ähnlichen Ausdrücken eingeleiteten Zwecksätzen: R. Charr. 129,21) Seignor, ne vos movez; Et gardez, que osté ne soient Li drap dou lit tant, que je veigne. Percev. 4858) Gardés, que nus sa main n'i mece. Erec 4960) Gardez, que ja nuns ne vos voie. R. Charr. 122,9) Quant vos vendroiz, si vos gardez, Que nule espie ne vos truisse Erec 448) Gardez, que ue li faille riens. Lyon 94) Dame, se nos n'i gaeignons, Fet Kex, an vostre compaignie, Gardez, que nos n'i perdiens mie. Percev. 8009) De ceste pucele vos pri, Que vos prenés garde de li, Qu'ele n'ait houte ne mesaise. Lyon 3723) Gardez, que l'en ne me conoisse. ib. 2510) Gardez, que en vos ne remoingne, Biax compainz, nostre compaignie. ib. 1902) Gardez, que n'en i veigne plus; Que g'i harroie molt le cart. ib. 739) Mes garde bien, ce te commant, S'est nus, qui de moi te demant, Que ja noveles li an dies. (lege mit Tobler: Que ja noveles ne l'an dies).

In Lyon 739 muss der abhängige Satz negiert sein, weil das anbefohlene Achthaben den Zweck haben soll, dass Yvain's Expedition nicht vor der Zeit bekannt werde. Anders ist es in dem, zur Kategorie der unter § 1 a aufgeführten Zwecksätze gehörigen Beispiel: R. Charr. 164,12) Et gardez, quand il est venuz, Qu'il soit en tel prison tenuz, Qu'il n'isse de la meson fors.

Lyon 1330) Or vos gardez bien, come sages, Que n'i lessiez la teste en gages. Percev. 2838) Si (se) vos en venés au dessus.... Gardés, que vos ne l'ociiés, Et gardés, que vos ne soiés Trop parliers, ne trop noveliers.

Der Wunschsatz tritt unabhängig ein: Erec 5753) Garde, ta teste n'i soit mise. Percev. 7128) Or gardés, ne soiés avere De toute sa volenté faire. ib. 844) Aïde leur, si feras bien; Garde, ja nel lesses por rien. Erec 4068) Et se vos le poez atraire Tant, qu'avec vos l'en ameingniez, Gardez, ja ne vos en feingniez (cfr. wegen feingniez, Willenberg, l. c. p. 392).

Der Modus ist zweifelhaft in: Lyon 1308) Gardez, ne vos movez por rien. Percev. 1243) Gardés, od eus n'i arrestés, Mais tost arriere revenés.

Die gewünschte Thätigkeit wird in directer Rede, im Imperativ, ausgesprochen: ib. 1326) Gardez, se vos pansez folie, Que por ce ne la faites mie. Percev. 1738) Et si (e) vos aucune en priiés, Gardés, que vos ne l'anuiiés, Ne faites rien, qui li desplaise. ib. 5191) Et garde bien, sans nule falle, Que tu les pieces m'en raporte (raporte reimt mit porte, lässt sich also nicht in raportes ändern).

Der negierte Infinitiv vertritt den Imperativ: Lyon 732) Garde, n'i demorer tu pas. cfr. Fierabras 512) Garin, car me di ore, garde ne me celer, Se tu es ens el cors ne feruz ne navrez (citiert von F. Perle in: Die Negation im Altfranzösischen, Gröber's Zeitschrift II, 4).

§ 2.

Die Ausdrucksweise im Hauptsatz ist nicht derartig, dass darauf nothwendigerweise ein Zwecksatz folgen müsste. Letzterer bildet nicht einen integrierenden Bestandtheil der Gesammtaussage; der Hauptsatz würde auch ohne den Zwecksatz Sinn haben. Erec 2881) De desfendre vos atornez, Que je ne vos fiere en fuiant. ib. 3066) Si li commande, que tost aille, Et de parler a lui se tiegne, Que max ne ennuiz ne l'en viegne. ib. 2555. 2765. 3721. 5223. 5429. 6692. R. Charr. 66,12. 124,26. 105,5. 40,27 und 28. 14,4. R. Charr. 69,30) Ne vos convient mie a pledier De moi herbergier par tencon. Einz devez estre en soupeçon, — Por coi? „Que tuit i aiez preu,[1] De moi herbergier

---

[1] l. mit Jonckbl. 2466) Einz devez estre en cusancon De moi herbergier en tel leu, Por ce que tuit i aiez preu, Que je soie an ma droite voie.

en tel leu, Que je sois en ma droite voie. „Que tuit i aiez preu" ist freistehender Zwecksatz, und gehört nicht als entfernteres Object zu „estre en soupeçon." Die Ergänzung zu estre en soupeçon ist: De moi herbergier en tel leu etc. ib. 120,9) Tart li est, que son desirrier Voie, qu'il oublie sa peine. (l. que il oublit sa poine. Jonckbloet, von v. 4442 an, hat eine ganz andere Lesart). ib. 92,12) L'en li amaine I grant destrier, Qu'il i monte par l'estrier.

Man könnte ja in que il i monte etc. corrigieren, und annehmen, dass man es in monte mit einem jener später zu besprechenden Fälle eines Eindringens von paragogischem e vor dem von Willenberg p. 398 angesetzten Zeitpunkt zu thun habe. Abgesehen von dem Misslichen, was solche Annahme hat, erreicht man damit auch nichts. Denn die Stelle giebt keinen verständigen Sinn. Man führt dem Könige den destrier doch nicht lediglich zu dem Zwecke zu, damit er mit Hülfe des Steigbügels hinaufsteige. Man lese einfach mit Jonckbloet 3306) Et il i monte par l'estrier.

Percev. 7025) Et mesire Gauwains demande, Qu'ele avoit a cou entendu; Et ele li a respondu, Que ele li avoit baisié Por cele entention le pié, Que de li li resouvenist En quelque liu, que il venist. ib. 884. 1014. 1072. 1533. 1886. 1892. 2214. 2290. 2747. 4145. 4994. 5370. 6835. 8097. 8172. Guill. d'Angl. 39,6. 134,15. ib. 99,10) Car afublé avoit se cape, Que plus tost de lui puet escape. (l. plus tost que puet de lui escape.) Lyon 2502. 2561. 3360. 3785. 3982. 4997. 5636. 5669. 6190.

Sehr häufig werden Zwecksätze mit dem Demonstrativ und por voraufgenommen: Percev. 2727) Por cou, que vestir li feist, Li envoia, et si li dist etc. dto. ib. 3034. 3066. 3235. 3326. 4567. 7321. 7703. 8196. 9164. 9339. 9564. 10324. 10456. Guill. d'Angl. 54,2. 76,9. 87,23. 106,10. 115,17. 147,3. Erec 4050. 5437. 5429. 6618. R. Charr. 7,7. 52,27. 83,30. 98,18. 102,4. 105,20. 115,2. 116,23. 144,35. 150,28. Lyon 1385. 2317. 5146. 5550. 6429.

---

3. Capitel.

Der Wunsch äussert sich als Aufforderung;

der den Inhalt des Wunsches enthaltende Satz wird eingeleitet mit einem Verb oder einem verbalen Ausdruck der Aufforderung. Solche sind: Comander, mander, faire crier, crier le ban que, escrier a aucun, dire, loer, conseillier, enseignier, aprendre, chastiier, semondre, amonester, demander, querre, requerre, enquerre, priier, conjurer, aplaidier merci a aucun, porchacier, metre a raison, tenir en grant, venir au pié, metre a aucun en courage, voloir, rover, orer, orer et destiner, dire oraisons que, faire proiere que, desfandre, menacier, veer, faire ban a aucun que .. ne. In einer beträchtlichen Anzahl der anzuführenden Beispiele gehen dem das Befohlene, Verlangte, Erbetene, Untersagte ausdrückenden Satze mehrere Verba der Aufforderung vorauf; nie rein tautologisch, also pleonastisch, sondern immer mit einer Steigerung der Intensität der Aufforderung, welche dadurch an Kraft gewinnt, dass man das Gewünschte als Gegenstand mehrfachen Strebens hinstellt. An den in Frage kommenden Stellen wird das nuancierende Verb in Parenthese beigefügt werden. Ist das wozu aufgefordert wird, in mehreren aufeinanderfolgenden, und mit et, si, ou, ne verknüpften, oder mit ains einander gegenübergestellten Sätzen ausgedrückt, so findet Wiederholung der Conjunction que nur sehr selten statt. Chrestien's Diction hat einen viel zu raschen Fluss, als dass sie sich mit Entbehrlichem belasten möchte. (Diez III⁴ 416 § 2, Anfang). Dasselbe war bereits zu den von Verben des Wünschens im engeren Sinne abhängigen Wunschsätzen zu bemerken (z. B. Erec 5679: Qui que parolt, molt li est tart, Que il saiche, et voie, et conoisse, Dont il sont tuit en tel angoisse).

Die oben angeführten Verba finden an folgenden Stellen Verwendung:

1) comander.

Lyon 137. 1306 (prier, loer, chastiier). R. Charr. 111,13. 14,34 semondre. ib. 79,28) Largece et pitié le comandent, Que lor boen fait a ambedeus. Lege mit Jonckbloet 2839) Largece et pitiez li comandent, Que lor boen face a ambedeus. Percev. 3110. 3888. 4112. 5231. 5616. 6597. 7173. 7536. 8667. 9000. 9301. 10525. 1275 (demander). 6797 (abandoner: überlassen, anheimstellen). Guill. d'Angl. 116,22. 120,16. 124,7. 140,20. 145,1. 171,17. 88,5 (dire). 103,6 (loer), Erec 712. 1412. 2053. 2650. 3064. 3075. 3669. 6581. 1638 (priier). 4081 (dto.)

Eine kleine Correctur bedarf der Druck, nicht die Handschrift in Erec 3709. Lege: Mout se despoire et desconforte, Quant son seignor dire ne l'ose, Qui la menace molt et chose, Et comande, qu'ele se taise.

2) mander, entbieten.

Lyon 2769. 2772. R. Charr. 142,2. Guill. d'Angl. 44,17. Percev. 829. 985. 8739. 7114—7115 (mit wiederholtem que).

3) faire crier = commander par cri public; der Aufforderungssatz ist selbständig.

Guill. d'Angl. 159,16) Or tost, Demain irons sor aus a ost. Faites crier, a l'ajornée Soit toute vostre ost assamblée. N'i remaigne amont ne aval Nus hom a pié ne a ceval etc.

4) crier le ban.

Guill. d'Angl. 159,22) Ja est par tout criés li bans, Qu'il n'i remaigne sers ne frans.

5) escrier a aucun.

R. Charr. 25,11) Cil li escrie, que il ost Loing dou gué.

6) dire.

Lyon 1834. 3784. 4464 4640. 6441. ib. 205 gehört zu den unabhängigen Wunschsätzen. R. Charr. 9,33. 14,26. 58,4. 74,27. 101,34. 105,12. 106,27. 135,26. 157,13. 158,12. 158,15. 164,29. Percev. 811. 983. 1707. 1855. 1907. 2083. 3330. 3468. 3493. 4036. 4064. 4715. 5181. 5478. 5636. 5711. 6900. 6902 7042 7046. 7462. 7581. 10481. 10494. 7047 (mit wiederholtem que). 7048—49 (ohne que). 1879 (enseignier). 5747 (priier) 5614. (dto.

Ein voraufgehendes Verb der Aussage nimmt die Bedeutung eines solchen der Aufforderung an: Percev. 823) Puis ont de lor signor conté, Coment fu mors, la verité. Et de chou, que n'en savoit rien La dame; ains li celoit on bien; Que, por Dieu, dire li alast, Et apries le reconfortast, Que ele en avoit grant mestier. ib. 2603) Mais volez vous plus dire rien? „Oïl. Et que tant me doiungniés Que vous hui mais me herbegiés." ib. 5726) Et si l'ont molt reconforté, Qu'il li dient, qu'il garra bien. Ja ne se desconfort de rien. ib. 611) Ains envoie par ceste terre, Por chevaliers cierkier et querre, Qu'il i viegnent a lor pooir; Et le jor vos dirai por voir: Que il i soient samedi. ib. 2083) Et tant diras le mauvais roi, Que, s'il ne viut tenir de moi Sa tiere, que il le me rende, Ou il envoit, ki le deffende Vers moi, quar je di, qu'ele est moie; Et a ces ensagnes t'en croie, etc. Guill. d'Angl. 109,15.—88,5 (comander); 127,13 (priier). 148,7 (prïer, castiier). Erec 197. 1579. 2657. 3475. 3620. 4049. 4098. 4100. 4353. 6500. — 1853 (priier). 6499 (proïier).

Ib. 1853 wird die Conjunction nicht wieder aufgenommen, trotzdem dass der dritte abhängige Wunschsatz (1863) vom Hauptsatz um 10 Verse entfernt ist.

7) loer, rathen.

Lyon 2101. 4413. — 1306 (chastïer). 4781 (conseillier, priier). R. Charr. 159,28. — 90,18 (priier). Percev. 6318. 8153. ib. 6271) Mais Tiebaus n'ot mie trové El los de son consel privé, Qu'il tornoiast a son seignor. Erec 206. 3989. Guill. d'Angl. 111,4., — 103,6. (comander). 146,23 (conseillier, priier).

8) conseillier.

Lyon 4424. — 2043 (loer). 4781 (loer, priier). R. Charr. 157,24) Si le va tantost conseillier, Qu'encor au noanz le face Savoir velt s'amor et sa grace; Car la reine le li mande. lege mit Jonckbloet 5853) Si li vet tantost conseillier, Que ancor au noauz [nugalius] le face, S'avoir vialt l'amor et la grace La reine, qu'ele li mande. Erec 4097. Guill. d'Angl. 146,23.

8a) doner en consel.

Guill. d'Angl. 90,22) Qui li a en consel doné, Que il presist ceste mescine?

9) enseignier.

Percev. 2377. 2595. 2734. — 1879 (dire). 4387 (aprendre). Lyon 3. R. Charr. 14,28 (chastiier). 149,32 (deffendre).

10) aprendre.

Percev. 3415. — 4387 (enseignier).

11) chastiier drohend warnen, stets mit negiertem Wunschsatz.

Lyon 5140. — 1306 (priier, loer, comander). R. Charr. 14,28 (enseignier). Percev. 8130. Guill. d'Angl. 148,7 (priier, dire). Erec 3504) Molt va chastiant tote voie Enide, s'ele rien veoit, Qu'ele [l. Que ja] tant hardie ne soit, Que ja [l. Que ele] le mete a raison.

Zur Bedeutung von chastiier cfr. R. Charr. Jonckbloet 1775) Si lor comande, qu'il li tiegnent Son fil, qu'il ne puet chastïer.

11) semondre.

Lyon 2077. 6215. — 2325 (prïer). 3368 dto. R. Charr. 14,34 (comander). 140,19 (prïer).

3) amonester.

R. Charr. 81,35.

14) demander.

Lyon 363 (querre, prïer). Erec 543. Percev. 1275 (comander). Der Wunschsatz steht im Verhältniss determinierender Apposition zu einem, seinen Inhalt im allgemeinen vorwegnehmenden Substantiv: Percev. 9722) Mais un don vos demanc et ruis, S'il vos plaist et vos comandés: Que ja men nom ne demandés Devant VII jors, se ne vos griet.

Das Gleiche[1] geschieht in zwei Stellen mit requerre: Percev. 5758) Quant li chevaliers est lassés, Et il a fait d'armes assés, Lors doit preudom le don requerre, Que on li laist aler conquerre. ib. 9122) Quant vous deustes ca venir, Demandai vous a mon ostel I. don, mais ne seustes quel; Or vos voel jou ce don requerre, Que vous ralliés en vostre terre.

15) Querre.

Lyon 363 (prïer, demander). Erec 2270. Guill.d'Angl. 117,24. 118,13. Nicht von querre, welches hier in seiner ursprünglichen Bedeutung „suchen" mit einem persönlichen Object construiert ist, sondern von einem, in dem vorausgehenden envoier implicite enthaltenen Verb der Aufforderung abhängig, ist der Wunschsatz: Percev. 611. 613) Ains envoie par ceste terre, Por chevaliers cierkier et querre, Qu'il i viengnent a lor pooir; Et le jour vos dirai por voir: Que il i soient samedi.

Falls man nicht vorzieht, den conj. praes. in den des imperf. umzuändern, müsste ein Eindringen von paragogischem e angenommen werden in: Guill. d'Angl. 72,15) Li premiers, qui le troeve et voit A tous les autres quiert et prie, Que nus n'i demande partie. Ebenso lautet der collationierte Text bei Bartsch, franz. Chrest. 145,41. — Zur Stütze der ersteren Annahme, es sei demandast einzusetzen, lassen sich, um nur einige Beispiele von den vielen, die es dafür giebt, heranzuziehen, folgende Stellen anführen: R. Charr. 55,34) Or ai si grant envie, Que je seusse vostre non. Erec 4041)... et cil li prie, Que par franchise li rendist. Percev. 3869) Mais ce li vient bien a creant, Qu'il en la prison se mesist Le roi Artu etc. ib. 4098) Mais d'une autre plus li sovint, Que de sa mere au cuer li tint, Qu'il le vit pasmee cäir; S'a talent, qu'il l'alast vëir. ib. 4160) Et il ne fina de proiier Damledieu, le soverain pere, Que il li doinst trover sa mere.

Die wenigen Stellen hingegen, welche für das Eindringen von paragogischem e zu sprechen scheinen, lassen sich durch Emendierung beseitigen oder sind unverständlich. Zu emendieren sind: Percev. 10504) Mais d'une chose ai grant paor, Que tu n'aies tel caceour, Qui tost te porte jusques là. Man lese: Qui tost te port enjusque la. Für Guill. d'Angl. 99,10) Car afublé avoit sa cape, Que plus tost de lui puet escape ist, wie schon oben p. 34 gezeigt worden ist, zu lesen: Plus tost que puet de lui escape. Unverständlich ist: Guill. d'Angl. 77,8) Ne la nuit pas ne se repose, Que n'a place, u repos li pose.

Das, bei der consequenten Richtigkeit von Chrestien's Conjunctivgebrauch ohnehin nicht anwendbare Auskunftsmittel, mit Berufung auf Willenberg p. 383 Anm. 1, die Formen porte (Percev. 10504) und pose (Guill. d'Angl. 77,8) für Indicative

---
[1] cfr. Erec 2264, 2270.

zu erklären, lässt uns gegenüber Guill. d'Angl. 72,15 und 99,10 ganz im Stich. Das „demande" und „escape" dieser Stellen würden auch Willenberg, der immer lieber syntaktische als formale Fehler annimmt, und Heinr. Freund[1], der p. 19. Anm. keinen zwingenden Grund erkennen kann, das raneiet der Eulalia mit Diez II[4] 233 als conj. aufzufassen, nicht für Indicative erklären wollen. Es bleibt demnach nichts übrig, als gegen das durch die Collationierung erhärtete Zeugniss der Hs., in Guill. d'Angl. 72,15 demandast einzusetzen.

16) requerre.

Lyon 2292 (prïer). R. Charr. 57,32. — 42,34 (prïer. conjurer). Percev. 3297. 5758. 9122. — 6996 (prïer). Erec 2264. Guill. d'Angl. 142,15. ib. 169,10) Mais li rois n'a pas oublié, Que son borgois n'en voist querre, C'a lui venist en Eugleterre. l. Que son borgois n'envoiast querre.

17) enquerre.

Erec 4651. 6157.

18) prïer, bitten, beten.

Lyon 121. 137. 261. 585. 1971. 2304. 2586. 2857. 2961. 3066. 3729. 4058. 4169. 4299. 4508. 4577. 4633. 4637. 5021. 5735. 6172. — 363 (querre, demander). 1306 (loer, comander, chastiier). 2292 (requerre). 2325 (semondre). 3366 dto. 2482 (metre painne). 4781 (consoillier, loer). R. Charr. 4,30. 5,21. 12,23. 21,15. 27,6. 29,15. 42,23. 51,35. 54,6. 79,9. 98,25. 99,18. 108,33. 129,33. — 42,34 (requerre, conjurer). 90,18 (loer). 140,19 (semondre). Percev. 636. 644. 1008. 1040. 1764. 1810. 1859. 2134. 2774. 2860. 2873. 2921. 3284. 3687. 3787. 3802. 4160. 5313. 5441. 5936. 6846. 7346. 7733. 7744. 7850. 7958. 8809. 9687. 10085. — 6996 (requerre). 5614 (dire). 5747 dto. Guill. d'Angl. 50,12. 57,24. 62,2. 62,14. 78,25. 83,12. 125,12. — 127,13 (dire). 148,7 (dire, castiier). 128,25 (voloir). 146,23 (loer, conseillier). 72,15 (querre). 100,22. Erec 601. 1272. 2275. 3170. 3262. 3824. — 1638 (comander). 1853 (dire). 5402.

Dem Sinne nach gehören zusammen: Erec 3170. 5402. Lyon 585. Percev. 2134.

Eine seltsame Conjunctivform findet sich: Erec 3894) Mais itant seulement vos pri, Que, se nuns besoing me croissoit, Et la novele a vos venoit, Que j'eusse mestier d'ahie, Adonc ne m'oblesïez mie.

Was soll oblesïez sein? Das ähnliche lessesiez in Lyon 1671 ist in der 2. Auflage nicht mehr zu finden. chiesent Erec 2482 .... gegenüber Lyon 1469 chieent, (Diez II 241 chiece, Willenberg 385 unten: kiesche; jureisant Meyer, Recueil p. 180 Z. 15 v. o. erklären doch nicht den Wegfall des Sylbebildenden i: obli-er. Da man obli-erez nicht lesen kann wegen der Natur des Satzes, so bleibt nichts übrig, als obliasez oder obliassez einzusetzen. Erec 4041. 4315. 4357. 5402. 5686. — 4081 (comander). 6499 (dire).

---

[1] „Ueber die Verbalflexion der ältesten französischen Sprachdenkmäler bis zum Rolandslied einschliesslich." Marburger Dissertation 1878.

18 a.

Percev. 135) Aumosnes firent et proiere A Dieu, qu'il recovrast arriere Les puis en tel establement, Com il furent premierement. Erec 5429) Sire, fait il, dex vos en oie, Que vos puissiez joie trover, Et sanz encombrier retorner.

19) conjurer.

R. Charr. 42,34 (priier, requerre).

20) aplaidier merci a aucun.

Guill. d'Angl. 132,10) Sains Nicholais, aidiez, aidiez. Vers Diu merci nos aplaidiez, Qu'il ait de nos misericorde, Et mece entre ces vens concorde.

21) porchacier, betreiben.

Percev. 6998) Quant ses peres vint en la place, Et de tot son pooir porcace Que mesire Gauwains remaingne La nuit, et que son ostel praingue.

22) metre a raison, zur Rede stellen, anreden.

Lyon 5007) S'es salue et met a reison, S'il sevent, que il li apreingnent Noveles, et qu'il li anseingnent .L. chevalier, que ele quiert.

23) tenir en grant, lebhaft bestürmen.

R. Charr. 145,8) ... tant qu'a la cort vindrent Devant le roi. Et si le tindrent Molt en grant, c'un don lor donast Et lor voloir lor otroiast. (Wegen en grant in zwei Wörtern siehe Tobler, Vrai Aniel 22. Diez, Anhang p. 759.)

24) venir au pié aucun que.

Lyon 2285) Au pie le roi vient devant toz, Que ceste bataille li lest.

25) Metre a aucun en courage que.

Percev. 3236) ... por autre cose Ne vint plorer desor sa face. ... Fors por cou qu'ele li mesist En corage, qu'il enpresist La batalle.

26) voloir, verlangen, wünschen, bitten.

Lyon 1841. 3417. 3845. 4267. 4607. 5410. 5556. R. Charr. 1,2. 27,22. 79,6. 79,33. 90,5. 129,23. Percev. 1081. 1433. 2180. 2360. 2805. 3376. 6904. 7845. 8909. 9079. 10159. 10219. Erec 1396. 3832. 5407. 6017. Guill. d'Angl. 89,23. 92,1. 120,14.

27) rover.

Percev. 9722) Mais un don vos demanc et ruis, ... Que ja men nom ne demandés.

28) orer.

Erec 887) Chascuns voit la soe plorer, Vers deu ses mains tendre, et orer, Qu'il doint l'onor de la bataille Celui, qui por li se travaille.

29) orer et destiner.

Lyon 5793) Au partir totes li anclinent, Et si li orent et destinent. Que dex li doint joie et santé.

30) dire oraisons que.

Lyon 4849) Et dist la nuit orisons maintes, Que dex a ostel la menast Et fors de ce bois la gitast.

31) faire proiere que.

Percev. 9729. 10433. cfr. ib. 135 unter Nr. 18a, und Erec 5429. 5686.

32) desfandre, stets mit ne.

Lyon 6049. R. Charr. 85,18. — 149,32 (enseignier). Percev. 759. 7421. 7865. 9105. — 8108 (veer).

33) menacier.

Erec 2903) Et si la prent a menacier, Qu'ele ne soit mais tant hardie, C'un sol mot de boche li die.

34) veer.

Percev. 8108) Et, s'il trueve au vergier nului, Qui veer li voelle et desfendre, Que il n'alle le ceval prendre etc.

35) faire ban a aucun que ne.

Erec 5443) Tant est gentis et frans li rois, Qu'il a fait ban a ses borjois, Si chier com chascuns a son cors, Que preudon, qui viegne defors, En lor maisons ostel ne truisse.

Wie in den, oben p. 13 aufgeführten zahlreichen Stellen der Conjunctiv als Vertreter des Imperativs auftritt, (eine Verwendung des Conjunctivs, die im Lateinischen bei negativem Gebot bekanntlich Regel ist), so finden sich umgekehrt Formen des unabhängigen Modus, wo wegen der Einleitung des Heischesatzes mit einem Ausdruck der Aufforderung die des abhängigen erwartet werden; cfr. Willenberg l. c. p. 390, und die dort citierten Bemerkungen Tobler's in Götting. Gel. Anz. 1874 p. 1039, und in Gröber's Zeitschr. I, 14.

Die Stellen, an denen trotzdem dass der Heischesatz ein abhängiger ist, doch der Modus der directen Aufforderung steht, sind: Lyon 4286) Et avoec ce prier vos doi, Que vos li dites de par moi etc. R. Charr. 102,5) Dame, por Deu, et por le vostre Preu, vos requier et por le nostre, Que le non a ce chevalier.... Me dites, se vos le savez. dto. Jonckbloet 3655. Percev. 1763) Sor toutes riens vos voel proier, Que a glises et a moustier Alés proier nostre Segnor. ib. 3176) Por Dieu vos proi, et por son fil, Que vous ne me tenés por vil. ib. 5819) Je sui mesages le roi, Qui vos mande et prie par moi, Que vos venés parler a lui. ib. 10156) Mais or me faites .I. servise, Que vous r'alés en ce chastel, Et si porterés cel aniel A m'amie, se (si) li bailliés.

Das Beispiel Percev. 10156 ist jedenfalls mit hier aufzuführen, da der abhängige Satz seine Natur nicht ändert, mag die Aufforderung nun mit „mais .I. don vos demanc et ruis," wie ib. 9722. 9122, oder mag sie, wie hier ausgesprochen sein. Percev. 8001) Moult volentiers vos prieroie, Que, se Deus l'onor vos otroie, C'onques chevaliers a nul tens Ne pot avoir,... Que[1] vous en revenrés par ci, Et verés, la vostre merci, Se je serai u mors u vis. Erec 2713) Mais je vos pri, que qu'il aviegne, Se je muir, et qu'ele reviegne, Que vos l'amez, et tenez chiere. ib. 5411) De l'aventure vos apel, Que soulement le nou me dites. Guill. d'Angl. 155,15) Por cou vos voel proier et dire, Que vostre signor et le mien Faites ceans, si feres bien, Venir. ib. 49,5) S'oï le vois, dont molt m'esmai, Qui vos a commandé et dit, Que vos alés sans contredit En essil vostre vie user. Percev. 8009) De ceste pucele vos pri, Que vos

---

[1] (Wegen der Wiederaufnahme der Conjunction cfr. Diez III[4] 342 Anm., Tobler, Bruchstück 14).

prenés garde de li. Guill. d'Angl. 111,14) Li uns des enfans dist: ci lo ge, Que nos prendons ci no ostel. (cfr. Berte 1842: Je lo en bonne foi, que nous nous en alons).

Den soeben mitgetheilten Imperativen lässt sich an die Seite stellen: Erec 1872) Quant a mes chasteleins venroient, Ces dous chasteax lor livreroient.

4. Capitel.

Der Wunsch, auf Grund dessen im abhängigen Satze der Conjunctiv steht, äussert sich in dem Urtheil, welches im Hauptsatz über den Inhalt des abhängigen Satzes gefällt wird. Der Conjunctiv des Wunsches steht im abhängigen Satze aber nur dann, wenn die Beurtheilung des im Nebensatz Ausgesagten dem Ausdruck einer Willensmeinung der urtheilenden Person gleichkommt, d. h. wenn der Inhalt des Nebensatzes noch Gegenstand des Wunsches ist. Ist dagegen der Inhalt des Nebensatzes der objective, bereits in Wirklichkeit vorhandene Grund, nicht das erst zu erreichende Ziel des im Hauptsatz gefällten Urtheils, so steht der Indicativ, als Modus der Thatsächlichkeit.

§ 1.

Der Conjunctiv in Sätzen, über deren Inhalt im Hauptsatz ein Urtheil ausgesprochen wird, welches derart ist, dass damit ein Wunsch des Urtheilenden verbunden ist. Solche Ausdrücke der Beurtheilung sind: droiz est, raisons est, il convient, il avient, il afiert, il ateint à, il monte à aucun, il est avenant, il est bien, il est mialz, il vaut mieuz, il vient mix à aucun, desiervir que, estovoir, avoir mestier, il m'est besoigne.

1) droiz est.

Erec 823) Car bien est droiz, que vos l'aiez. ib. 840. 1574. 1776. 1701. 2805. 3748. 4056. 5671. 6082. 2597. ib. 168) ... n'est mie droiz, Qu'a si bon chevalier parloiz. R. Charr. 18,4. 23,29. 28,32. 46,14. 113,15. 124,30. 132,8. Lyon 77. 2265. 2491. 3554. 4333. 4459. 5377. 5896. Percev. 3204. 5905. 7448. 10233. 10419. Guill. d'Angl. 158,15. 81,5. 92,24. 103,14. ib. 52,18) Qui boin conseil croire ne veut, C'est a boin droit se il s'en deut.

2) raisons est.

Erec 4659) Bien est raison, que duel aiez. ib. 6031) Raisons fu, que je remainsisse.

Der Conjunctiv im abhängigen Satze nach raisons est wird vertreten durch das modale Hülfsverb devoir:[1] Erec 10) Por ce dit Chrestiens de Troies, Que raisons est, que totes voies Doit chascuns penser et entendre A bien dire et a bien aprendre. Percev. 5732) Sire, se Dameldiex m'äit, Il est raisons, bien le savés, ... Que chevaliers autrui ne doit Oster, si com cil dui ont fait, De son penser, quel que il l'ait. Lyon 4566) Que ce est raisons de justice, Que cil, qui autrui juge a tort, Doit de celi meismes mort Morir, que il li a jugiee.

---

[1] cfr. Marot p. 73: Tant que j'eu leu un mot, qui ordonnoit Que ceste lettre ardre me convenoit.

In derselben Weise steht devoir an Stelle des Conjunctivs in: Lyon 5703) Li termes est, bien le savez, Qu'eles s'an doivent aler quites. (cfr. Erec 5552: Des or est tens, Que je die, quan que je pens,) und in: Erec 1786) Ce apartient a leal roi, Que il doit maintenir la loi. (cfr. Erec 6479: N'a roi n'avient, qu'il face duel, sowie die unter Nr. 5, 6, 7, 8 anzuführenden Stellen.)

3) il covient.

Guill. d'Angl. 154,9. Percev. 4521) Je n'ai nul pooir de mon cors, Si covenra, que on m'em port. Lyon 4802. 6423. ib. 1028) Mes il covient, que l'en l'anpoint Si, qu'el poing soit la pierre anclose.

3 b) il est tens que.

Die Stellen mit il est tens que (Erec 5552) und li termes est que (Lyon 5703) sind oben zu Nr. 2 angeführt worden.

4) il avient a aucun.

Erec 6479) N'a roi n'avient, qu'il face duel.

5) il afiert a aucun = es ziemt.

R. Charr. 9,27) Mesmement a vos n'afiert mie, N'a nul chevalier, qui melz vaille, Que ceste bonté en lui faille. Percev. 8564) Mais a damoisiele n'afiert, Puis que elle a passé .X. ans, Que elle soit si mesdisans. Lyon 4801) N'a moi n'ateint, n'a moi n'afiert, Que je desdire vos en doive.

6) ateindre a auc. Jem. zukommen.

Lyon 4801, unter Nr. 5.

7) il monte a aucun.

Percev. 10333) Bele, dist il, a moi que monte, Que jou de vos justice face? Lyon 1673) A si haute dame ne monte, Que duel si longuement mainteigne.

8) il est avenant.

Lyon 1669) Ha, dame, est ce ore avenant, Qu'isi de duel vos ociez? ib. 3973) Voir, ne seroit mie avenant, Que au pié me venist la suer Mou seignor Gauwain. R. Charr. 11,8) Ce ne seroit mie avenant, Que nos apres els n'alissions. (Dagegen ib. 106,15: Comment est or ce avenant, Quant ne te touche, et tu le fiers? weil es sich um etwas thatsächlich Geschehendes handelt. Jonckbloet 3822) Comant est or ce avenant, Qu'il ne te toche, et tu le fiers?

9) il est mialz.

Lyon 3735) Que mialz est, que je seule muire, Que (= que que) je les vëisse deduire De vostre mort. ib. 3740) S'est mialz, que vos remaingniez vis, Que (= que que) nos i fussiens mort andui. (Dagegen: il est bien Percev. 4135: Ne quidiés vos, que ce soit bien, Que je ma mere veoir vois, Qui seule manoit en cel bois etc. mit dem Indicativ, weil Perceval denen, mit welchen er spricht, einfach angiebt, was er thut, nicht aber von ihnen einen Rath hören möchte wegen dessen, was er thun sollte). Erec 3404) Mieuz est assez, qu'ele li mente, Que (= que que) ses sires fust depeciez.

10) il vaut mieuz.

R. Charr. 149,35) Car, s'il disoit, qu'il le senst, Meuz li vaudroit, que il eust Les euz trez, ou le col brisié.

11) il vient mix a aucun.

Guill. d'Angl. 77,23) Mais molt li venist mix assés, Que sor kiens se fust enbatus; Tres bien i dut estre batus.

12) desiervir que.

Percev. 7305) Li träitre a bien desiervi, Qu'il soit a honte de menez.

13) estovoir (Guill. d'Angl. 145,5: estavoir).

R. Charr. 6,27. 9,20. 10,11. 83,23. 108,8. Percev. 3664. 6475. Erec 4624. Guill. d'Angl. 100,20. 136,8.

14) avoir mestier.

R. Charr. 66,34) Or auroie je grant mestier, Que vos me venissiez aidier. Lyon 3032) Mestiers li est, qu'äide truisse, Qui li äist, et qui l'en maint. (Guiot de Provins, Bible v. 1677: Mes ce m'i a molt grant mestier, Qu'il m'i lest dormir en estant. Eisentraut,[1] welcher p. 63 die Stelle citiert, hält lest fälschlich für den Indicativ).

15) il m'est besoigne.

Guill. d'Angl. 79,17) Il m'est besoigne, Que voir vos die. Nach „il est costume", oder „il est costume et us" steht der Indicativ: Erec 2812. Percev. 2820. 3900. Lyon 5148. 5496. R. Charr. 108,19.

Der Conjunctiv in R. Charr. 40,14: „Les costumes et les franchises Estoient tex a cel termine, Qu'a damoiselle ne meschine, Se chevaliers la trovast sole, Ne plus qu'il se coupast la gole, Ne feist se toute ennor non, S'estre volsist de boen renon" ist hypothetisch.

§ 2.

Der Inhalt des beurtheilten Satzes ist der objective, bereits in Wirklichkeit vorhandene Grund, nicht, wie in den unter § 1 betrachteten Fällen, das zugleich mit erstrebte Ziel des im Hauptsatz gefällten Urtheils; in Sätzen solcher Art steht der Indicativ als Modus der Thatsächlichkeit. Erec 895) Mout est grant honte et grant laidure, Que ceste bataille tant dure. ib. 2535) Par ceste terre dient tuit, ... Que granz damages est de vos, Qu'aviez armes entrelessiez.[2] ib. 4399) De molt grant folie vos vient, Que vos rien nos en demandez. Guill. d'Angl. 139,10) Dame, dont n'est mie savoirs, Que autre cose ne prendés. ib. 85,2) Et je sui tant sote et caitive, Que peciés est, que je sui vive. (cfr. Bible Guiot v. 740: Grant pechiez est, qu'il n'a conseil, citiert von Eisentraut p. 62). ib. 131,2) Mais les ondes forment s'esboulent, — Qui la nef dehurtent et foulent Si, c'andoi li costé li croissent, Et bien va, que les ais ne froissent. (Und es ist noch ein Glück, dass sie, die Wogen, nicht die Planken zu

---

[1] Ludwig Eisentraut, Grammatik zu Guiot von Provins, Dr.-Dissertation Göttingen, 1877.
[2] l. Quant les armes entrelessiez, Tobler.

kleinen Stücken zerquetschen"). In demselben Sinne: Erec 995)
Mais Erec mie ne la prent, Ainz dit: bien va, que ne t'oci. R. Charr.
123,14) Et de ce li est bien cheu, C'une piece dou mur cheu Ot el vergier
novelement. Lyon 937) Et de ce molt bien li avint, Qu'il se fu avant estanduz.
Der einzige Fall, wo nach einem Ausdruck der Beurtheilung der die Begründung des abgegebenen Urtheils enthaltende Satz im Conj. steht: R. Charr. 115,4) Quant il est morz,
molt sui mauvese, — Que ne fasse tant, que je muire! corrigiert sich
nach der Lesart bei Jonkbloet v. 4231) Quant il est morz, molt sui
mauvaise, Que je ne fac tant que je muire, wo die causale Natur des
abhängigen Satzes deutlich zu Tage tritt. Die anderen, vorher aufgeführten, Stellen zeigen, dass das Altfranzösische das Verhältniss, in welchem der Inhalt des beurtheilten Satzes zur
Wirklichkeit steht, anders auffasst, als dies in der heute gesprochenen Sprache geschieht; dass man also auf R. Charr.
115,4 nicht anwenden darf, was Mätzner, Syntax I p. 123
§ 83, 1β von der reflectierenden Betrachtung des Gedankeninhalts, der auf das vorstellende Subject mitbezogen werde, sagt.
(cfr. Mätzner, franz. Gramm. p. 340a: „Der Conjunctiv steht,
wenn der Nebensatz nicht sowohl die Existenz einer Thatsache
ausdrücken, als den Gegenstand der Reflexion bezeichnen soll,
welche das Prädicat des unpersönlichen Satzes andeutet").
Es geschieht häufig, dass auf den beurtheilten Satz, als auf
etwas bereits vor dem Aussprechen des Urtheils thatsächlich
Vorhandenes, mit einem Demonstrativ im Hauptsatz im voraus
hingewiesen wird. Ausser in den beiden kurz vorher aufgeführten Beispielen R. Charr. 123,14 und Lyon 937 findet dies
statt in: Percev. 5659) Kex, dist li rois, ce n'est pas buen, Qu'issi vos
gabés de preudomes. Erec 2669) Mais de ce fist ele que sage, Que plus
liement se contint, Quant ele devant lui en vint. ib. 2774. 3509. 3576. 3581.
Guill. d'Angl. 95,10. 154,7. R. Charr. 87,24. 103,22. 103,24. Lyon
2095) C'est granz diax, que po a vescu. ib. 4687) Et de ce molt bien se
repruevent, Que son lyeon avoec lui metent. ib. 6223)...et ce li nut, Qu'il
avoit la parole basse. Percev. 2135) Et proi vous, c'a mal ne taingniés
Cou, que vostre salu n'ooie.
Dass wir auch da, wo das Eintreten der, das Urtheil im
Hauptsatz veranlassenden Handlung erst von der Zukunft erwartet wird, den Indicativ finden, wie dies schon in dem oben,
unter Nr. 9 citierten Beispiel: Percev. 4135: „Ne quidiés vos,
que ce soit bien, Que je ma mere veoir vois", der Fall war,
spricht ganz entscheidend dafür, in R. Charr. 115,4 mit Jonckbloet den Indicativ zu setzen. — Andere Beispiele sind: Percev.
2354) Dyable, est ce or gas, Que cangeroie mes gros dras, Que ma mere
me fist l'autrier, Por les dras a cel chevalier. ib. 6669) Et ce m'ert ja
moult grans honors, Que vous venrés veoir mon oste. ib. 9184) De vous
est il si grans damages, Que laisserés la tieste en gages.
Das beide Sätze verknüpfende que könnte das, sonst so
oft vorkommende causale que = „da" sein, in: Erec 3327) Trop
avez fait grant mesprison, Que tel chose m'avez requise. ib. 5395. 5812.
6153. 6497.
Weit öfter wird der beurtheilte Satz temporal angeschlossen:
Erec 193) Mout est li chevaliers vilains, Quant il sosfri, que tel faiture
Feri si bele creature. ib. 918. 1016. 1213. 1262. 2448. 2491. 2961. 2984.

3974. 4000. 4012. 4227. 4409. 4623. 4785. 5310. 5861. Percev. 4761. 6345. 7954. 8443. R. Charr. 111,11. 85,27. Lyon 1221. 1384. 1388. 1431. 1442. 2593. 3931. 5215. 5736. 6560. 6775.

Der Conjunctiv in: Guill. d'Angl. 49,17) „Mais grant folie enpresissiés, Quant vos aler en vosissiés Sans mon los et sans mon seu" hat seinen Grund in der hypothetischen Annahme eines Thuns, welches unter Umständen hätte vollzogen werden können, in dem Augenblick aber, wo davon gesprochen wird, in das Bereich des Unmöglichen gehört.

Hypothetische Sätze sind Gegenstand einer darauf bezüglichen Beurtheilung: Erec 1356) Sire, fait ele, molt[1] grant honte Seroit a vos, que a autrui, Se ciz sire en mainne avec lui Vostre niece si povrement Atornee de vestement. ib. 4231. 4430. 4798. 4971. 5573. Percev. 7349) Et tenés m'ent vos a vilaine, Se por sa proiere li fas Compagnie, joie et soulas? Lyon 110) Petit m'an est, et molt po pris, Se Kex a envers moi mespris. ib. 4136. 5644. 5949. 6096. 6177.

Relativsätze: Percev. 10205) Gauwain es tu? Par foi, dont es tu molt hardis Et mout fols, qui ton nom desis, Si ses, que je te hac de mort. ib. 4809) De vous grant folie me samble, Qui chi seule gaitiés .I. mort.

§ 3.

Zu den Redewendungen, in denen ein Urtheil über den Inhalt eines davon abhängigen Satzes abgegeben wird, gehören auch die Ausdrücke der Gemüthsbewegung. Sie unterscheiden sich von den unter § 2 behandelten Ausdrucksweisen nur insofern, als bei den letzteren das Urtheil einen allgemeineren Charakter trägt, während es in den nun zu behandelnden Beispielen auf den Empfindungskreis der von dem angegebenen Affect betroffenen Person beschränkt bleibt. Die Uebereinstimmung, welche in Hinsicht des Sinnes zwischen beiden Arten der Beurtheilung herrscht, bewirkt, dass auch die im abhängigen Satz verwendeten Constructionen dieselben sind, und sich auch rücksichtlich der Häufigkeit ihres Vorkommens genau entsprechen.

Wie im vorigen Paragraphen, sind auch nach Ausdrücken der Gemüthsbewegung abhängige Sätze, welche mittelst der Conjunction que in directe Beziehung zu dem Ausdruck des Affects treten, sehr selten. Percev. 4097) Mais d'une autre plus li sovint, Que de sa mere au cuer li tint, Qu'il le vit pasmée käir. ib. 4286) Amis, ne vos soit grief, Que j'encontre vos ne me lief. ib. 8396) Et si me poise toute voie, Que t'ai feru, se Dex me voie. Erec 4655) Mais poise moi, que ne sui morte. Guill. d'Augl. 101,22) Or me poise, que je vous lais. Bei ib. 102,10) Lues maintenant me repenti, Que jou euc le mencoigne dite kann man schwanken, ob der mit que anhebende Satz als beurtheilter Satz zu me repenti, oder ob er als Temporalsatz (lues maintenant que == aussitôt que; eigentlich temporaler Relativsatz) aufzufassen sei. Das Tempus spricht für die letztere Annahme.

Dass in Guill. d'Angl. 101,22 lais der Indicativ sei, und es der Auffassung des Altfranzösischen widerspricht, den Satz,

---
[1] l. plus?

in welchem die Veranlassung einer Gemüthsbewegung angegeben wird, als reflectiert in den Conjunctiv zu setzen, wie dies im Neufranz. geschieht, zeigen, ausser den wenigen, aus Chrestien beizubringenden Beispielen, noch Berte 1306) Poise li, que de non ne s'est desconnëue. ib. 1320) Forment se repent Berte, que son non leur a dit. ib. 2687) K'ensi s'est oubliée seule, moult s'en gaymente.

Die in der ersten Auflage unverständliche Stelle: Lyon 5346 ist durch die in der zweiten erfolgte Aenderung der Interpunction, wodurch der auf „Cui chaut" folgende Satz zum Causalsatz geworden ist, in's richtige gebracht.

Zu bessern ist: R. Charr. 37,23) Mais celui mie n'enbeli, Qu'il le sofrist molt bien de li. Man lese mit Jonckbloet v. 1194) Qu'il se sofrist molt bien de li; que ist = „da"; der conj. ist hypothetisch; wegen soi souffrir de = nfr. se passer de cfr. das zu R. Charr. 53,5, in Theil 1, 4. Capitel, § 3 a, p. 18 Bemerkte.

Nach plaire findet sich allerdings eine grössere Anzahl von direct mit que angeschlossenen Subjectssätzen im Conjunctiv. Sie sind in der 1. Abtheilung des 1. Theils, Cap. 1, § 1, p. 7, und in der 2. Abtheilung des 1. Theils, Cap. 1, Nro. 16, p. 28 aufgeführt. Hier können sie keine Stelle finden, da hier von den Sätzen die Rede ist, in denen der objective Grund einer Gemüthsbewegung angegeben wird, was bei den im Conjunctiv stehenden Subjectssätzen nach plaire nie der Fall ist. Dieselben gehören nach Sinn und Construction zu den Wunschsätzen. Der Inhalt des Nebensatzes ist nicht der bereits in Wirklichkeit vorhandene Gegenstand des Gefallens, der freudigen Gemüthsbewegung der in Rede stehenden Person, sondern etwas von ihr Erstrebtes, Gewolltes. Wo das Verhältniss ein anderes ist, d. h. wo der Nebensatz in der That den Grund des mit plaire bezeichneten Affects angiebt, bedient sich Chrestiens der temporalen Construction. So in: Erec 40) Mon seignor Gauwain ne plot mie, Quant il ot la parole öie. Percev. 4350) Cil l'an mercie, si l'a cainte, Moult li plot, quant il l'a atainte. Lyon 5920) Et molt li plot et abeli, Quant il la vit. Womit sich vergleichen lässt: Lyon 74) Et certes, molt m'est bel, quant vos Estes li plus cortois de nos. ib. 1074) Si seroit solaz et deliz A home, qui peor n'auroit, Quant gent si avugle verroit. R. Charr. 32,19) Au chevalier fu bel et boen, Quant ele tant ne volt atendre, Que il li aidast a descendre.

Es beruht also auf einem, durch das ganz abweichende Verhalten des Neufranzösischen herbeigeführten Verkennen des altfranzös. Sprachgebrauchs, wenn Willenberg l. c. p. 381, Anm. 1. zu Rois 41 que jo cesse sagt: „Dieser conj. hängt ab von ne place Deu; es sei jedoch gleich hier bemerkt, dass schon die alte Sprache in Sätzen, die von Verben oder Wendungen regiert werden, welche einen Affect bezeichnen, hin und wieder auch den Ind. setzt." Dagegen ist einzuwenden, dass 1) der Ausdruck ne place Deu, mit dem conj., nicht zu denen des Affects, sondern zu denen des abwehrenden Wunsches gehört, und mit den weiter oben p. 7 angeführten Wendungen:

mes ja dex ce soffrir ne vuelle, que; dex me desfande que; ce ne te laist ja dex conter, zusammengehört; 2) dass, eben um seiner wünschenden Natur willen, der Ausdruck ne place Deu que, stets den Conjunctiv nach sich hat; 3) dass das *e* der Form cesse gerade so unorganisch bleibt, wenn man sie auch dem Indicativ zutheilt; 4) dass die alte Sprache nach Verben und Wendungen des Affects nicht hin und wieder den Ind. setzt, sondern dass das Altfranz. es durchaus vermeidet, den Ausdrücken der Gemüthsbewegung den die Veranlassung derselben angebenden Satz mittelst der Conjunction que, und ohne Verwendung eines vorausdeutenden pronominalen Ausdrucks, als Casussatz folgen zu lassen. Wir haben oben p. 45 aus sämmtlichen edierten Werken Chrestien's nur fünf sichere, und ein zweifelhaftes Beispiel solcher Construction beibringen können, davon drei (resp. vier) mit unbestreitbarem Indicativ, zwei, deren Verbalform auch Conjunctiv sein könnte, sind diesen drei (resp. vier) indicativ. Beispielen so durchaus gleichartig, dass auch sie ohne Bedenken dem Indicativ zuzutheilen sind. — In der überwiegenden Mehrzahl der Beispiele von Casussätzen nach Ausdrücken der Gemüthsbewegung geht die Sprache Chrestien's der Unsicherheit hinsichtlich der Wahl des Modus dadurch aus dem Wege, dass sie den Inhalt der Aussage des Nebensatzes als etwas in Wirklichkeit, gleichsam stofflich, Vorhandenes hinstellt, indem sie ihn dem Hauptsatz mittelst eines voraus weisenden pronominalen Ausdrucks, ce, de ce, en ce etc. unmittelbar einverleibt. So in: Erec 680) Mais mout estoit joianz et lie De ce, que li ert ontröie. ib. 2435. 2586. 2721. 2746. 4162. 4902. 5189. 6375. Guill. d'Angl. 58,2. 61,11. 135,22. Percev. 2134. 4779. 7197. 8055. 9308. 10208. 10306. R. Charr. 5,7. 18,10. 82,13. 117,14. 123,4. Lyon 966. 1474. 1481. 1589. 2053. 4350. 4831. 5224. 5321. 5961. 6360.

Noch häufiger wird der Grund des Affects in einem Temporalsatz mit quant angegeben: Erec 40) Mon seignor Gauvain ne plot mie, Quant il ot la parole öie. ib. 506) Mout me poise, quant je la voi Atornee si povrement. ib. 832. 1271. 2545. 3301. 4535. 4574. 4689. 4755. 4823. 4898. 4986. 5254. 5823. 6115. 6284. 6585. 6805. Erec 3301) Hay, fait li cuens, molt me poise, Quant vos alez a tel vitance (vitance sollte, da von vilis kommend, viutance heissen). Guill. d'Angl. 105,12. 107,12. 107,17. Percev. 586. 1705. 3512. 4057. 4127. 4350. 4997. 5277. 5663. 7119. 8729. 9525. 10575. R. Charr. 28,34. 32,19. 34,24. 35,12. 146,35. Lyon 74. 1074. 1344. 1653. 2306. 3323. 4063. 4079. 4569. 5920. 6667.

Die so nahe liegende causale Ausdrucksweise findet wenig Verwendung: Erec 6287) Et quant Mabonagrains le sot, Por s'amie grant joie en ot, Por ce, qu'ele s'en conforta. Percev. 3458. 3799. R. Charr. 51,18. 49,26. 48,13.

Häufiger die bedingte: Erec 1395) De cest don ne me poise il mie, S'ele le prent; ançois me plait. ib. 1796. 5576. 5971. 5973. Guill. d'Angl. 129,10. Percev. 3220. 3293. 4330. 4861. 5163. 9143. R. Charr. 83,16. 100,24. Lyon 5164. 5543. 3981.

Die Form einer indirecten Frage mit concessivem Sinn trägt: Lyon 5756) Or alez! Que je vos en ost Trestoz ploiges et toz creanz. Se vos retaingne pluie et vanz Ou fins[1] neanz, ne me chaut il.

---

[1] Bezüglich der hier zu beobachtenden Verwendung von flus im Sinne

§ 3 a.

Wie die Ausdrücke der Gemüthsbewegung zu jenen, welche das im abhängigen Satz Ausgesagte als Gegenstand einer Beurtheilung seitens des Subjects im Hauptsatze erscheinen lassen, hinzugefügt werden konnten, weil darin, dass sie den Eindruck angeben, welchen der im abhängigen Satz mitgetheilte Vorgang bez. Zustand auf das Empfindungsvermögen des Subjects des Hauptsatzes hervorbringt, zugleich mit ausgedrückt liegt, wie dieses Subject über jenen Vorgang bez. Zustand urtheilt, — so auch die Ausdrücke der Verwunderung oder des Erstaunens (soi mervoillier, mervoille est, soi esbahir). Auch diese geben einen Affect des bezüglichen Subjects an, nicht aber, wie die im Vorangehenden behandelten Ausdrücke der Gemüthsbewegung, einen auf das Empfinden desselben hervorgebrachten, sondern einen solchen, von dem das Denken desselben betroffen wird; während man also die Ausdrücke der Gemüthsbewegung als indirecte Ausdrücke des Wünschens auffassen konnte, kann man die der Verwunderung als solche der (unsicheren) Behauptung betrachten. Beiden Arten von Ausdrücken, denen der Gemüthsbewegung, wie denen der Verwunderung, ist aber das gemeinsam, dass sie in der Angabe eines auf das Subject des Hauptsatzes durch den im abhängigen Satz mitgetheilten Vorgang bez. Zustand hervorgebrachten Affects zugleich mit ausdrücken, dass dieser Vorgang bez. Zustand zum Gegenstande einer Beurtheilung jenes Subjects geworden ist, woraus sich unmittelbar ergiebt, dass bei beiden der Nebensatz nicht in der Reflexion Vorgestelltes, sondern thatsächlich Vorhandenes angiebt. So ist denn auch die Construction der abhängigen Sätze bei beiden Arten von Ausdrucksweisen dieselbe.

Unmittelbar mit dem Hauptsatz verknüpfte und nicht an ein vorausweisendes Demonstrativum angelehnte Casussätze sind auch bei den Ausdrücken der Verwunderung sehr selten. Chrestiens bietet nur: Percev. 1719) N'est pas mervelle, ce m'est vis, S'on ne set cou, qu'on n'a apris; Mais mervelle est, que on n'aprent Cou, que on ot et voit sovent. cfr. Bible Guiot v. 601) Merveille est, que Dex n'est ironz.

Der beurtheilte Satz findet eine Stütze an einem voraufgehenden Demonstrativum: Lyon 6014) Par foi, c'est mervoille provee, Que l'en a ausanble trovee Amor et Haine mortel. cfr. Bible Guiot v. 1175) Ic'est une trop grant merveille, Que nos conoissons. Erec 2500) Et de ce mout se merveilla, Que si forment plorer la vit. Percev. 3808) Et si fu ce mervelle estrange, Que il avoit en sa losenge Grant doucor, qu'ele li faisoit. R. Charr. 92,35) Sire, molt m'esbahis De ce, que vos en cest païs Vos estes embatuz sor nos. Lyon 3823) Mes sire Yvains s'esbäissoit De ce, que si sovant chanjoient.

von wahr, echt, wirklich, lassen sich zur Vergleichung heranziehen: Auberi 4,17) Mais se vous n'estes fin recreant prové, Vos l'escorrois aincois tiers jor passe. Commines IV 5: se retira tout fin seul. Les Treis Motz, Ztschr. III 225 v. 68) Car ja mes li fin coveitos N'avra certes si grant plenté, Que il n'ait de plus volenté.

Die Veranlassung der Verwunderung wird temporal, mit quant, eingeleitet: Lyon 4769) Si me mervoil, Quant je consoil n'i puis avoir. Guill. d'Angl. 49,22. Erec 443.

Als indirecte Frage: Erec 411) Ele mëismes (nature) s'en estoit Plus de cinq cenz fois mervoillïe, Coment une soule fëie Tant bele chose faire pot. ib. 2643. 2667. Percev. 3075. 6858. 10400. Lyon 796. 847. 1195. 1398. 2513. 2809. 2905. 3021. 6194. R. Charr. 26,5. 110,19. 120,25. Guill. d'Angl. 42,10. 54,15. 55,12. 106,7 119,19.

Causal mit que = da.

Lyon 1601) Dame, molt me mervoil, Que folement vos voi ovrer.

Hypothetisch:

Erec 4319) N'est merveille, se je fais duel. ib. 4770. 4940. 4957. 5574. R. Charr. 66,1. 147,17. Percev. 4126. 7475. 1718. 3669. Lyon 1947. 3871. 3898. 6208.

Als Relativsatz:

Lyon 43) Mes cel jor molt se merveillierent Del roi, qui eincois se leva.

5. Capitel.

Der Wunsch äussert sich abgeschwächt in einem Ausdruck der Einräumung, des Zugestehens.

Solche sind bei Chrestien: Soffrir, doner, abandoner, otroier, consentir, voloir, bien soit, que.

1) soffrir, leiden, dulden, erlauben.

Lyon 4509) Et si li (a deu) prient de boen cuer, Que sofrir ne vuelle a nul fuer, Que cil i soit morz ne conquis. ib. 4181. Guill. d'Angl. 50,14. Erec 513. 5401. R. Charr. 95,5. 131,17. 145,15.

2) doner, verleihen, zugestehen.

Erec 627) Mais encor vos vuil querre un don, Dont je vos rendrai guierredon, Se dex done, que je m'en aille A tout l'onor de la bataille. R. Charr. 7,29) Dex, donez moi, que il m'atende. Lyon 1691) Et ce doint dex, que il vos plaise. ib. 5098. 5417. Lyon 2937) La guerre de vos .II. verroie A vostre grant enor finee, Se dex si boene destinee Li donoit, qu'il se remëist En son san, et s'antremëist De vos eidier a cest besoing. Den Gegensatz dazu bilden, indem sie ein gewünschtes Nichtzugeben ausdrücken, die mit ne place Deu que eingeleiteten Sätze: R. Charr. 77,29. 133,21. Lyon 3714. Percev. 4926. 9696. 9708. 9816. 10335, denen die mit Deus m'en deffende que ne Lyon 4050. 3975. R. Charr. 90,10. nebst Percev. 8202) Ce ne te laist ja Dex conter, Fait ele, en liu la u tu viengnes, Que tu entre les bras me tiegnes, gleichwertig sind.

3) abandoner, überlassen.

Percev. 6329) Par le consel, que cil dona, Tiebaus a tous abandona, Qu'il s'armassent et s'en ississent Trestout armé, cil, ki vousissent. ib. 6797) Bele fille, fait li preudom, Je vos comanc et abandon, Por çou, que sera courtoisie, Que vous aucune druerie Li envoiés, u mance u guimple.

4) otroier, einräumen.

R. Charr. 47,31) Et cil otroia (l. otroie), que l'en l'arde, S'il ne l'en maine maugre suen. Lyon 5680) Di donc, fet il, se tu otroies, Que vaincuz et recreanz soies?

4a) je sui preste.

Aehnlichen Sinn hat je sui preste in: Lyon 6605) Et la dame dit: je sui preste, Einz que vos entroiz en la queste, Que je vos plevisse ma foi.

5) consentir, seine Zustimmung geben.

Erec 3264) Li cuens li paroffre et presente Et prie li, qu'il li consente, Que de lui ses gages repraigne.

6) bien soit que.

Percev. 5040) Femme, ki sa bouce abandone, Le seureplus de legier done, S'est, ki a certes i entenge; Et bien soit, k'ele se deffenge; Si set on bien sans nul redout, Que femme viut vaincre partout Fors en cele mellée seule. R. Charr. 85,15) Or soit, c'outre soiez passez.

7) voloir, zulassen.

Percev. 5668) Sire, fait il, moult liés en sui, Quant vous volés, que jou i alle. ib. 4347. R. Charr. 43,30. 51,7. Erec 1376. 1567. 1821. 2689. 4251. 5244.

Eine etwas abweichende Bedeutung hat soffrir in: Percev. 9190) Dex ait de vostre arme merci! Que mes cuers ne porroit soffrir, Que je vous veisce morir, und ib. 8582) Et s'il des esporons le bat, En .I. si felon trot l'embat, Qu'il li hoce si la coralle, Que il ne puet sofrir, qu'il alle Trot ne walot en nule fin.

Soffrir, que ist hier nicht gleich „Zulassen, dass etwas geschieht, was ein Anderer wünscht", sondern gleich „etwas mit ansehen können, etwas ertragen können", und gehört somit zu den Ausdrücken des Affects. Daher hat es auch, wenn von etwas thatsächlich Geschehenem oder Geschehendem die Rede ist, den Indicativ nach sich: Erec 194) Mont est li chevaliers vilains, Quant il sosfri, que tel faiture Feri si bele creature. Percev. 3254) S'il l'a (l. Si l'a) sor le covertoir mise Tot soavet et tot a aise, Et cele suefre, qu'il le baise, Ne ne quic pas, qu'il li anuit („und jene lässt es sich gern gefallen, dass (wie) er sie küsst"; Thatsache!) In R. Charr. 95,13) Mes por vos itant sofferrai, Que jusqu'a demain atendrai. wird diese Bedeutung von soffrir durch das vorausweisende itant noch deutlicher hervorgehoben.

II. Theil.
Der Conjunctiv der Irrealität.

Der Conjunctiv der Irrealität umfasst den Conjunctiv in Substantivsätzen nach Verben und verbalen Ausdrücken des Seins und Geschehens, des Denkens und der Aussage, den in determinierenden und den in hypothetischen Sätzen.

1. Abtheilung.
Der Conjunctiv in Substantivsätzen.

Da es sich bei allen Erzählungen, Berichten, Schilderungen, also dem weitaus grössten Theil des hier zur Behandlung vorliegenden Stoffes, um die Darstellung thatsächlicher Vorgänge, oder solcher, die der Redende als thatsächlich erscheinen lässt, handelt, so ist der Indicativ der bei weitem gebräuchlichere Modus. Der Conjunctiv steht nur dann, wenn das Verhältniss des Ausgesagten zur Wirklichkeit dem Sprechenden zweifelhaft, unsicher ist, vor allen Dingen also, wenn das Ausgesagte dem thatsächlichen Sachverhalt geradezu entgegengesetzt ist; sodann, wenn es Gegenstand einer blossen Annahme ist, die nach der Meinung Dessen, der sie macht, entweder gar nicht, oder nur nach Erfüllung gewisser Bedingungen, zur Wirklichkeit werden kann.

Nur in sehr wenigen Fällen, bei Chrestien überhaupt nicht, wird solche Annahme in einem unabhängigen Satze ausgesprochen. Es dürfte möglicherweise mit als eine Wirkung der Neigung der Sprache für die analytische Sprechweise angesehen werden, dass der Schriftsteller das Verständniss des von ihm gebrauchten Modus in der grossen Mehrzahl der Fälle dadurch erleichtert, dass er dem Conjunctivsatz eine verbale Wendung voraufschickt, an der er das Verhältniss des folgenden Conjunctivsatzes zur Wirklichkeit durch Verwendung der Negation, der (dem Sinne nach) negativen oder zweifelnden Frage, der hypothetischen Annahme, von vornherein kenntlich machen kann.

1. Capitel.
§ 1.
Der Substantivsatz ist Subject eines Verbs des Seins.

Sein Inhalt besteht in etwas nur Angenommenem, was entweder der Wirklichkeit direct widerspricht (bei negiertem Hauptsatz); oder nur bedingte Wirklichkeit hat (bei hypothetischem Hauptsatz).

a.

Der Hauptsatz ist negativ.

Percev. 1496) Nenil, vallet, ce ne puet estre, K'ensi pëust nule rien nestre. Lyon 4581) Et il dit: Dame, ce n'iert hui, Que je me remaingne an cest point. Percev. 3289) Et il dist: Bele, ce n'iert hui, Que je autre ostel alle querre. R. Charr. 64,31) Et cil li dist: Ne porroit estre Que herberjasse a ceste ore (—1)[1]. Percev. 2783) Et pour cou ne poroit pas estre, Tant que je sëusce son estre, Que je fëisce lonc sejor. Erec 3517) Li cuens molt forment le menace, Et dit, que, s'il le puet ateindre, Por rien nule ne puet remaindre, Que maintenant le chief ne [l. n'en] praigne. ib. 4953) Que par paor ne remanra, Que a l'encontre ne lor aille. ib. 3436) Bien, que, s'il l'a en baillie, De son seignor ne puet faillir, Que ne le face malbaillir. Guill. d'Angl. 134,19) Ja por avoir ne remanra, Que maintenant a terre n'aille. [l. n'aillent; cfr. 134,22 etc.]

Wegen der in den letzten vier Beispielen im abhängigen Satz stehenden, aus der Vermischung zweier dem Dichter vorschwebenden Constructionen eingedrungenen Negation, cfr. Perle, Ztschr. II p. 12, Nr. 5 u. 6; und das unten p.   zu Lyon 4572 Bemerkte.

In Percev. 7501) En celui mie ne remaint, Que il li a sans demorance Baillé le ceval et la lance; ist que = „da"; die Stelle hat mit den vorher citierten nichts zu thun, falls man nicht in: qu'il ne li ait ändern will, wozu kein Grund vorliegt.

R. Charr. 97,34. 101,9. 149,25. Percev. 3815. 7999. 8762. Lyon 1515. 2372. 2926. 3839.

b.

Der Hauptsatz ist hypothetisch.

Erec 5761) Se ce avient, qu'ele i soit mise, si com chose li est promise etc. ib. 5974) Mais, se il m'est si encontre, Que pires de moi m'ait outre, De ce doi je mon[2] duel avoir. Lyon 6094) Ou, s'il avient par aventure, Qu'il li ait fet nule leidure, Ou, de que que soit, le sormaiut, Avra il droit, se il se plaint? ib. 2832) S'il vos avient, qu'il vos coviegne Combatre a aucun chevalier etc. ib. 9756) Se tant avient, que je le voie, et que devant moi (je] le truisse etc.

Nach dem Beispiel dieser Stellen sind zu emendieren: Percev. 4845) Or me dites, se vos savés, Se c'avenoit, qu'ele fu (l. fust) fraite, S'ele seroit ja mais refaite. R. Charr. 80,5) Et d'autre part li recommande Pitiez ensamble et franchise, (— 1) Des que il la li a requise, Merci: Et ne l'aura il donques? Öil; ce oen ne li avint onques,[3] Que nus fust tant ses anemis .... Onques encor ne li avint, C'une foiz merci li venit. Mais au surplus ja ne besit. l. mit Jonckbloet 2850) Et d'autre part li recomande Sor pitié et sor sa franchise, Et des que il li a requise Merci donc ne l'aura il donques? Öil ce ne li avint onques Que nus tant fust ses anemis Des que il l'ot au desoz mis Et merci crier li covint, Onques ancor ne li avint, C'une foiz merci li veast, Mes au surplus ja ne beast.

---

[1] s. Jonckbloet 2267.
[2] l. mout?
[3] l. mit Jonckbloet 2854: Öil: ce ne li avint onques. Das zweisylbige öen, wohl = ab anno, hat neben onques nichts zu thun. Wegen öen cfr. ib. 162,34: Et dient que, par saint Johan, Ne se marïeront oan. Amis Amiles 1267) Füis s'en est Amiles voirement; En cest päis ne venra mais awan. Guill. d'Angl. 119,1) Je ne perdrai marciés ne foire, La ou jou puisse mais awan. Bien me connois en cordouan, Et en alun, et en bresil, Et ausi gorges de woupil Gaaignerai awan assés.

Die beiden letzten Verse gehören zusammen und sind nicht durch einen Punkt zu trennen. Der „surplus" sind die Gegenstände, welche der Sieger dem Besiegten abnimmt: das Pferd, Theile der Rüstung, ein Treuversprechen etc. Die Formen veait und beait bei Tarbé sind in jeder Weise unhaltbar. Es müsste wenigstens ve(h)oit — beoit heissen, wie durch sämmtliche Stellen, wo im Chrestienschen Theile des R. Charr. Imperfecta in entscheidenden Reimen[1] auftreten, bewiesen wird.

Enthält die Aussage die Angabe von Thatsächlichem, so steht der Indicativ: Lyon 1231) Mes ce comant pot avenir, Que tu mon seignor ocëis, Se an träison nel fëis? R. Charr. 26,20) Bien puet estre, que je pensoie. (cfr. Mätzner, franz. Gramm. p. 340, unten. Erec 2475. 3952. 6021. 6222. R. Charr. 89,7. 125,32. Percev. 216. 735. 946. 1550. 2234. 3322. 3386. 3900. 4771. 5024. 7420. 7613. 7774. 9036. 9802. 10111. 10421. Guill. d'Angl. 51,11. 128,5. 128,10. 142,1. Lyon 50. 175. 2906. 3090. 3654. 4609. 4696. 4702. 4816. 4921. 5250. 5262. Percev. 216) Apries ne demora granment, Que tinrent I grant parlement Li boin chevalier de la court. ib. 735) Que IIII jours ne demoura, Que la dame ot I damoisel. R. Charr. 12,6) Ne tarda gueres, que il voit Venir I chevalier le pas. Lyon 2224) Ne tarda puis gaires granmant, Que mes sire Yvains sanz arest Entra armez en la forest. Guill. d'Angl. 42,11) Mervilla soi, por coi demore, Que n'ooit matines soner. Percev. 5001) N'a gaires, qu'il en ocist un. Erec 5390) Et passé a set anz ou plus, Que dou chastel ne revint nus, Qui l'aventure i alest querre.

Natürlich steht dann auch der Indicativ nach voirs est, verités est = es ist thatsächlich richtig: Erec 4769. Guill. d'Angl. 142,18. 143,20. Percev. 5019. 7649. Lyon 4323. 6010 (ce est chose certe, que). 3642. R. Charr. 128,18. 88,34. Lyon 3925, hypothetischer Conj. nach: ce est chose tote certe.

Auch nach fragendem Hauptsatz steht der Indicativ, wenn nach etwas gefragt wird, wovon der Fragende bereits gehört hat, dass es sei. Er will das, was er bereits weiss, nur noch bestätigt haben. R. Charr. 4,11) Est il voirs, qu'aler en volez? ib. 112,25) Mes e-t ce voirs, que il me dit, Qu'ele a vers vos si grant corroux, Que sa parole veant touz Vos a ve(h)ee et escondite?

§ 2.
Der Substantivsatz ist Object eines Verbs oder verbalen Ausdrucks der Wahrnehmung, des Denkens oder der Aussage.

A.
Der Substantivsatz giebt den Gegenstand einer (sinnlichen oder geistigen) Wahrnehmung an.

Da solcher Gegenstand wirklich vorhanden sein muss, wenn

---

[1] Es reimt: Mit droit: 3,24) menjoit. Mit voit: 12,5) chevauchoit; 120,3) hastoit; 130,25) levoit. Mit voient: 11,28) aprochoient; 58,7) estoient; 116,23) chevauchoient. Mit voie (videam): 110,29: gardoie. Mit soie (*siam): 26,20) pensoie. Mit soies: 90,17) lessoies. Mit soit: 79,5) estoit. Mit convoit (*cupidito): 98,30) trovoit. poist: laist in 134,25—26 ist mit Jonckbloet 4980 in poist: loist zu ändern.

Nicht Subjectsatz, sondern appositiver Genitivsatz, ist: Percev. 2207) Por cou, que li valles est nices, S'est il, espoir, bon[s] gentius hom. Et se il li vient d'aproison, Qu'il ait este a vilain mestre, Encor puet prens et sages estre.

überhaupt eine Wahrnehmung stattfinden soll, so ist der Indicativ der naturgemässe Modus. Derselbe findet sich denn auch fast ohne Ausnahme.

1) nach vëoir.

Lyon 1555. 224. 293. 2217. 3168. 3664. 3885. 4710. 5660. 6361. 6501. Erec 365. 1276 (ohne que). 3098. 3315. 3447. 3534. 3563. 8746. 3979. 5009. 5012. 5431. 5793. 6764. R. Charr. 8,4. 11,31. 12,16. 34,5. 34,21. 35,24. 36,1. 38,32. 42,8. 50,3. 51,27. 67,6. 67,34. 96,20. 105,3. 120,22. Percev. 83. 2058. 2424. 3562. 4317. 4541. 4590. 6044. 6611. 6619. 6627. 6916. 7430. 7941. 7990. 9170. 9418. Guill. d'Angl. 55,1. 107,12. 124,13. 148,16.

2) nach öir.

Erec 775. 1817. 2718. 3470. 4238. 5497. 6825. R. Charr. 77,14. 97,1. 106,8. Percev. 2785. 5417. Lyon 1059. 4063. 6766. Guill. d'Angl. 46,2. 102,6. 107,25.

3) öir et escouter.

Erec 5667.

4) entendre.

Lyon 1705. 6158. 6398. 6766. R. Charr. 58,8. Erec 1351. 5595. Percev. 6471. 7005.

5) parcevoir.

Lyon 3427.

6) apercevoir.

Lyon 4819. R. Charr. 13,8. 64,2. 130,7. Erec 3118. 3617. 3752. 4293. 4720. Guill. d'Angl. 130,3 (hypothetischer Conjunctiv).

6a) soi aparcevoir.

Lyon 6418 (hypthetischer Conjunctiv.)

7) trover = apercevoir.

Percev. 4601. 7076. 8285.

7a) trover et lire.

Guill. d'Angl. 41,8.

8) conoistre.

Guill. d'Angl. 141,23. Erec 3433. R. Charr. 20,7.

8a) reconoistre.

Percev. 7864.

9) sentir.

Lyon 6516. Percev. 2302. 4583. 7066 (mit Attraction des Subjects des abhängigen Satzes).

10) prover = erproben, deutlich erkennen.

R. Charr. 87,17) ohne que; die Interpunction ist zu ändern: S'esgarde son anel, et prueve, Que (l. Quant) nul de (l. des) II lyons ne trueve, Qu' (l. Que) il cuidoit avoir veuz. (l. ,) Enchantez est et decëuz.[1]

---

[1] l. mit Jonckbl. 3124) Il met sa main devant sa face, S'esgarde son anel et prueve. Quant nul des deus lyons n'i trueve, Qu'il i cuidoit avoir vëuz, Si cuida estre decëuz; Mes il n'i avoit rien qui vive.

11) esprover.

Erec 3511.

Dass Percev. 1475: dont ne vois tu, Que cou est de fier I haubiers? der Indicativ steht, ist selbstverständlich. Abweichend vom Gebrauch des Neufranz. (Hölder 376, VII) steht der Indic. auch bei invertierter Satzstellung: Percev. 1477 Qu'il est de fier, ce vois tu bien.

An drei Stellen steht der Conj. nach negiertem aparcevoir. (In allen bisher angeführten Stellen ist das Verb der Wahrnehmung positiv!) Lyon 565) Onques de rien ne m'aparcui, Ne de sa fille, ne de lui, Que moins volentiers me vëissent, Ne que moins d'enor me fëissent.

(Der Conj. hat seinen Grund darin, dass die in Rede stehende Wahrnehmung überhaupt nicht gemacht worden, also von etwas durchaus Irrealem die Rede ist). Percev. 1129) Et buès et vaces font mener,... Si, com raconte li escris, Que nus hom, ce saciés vos bien, Ne s'apercut de nule rien, Que s'en alast sans repairier.

(Die Stelle scheint verderbt, wie auch andere in dieser Einleitung zum Perceval. cfr. Birch-Hirschfeld, die Sage vom Graal; gegenüber Potvin, Bibliographie de Chrestien de Troyes. Wenn auch gegen den Modus nichts einzuwenden wäre, so ist doch der Sinn zu eigenthümlich, als dass er acceptiert werden könnte. Gerade daran, dass die Mutter Perceval's nicht bloss ihre Kostbarkeiten, sondern auch ihr ganzes Inventar mit fortführen lässt, musste erkannt werden, dass sie auf Nimmerwiederkehr fortging). Wie Lyon 565 erklärt sich: R. Charr. 41,28) Et cil, qui se delite et pest (*pascit) De son penser, qui molt li plest, Ne s'aperçoit mie si tost, Qu'ele hors de son chemin l'ost.

Den Verben des Denkens nähert sich: Erec 3355) Mais por savoir et esprover, Se je porroie en vos trover, Que vos m'amessiez de bon cuer. Hier liegt der Grund des Conjunctivs darin, dass das regierende Verb indirect fragend steht, wodurch die Wahrnehmung von vorn herein zweifelhaft gemacht wird.

Hierher gehört auch soi garder in der Bedeutung von „Acht haben auf etwas, einer Sache gewahr werden." R. Charr. 128,1) De ses dras ne se gardoit mie, Que il fussent tachié de sanc; Einz cuidoit qu'il fussent molt blanc. dto. Jonckbloet 4741.

Hier könnte der Indicativ stehen, wenn der Sprechende hätte zum Ausdruck bringen wollen, dass das Nichtwahrgenommene thatsächlich doch war; es handelt sich so, wie die Stelle nun einmal ist, aber nur darum, anzugeben, dass eine Wahrnehmung nicht statt hatte.

B.

Der Substantivsatz giebt den Inhalt einer Gedankenvorstellung des Subjects im Hauptsatz an.

Der Conjunctiv steht im abhängigen Satze, wenn das Gedachte als unreal erscheint. Dies findet statt: a) Wenn die Thatsache des Denkens selbst in Abrede gestellt wird. b) Wenn sich das denkende Subject hinsichtlich der thatsächlichen Richtigkeit des Gedachten in Ungewissheit befindet. c) Wenn der

Inhalt der in Rede stehenden Gedankenvorstellung irreal ist, ohne dass das denkende Subject davon weiss. Der Dichter, welcher weiss, wie es sich mit der Realität des Vorgestellten verhält, deutet durch den Modus an, in welchem Verhältniss sich der Inhalt des mitgetheilten Gedankens zur Wirklichkeit befindet.

a) Die Thatsache des Denkens selbst ist in Abrede gestellt.

1) cuidier, mit Negation.

Erec 777. 1048. 1162. 1659. 1760. 2735. 3292. 4855. 5757. 6045. 6257. Guill. d'Angl. 91,8. 89,6. 163,23. Percev. 2159. 2565. 2906. 3255. 6445. 7794. 8489. 8904. 9163. 10402. R. Charr. 7,17. 8,1. 28,32. 39,2. 44,9. 47,13. 85,24. 124,14. 138,18. Lyon 1825. 5072. 5772. 6526. 6578. 6696. In Lyon 2845: „Ne cuit, que onques de si fort, Ne de si aspre ëust gosté", und ib. 4288: „Et se uns granz chasnes chëist, Ne cuit, que graindre esfrois fëist, Que li jaianz fist au cheoir" ist der Conj. zugleich hypothetisch.

2) penser, mit Negation.

R. Charr. 20,19. 103,12. 133,27. 162,6. Percev. 7999. 8069.

3) croire, mit Negation.

Percev. 3429. 4963. 5082. Guill. d'Angl. 66,7) Li vif diable vos querroient (durch Dissimilation für crerroient, croiraient), La ou si grant biauté verroient, Que ele, se par larcin non, Dëust avoir tel compaignon. cfr. wegen des stark negativen Sinnes von „Li vif Diable vos querroient" Tobler, vom Verwünschen, Schluss.

4) savoir, dto.

Erec 3410) Erec de ce rien ne savoit, Qu'il dëussent d'amor plaidier. Guill. d'Angl. 95,13) Si se connurent des enfance, Mais n'i ot autre connissance; Ne sorent, que il fuissent frere; Por voir cuidoient, que lor pere Fuissent cil, la ou il manoient. ib. 125,25) Mais nus ne set, que ce soit il.

5) apenser, dto.

Percev. 9864) Onques, certes, ne l'apensai, Que vous tant de cuer ëussiés, Que vous passer i osissiés.

Dem bei Hölder 370 III 1c. Gesagten entspricht: Guill. d'Angl. 49,23) Et saciés bien, molt m'esmervel, Quant vos onques sans mon consel, Enprandre osastes ne panser, K'en essil dëussiés aler.

Zu ändern ist: R. Charr. 47,13) Ne cuit, cent chevaliers vëisse Vers mi, je ne vos conquisse. l. mit Jonckbloet 1587: Ne cuit c'onques home vëisse Vers cui je ne vos conquëisse. Der Conj. ist übrigens hypothetisch. ib. 42,29) Et quant cil l'ot, si la conjure, Come cil, qui ne cuide mie, Qu'amie a ami n'est pas amie, Quant el le parjure, a nul fuer. l. mit Jonckbloet 1403: Et quant cil l'ot, si li conjure, Come cil qui ne cuidoit mie, Qu'amie ami, n'amis amie Doient parjurer a nul fuer etc.

Für R. Charr. 53,14) Par verité poons nos dire, Qu'aucun bien, qu'il i ait En lui, quant mener la li lait ist mit Jonckbloet 1823 zu lesen: Par verite poomes dire, Que aucun bien cuide, qu'il ait An lui, quant il mener li lait.

Drückt das Verb des Denkens an sich schon eine Ungewissheit aus, so steht der Conjunctiv: R. Charr. 106,23) Avugles est, qui de ce doute, Que au desuz de lui ne soie. ib. 136,15) Et de ce ne doutes tu mie, Qu'il ne te fust plus granz honors, Se la te venoit biens, qu'aillors?[1] Lyon 6612) Dame, de ce ne dot ge rien, Que vos ne li puissiez molt bien Sa pes faire, se il vos siet. cfr. Diez III⁴ 425, 442. Erec 4527) Ja de ce n'aiez vos redot, Que je moult volentiers n'i aille. Lyon 5095) Ja ne vos an desesperez, Que je tot mon pooir n'en face. Guill. d'Angl. 169,9) Mais li rois n'a pas oublié, Que son borjois n'en voist (re)querre, C'a lui venist en Engleterre.

Zu ne pas croire stellt sich: Lyon 6584) Car il n'a gent an mon ostel, An cui g'aie nule atandue, Que ja par aus soit desfandue La fontainne ne li perrons.

Nach Fragen mit negativem Sinn steht im abhängigen Satze der Conj. Erec 2544) Cuidiez vos donc, qu'il ne m'enuit, Quant j'oi de vos dire despit? ib. 4771) Cuidiez vos, que je m'en merveil? ib. 6430) Cuidiez vos or, que je vos die, Quex acoisons le fist movoir? Naie; que bien savez le voir.

Ebenso steht nach fragendem Cuidier der Conj. Lyon 1677. 1698. Percev. 2008. 2688. 4134. 4180. 4604. 6450. Nach fragendem penser: Percev. 4571.

Soll hingegen durch die Frage die Thatsache des Denkens selbst nicht in Abrede gestellt werden, so steht im abhängigen Satze der Indicativ. R. Charr. 136,12) Dont ne te souvient il, que tu As a la cort le roi Artu Contre lui bataille aramie? Guill. d'Angl. 86,6) Ne savés vos, que la castenge Douce, plaisans, ist de la boisse Aspre, poignant de grant angoisse?

Wird die Realität einer Vorstellung mittelst der hypothetischen Ausdrucksweise in Abrede gestellt oder unsicher gemacht, so steht der abhängige Satz im Conj. Percev. 4945) Se il séust de verité, Que jou l'éuisse desiervi, S'en déust il avoir merci. ib. 10077) Se vos quidiéz, que il n'i paire, Veés encor les ongles chi. Guill. d'Angl. 126,2) Et se il le voir en séussent, Qu'il fust cou, grant joie en éussent. R. Charr. 101,30) Et pense (la pucele), se il (Lanceloz) la (la reine) saveit A la fenestre, que ele esteit, Qu'ele l'esgardast ne vëist, Force et hardemenz l'en prëist. Lyon 4618) Certes, dame, je nel feroie, Tant que certenement sëusse, Que le boen cuer ma dame éusse.

Und so auch nach dem, im Conj. der irrealen Annahme stehenden Hauptsatz eines hypothet. Satzgefüges: Percev. 3004) Desfublee fu, et si ot Les cheviax tens, s'estre pöist, Que bien quidast, que l'en dëist [l. qui les vëist], Que il fuscent tout de fin or.

Bis hierher stimmt der Gebrauch Chrestien's mit dem des Neufranz. überein. Dem Altfranzösischen speciell eigenthümlich ist die in der neueren Sprache (Hölder p. 371, Anm. zu § 194, III, J, c; Mätzner p. 343 § 118, 3 aα) nur ganz vereinzelt vorkommende Verwendung des Conjunctivs im abhängigen Satz nach positivem Verb des Denkens (namentlich cuidier, weniger häufig penser, ganz selten croire), um auszudrücken, dass der Inhalt des Gedankens irreal sei, dass das denkende Subject sich etwas vorstellt, was in der Wirklichkeit nicht existiert.

Krollick l. c. p. 8 glaubt, dieser Conj. habe seinen Grund in dem Nebenbegriff des „Sorgens für etwas", den cuidier neben seiner gewöhnlichen Bedeutung habe, (wo denn der abhängige Satz als Wunschsatz zu betrachten sein würde). Die Beispiele bei Chrestien gewähren keine Stütze für diese Annahme.

---

[1] Ist zugleich hypothetisch.

Mit mehr Recht hätte dieselbe für penser geltend gemacht werden können, welches mit folgendem Genitiv der Person oder Sache = „prendre soin de" ist (cfr. Berte 128. 1220. 938. 1358. 2472, Mittheilungen 3, 4 etc. und das formelhafte: Se Dieus n'en pense, mort sont et desconfit).

Der Grund dieses Conj. nach positivem cuidier liegt vielmehr, wie Tobler, Vrai Aniel p. 25, Anm. zu v. 104: „Dont li dist: biaus fieus, sans cuidier Sai, que morrai prochainement" ausführt, darin, dass cuidier oft gleich „sich einbilden, (etwas, was nicht vorhanden ist) wähnen", ist, „savoir sans cuidier = bestimmt, sicher wissen; s. Jourdain de Blaivie v. 2627: „Car autresi, ce saichiez sans cuidier, R'aurez la terre, que devez justicier, Et le parrain, que vos avez si chier." und Gachet v°. cuidier."[1]

Es ist klar, dass, „da der Gegensatz zu savoir (bestimmt wissen) dem Worte die besondere Färbung gegeben hat" (ib. p. 25 und 26), der danach gesetzte Conj. sich ganz von selbst als das Resultat der Unsicherheit darstellt, worin sich das denkende Subject selbst rücksichtlich der Realität des Gedankeninhalts befindet. Man vergleiche: Li dis dou magnificat, mitgetheilt von Tobler, Jahrb. II, 39 v. 7: S'est trop plains de sourcuidement Li cuers, dont sens fait widement; Puisc' orgieus et cuidiers remainnent, Le cuer a lor volente mainnent, Et le desreent et desvoient etc. (cuidiers = Wahn, eitle Einbildung).

Dieselbe Erklärung der uns hier beschäftigenden Verwendung des Conj. wird von Güth l. c. p. 31 gegeben, wenn er sagt: „Nach den Verben des Sagens und Denkens ... kann sowohl der indic. als der conj. stehen, je nachdem der abhängige Satz eine Thatsache, oder ein subjectives Urtheil des Redenden resp. Denkenden bezeichnen soll."

In sämmtlichen aus Chrestien für den Gebrauch des Conj. nach positivem Verb des Denkens anzuführenden Stellen, ist der im Conjunctivsatz angegebene Inhalt der in Rede stehenden Vorstellung irreal. So

1) bei cuidier.

Lyon 323) Et je cuidai, qu'il ne sëust Parler, ne reison point n'ëust. ib. 363. 414. 472. 478. 997. 1386. 1511. 1752. 1934. 2195. 2460. 2728. 2743. 1429. 3055. 3383. 4853. 5157. 5451. 5817. 5843. 6657. Percev. 791. 1222. 1431. 2327. 2566. 3082. 3357. 3953. 5499. 5593. 5703. 6340. 7156. 7913. (hypothet. Conj.) 10050. 10092. Guill. d'Angl. 95,14. 105,13. 107,19. 141,16. 163,21. Erec 4884. 5454. 2531 (cfr. 2523). R. Charr. 8,9. 8,12. 33,20. 34,8. 41,31. 43,19.53,15.66,24.84,36.114,19.115,20.116,33.123,9.128,2.130,17.156,33.143,2.

Der Sinn von cuidier nähert sich dem von Besorgen, Befürchten, allerdings ohne dass um desswillen im abhängigen Satze die Negation stünde: Erec 2531) Ja plus ne le vos celerai; Mais je

---

[1] ce sachiez sanz cuidier findet sich sehr oft; z. B. Enf. Og. 7425. 916. 1050. 2139. 2671. 3997. 6451. 8040. 8220; daneben ce sachiez sanz douter ib. 3115. 7556. Dass cuidier direct gleichbedeutend mit douter verwendet werden konnte, zeigt ib. 7915: de ce n'estuet cuidier. dto. ib. 409.

cuit bien, que vos annuit. R. Charr. 139,31) Car il cuident, qu'en sa prison L'ait ses fiz mis par träisou.

2) penser.
Lyon 4001. 4864. R. Charr. 101,30. 102,32. 154,9.

2a) penser. et croire.
R. Charr. 61,6. Erec 5454 (cuidier et croire).

3) croire.
Lyon 1537. 3581. Guill. d'Angl. 83,4.

Bei, der Form und dem Sinne nach, positivem Verb des Denkens steht der Substantivsatz im Indicativ.

1) nach savoir.
Lyon 75. 412. 447. 514. 623 (selbständig). 1000 dto. 2036 dto. 682. 981. 1641. 1718. 1909. 2568. 2700. 2801. 2834. 2924. 3397. 3398. 3579. 3752. 4269. 4536. 4612. 4773. 5259. 5306. 4035 (hyp. conj.). 5427. 5487. 5491. 5522. 5715. 5902. 6347. 6383. 6465. 6636. Erec 15. 682. 1126. 1154. 1269. 1366. 1459. 1465. 2963. 2967. 2990. 3095. 3129. 3435. 4175. 4228. 4481. 4761. 5579. 5759. 5891. 6213. 6541. R. Charr. 2,34. 4,14. 5,3. 6,34. 9,11. 12,19. 26,22. 45,25. 51,13 (hypoth. conj.). 55,11. 59,18. 67,8. 80,24. 86,7. 88.14 (car für que; cfr. Diez III[4]337). 88.26. 89,22. 89,31. 90,19. 93,6. 106,19. 107,10. 107,23. 118,5. 118,22. 127,24. 131,30. 134,2. 141,34. 143,32. 145,4. 147,8. 150,16. 157,20. 158,10. 161,33. Percev. 434. 462. 776. 808. 873. 899. 1030. 1086. 1097. 1164. 1278. 1455. 1520. 1523. 1972. 2233. 2292. 3072. 3084. 3093. 3201. 3479. 4355. 4731. 4768. 5011. 5042. 5076. 5171. 5187. 5848. 5863. 6071. 6143. 6322. 6399. 6592. 7241. 7992. 8370. 8478. 8485. 8512. 9028. 9748. 9960. 10014. 10438. 10206. 8657 (hypoth. conj.). ib. 7419) De ce, que mesire Gauwains Ert en la tor, n'en savoit mot.[1] (Thatsache). ib. 3561) Ne sai, ki fu li chevaliers; Mes tant en ai, que je le vi, Que fors de Biau-Repaire issi (tant en ai = tant en sai). Guill. d'Angl. 43,7. 43,21. 44,6. 44,22. 65,5. 85,20. 89,14. 91,20. 101,24. 127,5. 154,24. 162,10. 163,3. 163,16. 165,11. 166,7. 49,20 (selbständig). 103,16 dto. 115,13 (hypothet. conj.)

2) nach estre certains.
Percev. 2454. 5521. 8229. Erec 1149. 3724. 4339. 4889.

2a) estre sëurs.
R. Charr. 8,17. Lyon 3821.

2b) estre assëurez.
Lyon 769.

2c) estre certs.
Lyon 1095. 3111. 1744. 4255.

3) sovenir.
Lyon 2748. 4986. Guill. d'Angl. 142,5.

3a) membrer.
Guill. d'Angl. 84,3.

4) avoir fiance.
Lyon 4325.

4a) avoir creance.
Guill. d'Angl. 51,25.

4b) avoir esperance.
Lyon 5047.

5) esperer.
Nur äusserst selten mit folgendem abhängigen Satz, wie: Lyon 6028) Espoir, qu'Amors s'estoit anclose En aucune chanbre celee. ib. 1337) Espoir, que l'en m'an mescresroit.

---

[1] Nicht hierher gehört Percev. 1709) Qu'il les vos donra, bien le sai; was zu übersetzen ist: „denn er wird sie euch geben; ich weiss es wohl."

Gewöhnlich parenthetisch eingeschoben, wie: ib. 81) Ja le leissames por perece, Espoir, que nos ne nos levames. ib. 686) Ou mes sire Gauvains mëismes, Espoir, li demandera primes.

6) croire.

R. Charr. 43,7. Lyon 421. 3075. 6798. Guill. d'Angl. 96,14. Percev. 1981. 3739. 7397. 7792. 9964. 10162.

7) songier.

Guill. d'Angl. 142,21.

8) cuidier.

Guill. d'Angl. 96,13. Percev. 2000. 3277. 5051. 5222. 6593. 8283. 9331. 10563. Lyon 213. 1068. 1772. 2667. 2006 (selbständig). ib. 78) S'est droiz, que ma dame le cuit, Que vos avez plus, que nos tuit, De corteisie et de proesce.

Ginge nicht das vorausweisende *le* vor, welches ebenso wie ce, de ce, en ce, einen gewissen Einfluss nach der Richtung hin auszuüben scheint, dass im abhängigen Satz der Modus der Thatsächlichkeit steht, so liesse sich eine Aenderung in: que vos ayez kaum von der Hand weisen. — Das Vorangehen eines den abhängigen Satz kurz vorwegnehmenden Demonstrativs bewirkt natürlich nicht die Setzung des Indicativs im abhängigen Satz; sondern, umgekehrt, wenn letzterer im Indic. steht, weil sein Inhalt etwas Thatsächlichem entspricht, lehnt man ihn gern an ein, gleichsam seine reale Natur versinnbildlichendes Demonstrativum an, wodurch in dem Lesenden oder Hörenden, noch bevor er den Inhalt des abhängigen Satzes kennen gelernt hat, die Idee erweckt wird, derselbe werde etwas Thatsächliches enthalten. Als Solches oft genug vorgekommen war, konnte wohl auch das stattfinden, was wir für Lyon 78 glauben annehmen zu müssen, nämlich, dass ein als Lückenbüsser eingeschobenes *le* den Indic. herbeiführte in einem Satze, der seiner Natur nach im Conj. stehen müsste. R. Charr. 27,12. 50,6. 130,34. 8,6 (hypoth. conj.) Erec 1104. 2523. 3216. 3412. 3743. 6215.

9) penser.

Erec 375. 2975. 3565. ib. 3129) Et dit: sire, je crois (sic!) et pans, Qu'anuit avez molt travaillié. R. Charr. 33,14. 60,35. 101,22. Percev. 6474. 9877. Guill. d'Angl. 149,11. 55,15. 60,12. 106,12. 168,4. Lyon 6207.

9a) penser == nfr. se proposer.

Percev. 8104) Et pense, que il portera Toutes ses armes avoec lui. Lyon 8357) Por ce panse mes sire Yvains, Qu'il l'ocirra premierement. ib. 6505) Et panse [l. pansa], qu'il se partiroit Toz seus de cort, et si iroit A sa fontainne guerroier. Percev. 1295) Et pensa, que vëoir iroit Ercëours (Egger), que sa mere avoit, Qui ses tieres li ahanoient.

In welchem Sinne auch das, nfr. ganz unerhörte soi penser vorkommt: Erec 6153) Mout fist Enide, que cortoise, Qu'ele se pense, qu'ele iroit A li parler.

Sowie soi porpenser: Percev. 3149) Ains se porpense, qu'ele ira A son oste, se (l. si) li dira De son affaire une partie. ib. 7430) Et, quant il voit, que sa desfense N'i vaurra rien, si se porpense, Qu'il ira encontre le roi.

10) soi rapansser.

Lyon 1657) Et la dame se rapanssa, Qu'ele avoit si grant tort ëu.

11) entendre a = nfr. s'imaginer.

Percev. 9212) A ce poés vos bien entendre, Que graut descrois ot au destendre Des arbalestres et des ars.

C.
Der Substantivsatz ist Object eines im Hauptsatz enthaltenen Verbs oder verbalen Ausdrucks der Aussage.

Der Conj. steht im abhängigen Satz, wenn die darin enthaltene Aussage etwas bloss Angenommenes, nicht auf dem Boden der Wirklichkeit Stehendes enthält; ein Verhältniss, das durch die Ausdrucksweise im Hauptsatz von vornherein gekennzeichnet wird. Dies geschieht:

a.
Durch die Negation des Hauptsatzes.

Erec 1762) Ja ne dira nuns, qui ne mente, Que cele ne soit la plus gente Des puceles, qui ceanz sont. ib. 6692) Que l'en ne die, que je mente! ib. 4800) Se ceste dame se deshaite'Por son seignor, qu'ele voit mort, Nuns ne doit dire, qu'ele ait tort. R. Charr. 21,33) Li chevaliers de la charete Ne dist pas, que il li promeste Tout son pooir, eincois afiche... Que sanz arest et sanz redout, Quanque ele velt, li promest, Et tout en son voloir se mest. Percev. 760) Et cil li ont bien deffendu, Qu'il ne desist, n'a droit n'a tors, Que lor sire fust ensi mors. Ains desist, qu'il estoit alés Au roi, ki les avoit mandés. ib. 2868) Or, ne dites ja mais, biaus frere, Fait li preudom, que vostre mere Vos ait apris ne ensignié. ib. 3306) Et pour icou ne dites mie, Que jou deviegne vostre amie Par tel convent et par tel loi, Que vous alliés morir por moi. ib. 6439) Merceans est, nel dites mes, Qu'il doie a tornoier entendre; Tos ces cevaus maine il a vendre. ib. 9498) Dame, dit il, jou n'oseroie Dire, que des plus prisiés soie. ib. 9759) Car chevaliers de mere nés Ne passa les pors de Galvoie, Se tant avient, que je le voie, Et que devant moi (je) le truisse, Que ja aillors vanter se puisse, Qu'il soit en ce päis venus. Lyon 1852) Et il n'i aura ja si haut, Qui s'ost vanter, que il i aut. Percev. 8204) Ce ne te laist ja Dex conter, Fait ele, en liu, la u tu viengnes, Que tu entre les bras me tiengnes.

Und so steht auch der Conjunctiv, obwohl die Aussage Positives enthält, durch eine Art von Attraction (Hölder p. 420 d, erwähnt eine ähnliche Attraction des Modus im Adjectivsatze). Percev. 6778) Et jou avoie la desous El pré vëu cel chevalier; Ne je ne poi mie laissier, Que jou encontre ne desisce, Que plus biel de lui i vëisse (nämlich plus biel de Melians de Lis).

Enthält das Verb der Aussage an sich schon negativen Sinn, so schwankt der Gebrauch, wenn es abermals negiert ist. Das Naturgemässe wäre, wie Hölder p. 382 § 197, 2 ausführt, der Indicativ, denn durch die Negierung der im Verb liegenden Negation wird dieselbe aufgehoben. — Derselbe findet sich auch: R. Charr. 109,30) Sire, voir, mal l'a emploié. Ja par moi ne sera noié, Que je ne l'en sé point de gré. Percev. 7487) Que ce ne fait mie a celer, Qu'il s'en estoit venus desfendre En vostre cort. Daneben findet sich aber auch dem allgemeinen Gebrauch des Neufranzösischen entsprechend, der Conjunctiv. Lyon 1761) Viax tu donc, fet ele, noier Que par toi ne soit morz mes sire? Wir haben dasselbe Schwanken bei ne pas douter, oben p. 56 und 57 beobachtet.

b.

Enthält der Hauptsatz eine Frage mit negativem Sinn, so steht im abhängigen Satz der Conjunctiv.

Lyon 6089) Porra Yvains por raison dire, Se la soe partie est pire, Que cil li ait fet let ne honte, Qui antre ses amis le conte?
Es scheint indess, als ob der Zusatz: „por raison", durch den die Aussage in das unsichere Gebiet der subjectiven Beurtheilung gezogen wird, nicht ohne Einfluss auf den Modus im abhängigen Satze gewesen sei. (Hölder, p. 370, IIIc.) Denn wir finden in solchem Falle auch bei positiver Aussage den Conjunctiv: Erec 750) Cist puet bien desrainier par droit, Que ceste la plus bele soit. Während anderseits nach einer Frage mit negativem Sinn, die aber keinen solchen Zusatz enthält, der Indicativ steht: Lyon 1660) Molt volsist bien avoir sëu, Coment ele (Lunete) pöist prover, Qu'an porroit chevalier trover Meillor, c'onques ne fu ses sire.[1] cfr. auch Hölder p. 376 Zusatz 1.

c.

Nach hypothetischem Hauptsatz steht der Conjunctiv, da durch den hypothetischen Ausdruck entweder direct geläugnet, oder doch wenigstens zweifelhaft gemacht wird, dass die Aussage wirklich stattfindet. Erec 6879) Menconge sembleroit trop granz, Se je disoie, que cinq cenz Tables fussent mises a tire (hinter einander weg) En un palais. Je nou quier dire. ib. 3898) Mais itant seulement vos pri, Que, se nuns besoing me croissoit, Et la novele a vos venoit, Que j'eusse mestier d'abie, Adonc ne m'oblesiez (l. obliassez) mie. R. Charr. 44,32) Dire pëust vraiement, Que l'or(s) fust au(s) chevox neant. ib. 75,14) Einz dëissiez, tant vos plëust, Qu'il fust issi nez et crëuz.[2] ib. 149,34) Car s'il disoit, qu'il le eüst, Meuz li vaudroit, que il eüst Les eus trez, et le col brisie. ib. 8431) Mais, se jou le tesmoing t'en port, Que tu m'aies d'armes outré, Voiant mes gens, devant mon tré, Ma parole en sera crëue. Lyon 5385) Mes tost dëist, tel i ëust, Que je vos parlasse de songe. ib. 5680) Di donc, fet cil, se tu otroies, Que vaincuz et recreanz soies.

Der zum Substantivsatz im Verhältniss des Hauptsatzes stehende Satz „se tu otroies" ist allerdings ein indirecter Fragesatz; die Stelle gehört aber doch hierher, weil der Conj., ebenso wie bei den vorangehenden Sätzen, veranlasst ist durch die Unsicherheit, ob die in Frage stehende Aussage gemacht werden wird.

Trotzdem, dass dieselbe thatsächlich gemacht worden ist, steht doch der Conj. vermöge einer Art von Attraction. Erec 3466) Des er soir vos ëust ocis, Se creante ne li ëusse, Que s'amie et sa fame fusse.

Auf gleicher Stufe mit den oben angeführten zahlreichen Beispielen für den Conj. der Irrealität nach positivem cuidier,

---

[1] In Percev. 9128) Dont dirai jou, que Dex me het, Et que moult lait m'ert avenu, Se je por nient sui chi venu, Et que je sui honis ensamble? welche Stelle man nach der im gedruckten Text vorliegenden Interpunction mit hierher ziehen könnte, ist das Fragezeichen in einen Punkt zu verwandeln, wonach die Stelle einfach jenen beizugesellen ist, in denen nach positivem Verb der Aussage im abhängigen Satz der Indicativ steht.

[2] Jonckbl. 2675: Einz diissiez, tant vos plëust, Qu'il fu ensi nez et crëuz.

penser, croire steht: Guill. d'Angl. 163,21) Mais por cou despit en avoie, C'on me disoit, et se [l. si] l cuidoie, Que vos fuissiés molt basse fame. Nicht hierher gehörig ist der Conj. in Wunschsätzen, die in die indirecte Rede gerathen sind, und scheinbar von einem Verb des Sagens abhängen. Erec 1533) Tuit li dient, que dex le gart. Lyon 5796) Et cil respont, que dex les saut. Percev. 3498) Et a celi te rendras pris, Et si li diras, se toi plaist, Que ja Dex morir ne me laist, Tant que venjance en aurai prise. ib. 5444).... Tant que je vos ëusce dit, Que ja puis Dex ne li äit, Que il enterroit, por nul plait etc.

Von den Verbis der Aussage, welche dem Sinne wie der Construction nach zu Verbis der Aufforderung geworden sind, ist oben I. Theil II. Abtheilung, 3. Capitel, Nr. 2, 5, 6, 3, 4, 9, 10, die Rede gewesen.

Der im Ganzen geringen Anzahl von Substantivsätzen im Conj. nach Ausdrücken des Sagens stehen in überwiegender Majorität die Fälle gegenüber, in denen die positive Art der Einleitung, und die Thatsächlichkeit des Inhalts der Aussage im abhängigen Satze den Indicativ erfordern. Derselbe findet sich:

1) nach dire.

Lyon 26. 251. 255. 328. 571. 592. 669. 1025. 1042. 1043. 1217. 1450. 1588. 1854. 1908. 2106. 2282. 2308. 2716. 2765. 2949. 3024. 3089. 3237. 3350. 3601. 3667. 3670. 3674 (selbständig). 4061. 4119. 4266. 4283. 4284. 4287. 4431. 4446. 4447. 4702. 4706. 4714. 4749. 4896. 4936. 4962. 5780. 6150. 6180. 6231. 6366. 6374. 6402. 6409. R. Charr. 1,21. 2,32. 4,24. 5,17. 5,22. 5,32. 6,6. 6,23. 7,26. 10,28. 10,30. 15,15. 28,26. 45,32. 51,2. 52,11. 53,4. 53,14. 55,16. 57,35. 61,2. 65,20. 65,26. 69,21. 83,31. 99,3. 107,9) Et li rois dit, que si (l. nou) fera. 113,11. 113,26. 122,30. 132,27. 133,15. 138,31. 139,20. 139,21. 141,27. 142,1. 142,9. 144,20. 144,29 145,13. 145,17. 145,29. 152,21) Et si li dites a consoil, Qu'au noaus, que je li mant. lege: Qu'au noauz fere je li mant. 158,18. 158,21. 161,16. 161,26. 162,34. Erec 2. 9. 286. 299. 417. 634. 912. 1051. 1056. 1417. 1441. 1775. 1945. 2203. 2250. 2448. 2454. 2534. 2538. 2563. 2638 (hyp. Conj.). 2656. 2681. 2929. 2931. 2934. 2937. 3089. 3223. 3368. 3516. 3663. 4014. 4174. 4214. 4513. 5094. 5140. 5244. 5286. 5600. 6027. 6094. 6385. 6397. 6510. 6566. 6569. 6829. Guill. d'Angl. 40,5. 44,16. 60,5 (selbständig). 74,17 dto. 64,16. 70,7. 72,5. 72,17. 73,1. 79,12. 97,18. 108,5. 120,1. 120,6. 122,19. 134,17. 136,17. 147,4. 150,10. 153,1. 153,16. 154,21. 155,3. 156,6. 166,20. 168,10. Percev. 257. 446. 761. 782 (hypoth. conj.). 2682 dto. 961. 455. 1037. 1050. 1178. 1267. 1327. 1330. 1353. 1355. 1363. 1410. 1516. 1548. 1578. 1596. 1853. 1966. 2085. 2141. 2219. 2394. 2652. 2811. 2826. 3412. 3449. 3765. 4040. 4223. 4237. 4575. 4678. 4750. 5285. 5485. 5489. 5725. 5817. 5906. 6097. 6100. 6106. 6123. 6166. 6229. 6344. 6388. 6569. 6579. 6642. 6723. 6902. 6934. 7077. 7110. 7206. 7386. 7425. 7719. 8511. 8791. 8875. 8879. 8890. 9228. 9453. 9478. 9561. 9875. 9881. 9930. 9992. 10102. 10160. 10231. 10293. 10381. 10562.

Auch nach hypothetischem Hauptsatz steht der Indicativ, wenn die Realität des Ausgesagten durch den hypothetischen Ausdruck im Hauptsatz nicht zweifelhaft gemacht wird. R. Charr. 1,10) Mes tex s'en pöist entremetre, Qui (i) volsist losenge metre; Si dëist, et je tesmoignasse, Que ce est la dame, qui passe Toutes celes, qui sont vivans. Erec 5845) De li ne sai plus deviser: Mais, qui bien sëust raviser Tot son ator et sa beauté, Dire pëust par verité, C'onques Lavine de Larente, Qui tant par fu et preuz et gente, N'ot mie de beauté le quart. Erec 2509) Dites le moi, ma douce amie; Et gardez, ne me celez mie, Por qu'avez dit, que mar i fui? wird nicht das Sagen in Frage gestellt, sondern der Grund eines thatsächlichen Sagens. cfr. ib. v. 2495.

2) tesmoignier.
Erec 415. Lyon 1346. Percev. 6772. 8299. 9815. 10005.

3) afichier.
R. Charr. 22,3. 64,15. 162,9. Erec 6056.

4) aseürer.
Percev. 1110. Lyon 3697.

5) respondre.
R. Charr. 3,2. 54,8. 112,80. 74,10 (selbständig.) Lyon 4261. 4442. Erec 3076. 3173. 3203. 3484. Percev. 619. 2396. 3501. 5359. 6703. 7023. 10505.

6) retraire.
Percev. 4428; 9391.

7) conter.
Erec 3246. Guill. d'Angl. 124,22. Percev. 4026. 6687. 9125.

8) crier.
Lyon 4106. Guill. d'Angl. 92,15.

9) la novele .... que.
Lyon 6714. Percev. 1673. Guill. d'Angl. 56,7. Erec 4908. 6129. R. Charr. 115,24. 119,2. 119,14.

10) estre messages, que.
Guill. d'Angl. 47,18.

11) mander == entbieten dass etwas geschehen ist.
Percev. 625. 2442. 8774. 3760. 5354. Erec 1032. Guill. d'Angl. 89,21. R. Charr. 145,33. 164,24.

12) mostrer.
Lyon 3420. R. Charr. 132,23. Erec 640. 4722.

13) demoustrer.
Guill. d'Angl. 152,20.

14) prover.
Lyon 1660. 1707. 1775. provance: Lyon 1181.

15) descouvrir.
Lyon 3905 (hypoth. Conj.).

16) conseillier == annoncer.
Lyon 1895.

17) aprendre == annoncer.
R. Charr. 92,12.

18) enseignier dto.
Percev. 2141. a ces ensagnęs que Percev. 2088.

19) reconoistre == avouer.
Percev. 4018.

20) otroier == avouer.
Erec 4614. Percev. 585. 1027. 3423. 8020.

21) soi vanter == dire en vantant.
Lyon 2182. R. Charr. 124,5. Erec 1161. 3863. 6123. Percev. 1615. 10395.

22) nommer.
Percev. 887.

23) il est escrit, que.
Percv. 7542.

24) ne pas celer.
Perçev. 7487.

Lyon 1756.
25) escuser.
26) offrir,
Lyon 5878.
27) soi acorder a aucun, que = dire d'accord avec qu. que.
Lyon 38.
28) faire entendre a aucun, que = affirmer.
Lyon 6356.
29) jurer = affirmer en jurant.
R. Charr. 29,9. 134,19. 136,4.

Nach den Ausdrücken des Versprechens, Festsetzens und Uebereinkommens steht meist der Indicativ bei positivem Aussagesatz, weil sich im allgemeinen annehmen lässt, dass der Inhalt eines Versprechens, einer Festsetzung oder Uebereinkunft dieselbe Realität besitze, wie eine bereits vollzogene Thatsache. — Es gehören hierher:

1) jurer, stets mit dem ind.

Guill. d'Angl. 92,6. 97,13. 144,24. Erec 3609. 4805. R. Charr. 25,15. 25,26. 50,27. 64,15. 134,30. 163,81. Percev. 1042. 1082. 3697. 4334. 5065. 7383. 7562. 7571. Lyon 3303. 5273. 6608. 6635. 6642 (dire=jurer). jurer et fiancier: Lyon 6599. jurer et creanter: Erec 2679.

2) fiancier sa foi, que, dto.

Erec 1048. 3396. Percev. 6541. Erec 3391) Mes avoir en vuil vostre foi, Que vos me tenroiz chierement.

3) faire un sairement, dto.

Lyon 663. R. Charr. 147,24. 148,9. 148,13. 164,3.

4) creanter, dto.

Lyon 2541. R. Charr. 95,17. 145,12. Erec 5398. Percev. 9251. creanter et afier: Guill. d'Angl. 120,21. creanter et otroier: R. Charr. 108,11. creanter et prometre: Percev. 4812.

5) screanter, dto.

Lyon 6372. R. Charr. 5,25. Percev. 3879.

6) plevir, dto.

Lyon 3280. 5745. Erec 3897. 6028. Percev. 6173. 10269. plevir et fiancier: Erec 6233.

7) prometre, dto.

Lyon 2598. R. Charr. 91,3. Erec 656. Guill. d'Angl. 169,15.

8) prendre en main = prometre.

Guill. d'Angl. 156,25.

9) tex faesons m'est que, dto.

Lyon 8587 (faesons = von Feeen verhängtes Schicksal).

10) metre en covent = prometre.

Percev. 2453. 4107.

11) avoir en covant dto.

Lyon 1729. avoir covent 113,2. tel covant avoit, que: Lyon 4727. il est covans: Percev. 8557. il est establi et voé que: Percev. 9394.

12) **par covant, que,** mit dem ind.

R. Charr. 3,17. 6,3. 12,20. 30,5. 30,28. 65,4. 147,30. Guill. d'Angl. 122,23. 167,2. **par tel convenant, que,** m. d. ind. Erec 5980.

13) **prendre consoil == convenir.**

Erec 3029) Ensi en a les trois conquis. Li autre dui ont consoil pris, Que la place li guerpiront, Ne ja a lui ne champiront.

Nach mehreren der angeführten Ausdrucksweisen steht auch der Conjunctiv. Dass er nach negiertem, oder hypothetischem Hauptsatz, sowie auch dann steht, wenn das fragliche Versprechen erst in Zukunft gegeben werden soll, ist selbstverständlich. Wenn wir den Conj. aber auch da antreffen, wo keiner von diesen Gründen geltend gemacht werden kann, so werden wir anzunehmen haben, dass das Element des Wunsches, es möge etwas geschehen, resp. der Aufforderung dazu, welches in den bisher angeführten Fällen so zurückgetreten war, dass die in Rede stehenden Ausdrucksweisen ganz wie solche des Sagens behandelt werden konnten, mehr in den Vordergrund tritt, womit naturgemäss auch die Unsicherheit hinsichtlich des thatsächlichen Eintretens dessen, wofür man sich verbürgt etc., eine viel grössere wird.

Lehrreich für dieses Schwanken der Auffassungsweise bei einem und demselben Ausdruck sind Stellen, wie Percev. 218) Apres ne demora granment, Que tinrent I grant parlement Li boin chevalier de la court, Que chascuns endroit soi s'atort, Puis cerkeront par grant vigor, La court au rice peceour. R. Charr. 108,5) A la pes touz li mondes cort; Et devisent, que a la cort Le roi Artu iert la bataille, Qui tient Bretaigne et Cornoaille; La devisent, que ele soit. ib. 27,23) Einz m'en iert plevie ta foiz, Que tu ne fuies ne guenchisses, Et que tu ne m'i toucheras, Ne vers moi ne t'aprocheras, Tant que tu me voies monté!

Dem unter Nr. 12 citierten Beispiel: Erec 5980) Mais ce iert par tel convenant, Que tu me diras maintenant, Por qoi tu ies en cest jardin steht gegenüber: ib. 1222) Dame, se vos de rien m'amez, Cest chevalier quite clamez De sa prison, par tel covant, Que il soit des or en avant De ma mesnie et de ma cort; Que, s'il nou fait, a mal li tort. ib. 1229) Mais ce fu par tel convenant, Qu'a sa cort dou tot remainsist. R. Charr. 61,9) Lors li dist: ne me celez onques, Sire, rien de vostre besoigne, Par tel covent, que je vos doingne Conseil au mieuz, que je sauré. ib. 107,30) La pes est tex, que ili rent La rëine par tel covent, Qu'a lui vieigne sanz nule aloigne, Quel ore, que il le semoigne. Au chief de leu se combatra (directe Rede) Des le jor, qu'il le semondra, A Meleagant de rechief. Percev. 9717) Et jou l'en laisserai issir, Fait la röine, par covent, Que, se Dex de mort le desfent, Que il reviengne encore anuit.

Den unter Nr. 4 angeführten Stellen mit dem Indicativ nach creanter steht gegenüber: R. Charr. 27,18) Et je te creant liaument, Que ne guenche ne ne fuie, lege mit Jonckbloet 823: Que je ne ganchisse ne fuie.

Während in den unter Nr. 7 angeführten Stellen nach prometre der Indicativ steht, bietet den conj. R. Charr. 21,29) Je vos en promet a devise, Que me meste en vostre servise, Quant vos plera, tot mon pooir. lege mit Jonckbloet 624: Que je mete an vostre servise, Quant vos pleira, tot mon pooir.

Ist der Hauptsatz negiert, oder bedingungsweis ausgesprochen, so kann natürlich nur der Conj. folgen: Percev. 3308) Et pour icou ne dites mie, Que je deviegne vostre amie Par tel covent et par tel loi, Que vous alliés morir por moi. ib. 6787) Les treces jusqu'à l'hateriel Ans deus trencier me lasseroie, Dont moult empirie seroie. Par covent, ke demain el jor Cis chevaliers enmi l'estour Abatist Melians de Lis; Dont seroit abatus li cris, Que madame ma suer en fait.

Anmerkungsweise möge hier die Verbesserung einer Stelle im Erec vorgeschlagen werden. Wir lesen Erec 239) Mais itant prometre li vuil, Que, se je puis, je vengerai Ma honte, ou je l'engignerai. Der Sinn zeigt, dass man es nicht mit·dem bekannten engignier überlisten, Diez Et. W. v⁰ ingegno zu thun haben kann. Das Richtige findet sich weiterhin: Erec 914) Remembre li de la röyne, Cui il ot dit en la gaudine, Que il la honte vengeroit, Ou il encor l'agrigneroit. ib. 2005) Apres, por la cort engreignier, Comande cent vallez baignier.

Diese Formen zeigen, dass man es auch Erec 239 mit einer Form von *ingrandiare zu thun hat, die sich hinsichtlich der in den Formen engrignera 239 und agrigneroit 914 erscheinenden Vereinfachung des Diphthongen ei (engreignier 2005) vor mouilliertem n zu i, zu den bei Diez, Et. W.⁴ II c, v⁰ fermillon p. 582 aufgeführten Beispielen grille, provigner stellt. Der hier stattfindende Vorgang scheint auch auf das Verhältniss von nfr. bigne zu afr. bugne, deren Identität Diez, Et. W.⁴ I, v⁰ bugna p. 74 wegen der sonst nur mundartlich vorkommenden Ausartung von u zu i, nicht gelten lassen möchte, Licht zu werfen. Chev. Lyon findet sich, v. 840) Les hiaumes anbuingnent et ploient, was zeigt, dass neben bugne auch buigne vorkam. Aus buigne konnte ebenso gut bigne werden, wie chignon aus chaignon, grignor aus graignor. Dieselbe Vereinfachung aus den Diphthongen ui und oi (ai, ei) zu i findet sich nicht bloss vor mouilliertem l und n (Guill. d'Angl. 42,10 mervilla soi), sondern auch vor l, t, und s. lat. fringuilla und fringilla, Diez IIc v⁰ fringuer; guile und gile; Diez IIc v⁰ gueux; engl. bittern (z. B. Goldsmith, Deserted Village v. 44), gegenüber franz. butor, das seinerseits nach Tobler's mündlich vorgetragener Etymologie aus brui-tor (bruire-taurus) entstand; cfr. Müller, Et. W. p. 85; orisons für oraisons Lyon 4848; aprismant = *adproximantes ib. 5104. livrison, Amis et Amiles 3446. ib. 219: arrestison (Berte 655 arestoisons; cfr. Förster, Chev. as II espees, Einleitung, p. XXXIX). Amis et Amiles 414: pasmison; Stengel, Mittheil. aus franz. Hss. der Turiner Univ. Bibl. p. 32, v. 13: achisonne (nach der Correctur von G. Paris, Romania III, 111); Erec 3456: achoison. Amis Amiles 1207: rouvisonz = rogationes; Erec 6050 mesprison; dto. Amis Amiles 631; ib. 967: mesproison. ib. 1072 und 1141: venison.¹

---

¹ Zu anbuignent — bigne stellt sich umgekehrt clignier, cluignier; cfr. das von Scheler zu Berte 937, und Buev. de Comm. p. 178 v⁰ cluignier Bemerkte.

D.

Auf dem Wege, gewissermassen, von den Verben der Wahrnehmung zu den Verben des Denkens befinden sich die Ausdrücke des Scheinens und einen Schein Erweckens, deren Inhalt man als die objective Vorstufe der subjectiven Denkthätigkeit des logischen Subjects insofern bezeichnen kann, als sie die bezügliche Vorstellung nicht so sehr als ein in dem denkenden Subject Vorhandenes, sondern vielmehr als ein dem mitgetheilten Vorgang Anhaftendes, und von ihm aus auf das denkende Subject Uebergehendes, von demselben Reflectiertes, hinstellen. Wenn zum Beispiel Guill. d'Angl. 131, 12—13 gesagt wird: Li jors reprent a oscurer Par tot, et molt fort a venter; Li ciex torble, li airs espoisse, Or est avis, que la mers croisse, Si resamble, qu'ele retraie, — so sind die Bewegungen des Meeres etwas Objectives, ausserhalb des denkenden Subjects Vorhandenes. Es hätte einfach mit unabhängigen Aussagesätzen fortgefahren werden können: or la mers croist, si se retrait. Indem der Dichter aber so, wie er gethan, fortfährt, stellt er, mit einer gewissen Zurückhaltung, den geschilderten Vorgang nicht einfach als in der äusseren Natur vorhanden, sondern in der Weise hin, dass er zu dem, als was er ihn bezeichnet, — zu einem Wachsen und Zurückweichen des Meeres, — erst durch die Reflexion eines, den äusseren Vorgang beobachtenden und reflectierend beurtheilenden, denkenden Subjects wird.

Hinsichtlich des Modus im abhängigen Satz gelten durchaus dieselben Regel, wie für die Verben des Denkens. Der Conjunctiv steht, wann immer das reflectierende Subject sich betreffs der Realität des empfangenen Eindrucks in Unsicherheit befindet, wie:

1) vis est.

R. Charr. 120,6) Vis li est, qu'il doie voler, Tant l'ot fait sa joie legier. Lyon 3506) Et s'a talant, que il s'ocie De l'espee, qu'il li est vis, Qu'il ait son boen seignor ocis.

2) est avis.

Erec 3698) Et si voloient de toz sens Estanceles cleres ardenz, Que des quatre piez ere avis Que tuit fussent de feu empris. Guill. d'Angl. 131,12, kurz vorher aufgeführt. Percev. 5587) En l'esgarder, que il faisoit, Li ert avis, tant li plaisoit, Qu'il vëist la color novele De la face s'amie biele., dto. ib. 5833. ib. 4871) Del palefroi estoit avis, Tant estoit magres et caitis, Qu'il fust en males mains këus.

3) sembler.

Percev. 4873) Bien travelliés et maupëus Sambloit, ke il ëust esté. ib. 3065)... et samble, Que Diex l'un por l'autre fëist Por ce, qu'ensamble les mëist. ib. 4357) Et samble bien, ke au besoing S'en dëust aidier come ber. ib. 8138) Et il redient tuit et toutes Son salu, si com il li samble, Que il en aient tuit ensamble Moult grant angoisse et grant destrece. Lyon 2457) Et la dame tant les enore, Chascun par soi et toz ensamble, Que tel fol i a, cui il samble, Que d'amors veignent li atret Et li sanblant, qu'ele lor fet. ib. 6527) Qu'il sanbloit, que jusqu'an a bisme Dëust fondre la forest tote (stellt sich zu Erec 3598, etwas weiter oben). Guill.

d'Angl. 168,22) Lor contenances et lor cieres Furent si foles et si niches, Que des mantiax et des pelices Sanloit, c'on lor ëust prestés. ib. 96,22) Bien sanlent jumel (si sont il), Et qu'il soient franc et gentil. R. Charr. 10,24) Por ce fait I semblant si fier Meleaganz, qui molt est fier, Si grant contenance et si fiere, Qu'il semble bien, qu'il li afiere.¹ ib. 27,5) ... et si l'estraint Si durement, que cil se plaint, Qu'il li semble, que toute hors Si (l. mit Jonckbl. 810: Li) traie la cuisse dou cors. ib. 75,5) Bien sembloit, que ce fust cuens.
Der Vers hat nicht das richtige Mass. Ferner ist im folgenden Verse: „Li chevaux tant li avenoit, Et li escuz, que il tenoit," die Wortstellung unhaltbar. Bei voraufgehendem Wirkungssatz hat das zurückweisende Adverb des Grades tant im Anfang des bezüglichen Hauptsatzes zu stehen, worauf Inversion eintritt. Man lese daher mit Jonckbloet v. 2666) Bien sanble, qu'il doie estre suens Li chevax, tant li avenoit, Et li escuz, que il tenoit. ib. 156,15) Et veez vos celui, (qui) porte En son escu peint(e) une porte, Qu'il semble, qu'il en isse I cois? Par foi! ce est li fiz le rois. Die Stelle ist verderbt. Man lese mit Jonckbloet 5802) Si sanble, qu'il s'an isse uns cers. Par foi, ce est li rois Iders.

4) resembler.

Erec 374) Mout resembloit, qu'il fust pensis. R. Charr. 100,18. Guill. d'Angl. 73,2. 131,13. 155,4.

5) faire semblant.

Erec 2945) Erec le vit, et semblant fist, Qu'encor garde ne s'en prëist. R. Charr. 3,6. 153,11. Percev. 517. Lyon 815. 2074. 5401. Guill. d'Angl. 137,13. Lyon 1879) Cele fet sanblant, qu'an voit querre Mon seignor Yvain en sa terre.

In der zweiten Ausgabe ist der Fehler verbessert, und das so nahe liegende anvoit eingesetzt. Es befremdet, dass die richtige Lesart Willenberg entgangen ist [l. c. p. 435 oben]. ib. v. 1835 voist, spricht von Seiten der Form, v. 1826—31, 1833—41, 1881—93 (wo geschildert wird, wie Lunete Yvain verpflegte; wenn auch er mit Hülfe des Ringes sich unsichtbar machen konnte, so doch nicht gleichzeitig auch sie), und namentlich 1895: et a sa dame a conseillie Que revenuz est ses messages von Seiten des Sinnes gegen jene Annahme.

Nach negiertem Hauptsatz kann natürlich nur der Conj. stehen, da mit der Ablehnung des Vorhandenseins einer Vorstellung der Inhalt derselben von vornherein als irreal oder wenigstens als ganz unsicher hingestellt wird. Percev. 3623) Cil, qu'il ataint, pas ne li samble, Que il soit d'armes aprendis (die, wenigstens in der Endung, correcte Form des nfr. apprenti); Mais chevaliers fors et eslis. ib. 6931) N'encor ne m'est il mie avis, Qu'il ait pooir de relever. R. Charr. 75,3) Et sachiez, ne resembloit pas,... Qu'il dëust estre mescontez Entre les biaus, n'entre les boens. ib. 75,12) S'ot el chief I hiaume lacié, Qui i estoit tant bien asis, Qu'il ne fust a nului avis, Qu'emprunté n'acrëu l'ëust. Erec 6037) Des que je soi le bien en li, Et que rien n'avoie si chiere, N'en dui faire semblant ne chiere, Que nule rien me desplëust.

Dieselbe Wirkung, wie die Negation, hat die hypothetische Annahme von etwas Nichtwirklichem: Erec 2814) Que, s'il l'ëussent envahi, Vis fust, qu'il l'ëussent trahi.

Der Indicativ steht, wenn nach der Meinung des reflec-

---

¹ Die Stelle ist bedenklich; sie fehlt bei Jonckbloet.

tierenden Subjects kein Zweifel an der Thatsächlichkeit des Vorgestellten obwaltet. So besonders bei p a r o i r = „es tritt deutlich in die Erscheinung, dass das oder jenes der Fall ist." Erec 1152) Bien i pert, qu'il s'est combatuz. Aehnlich Lyon 585. 1652. 2183. 5890.

So auch bei moi est vis, moi est avis, il me semble: Erec 624) Se vos le sorplus me prestez, Vis m'iert, que sera granz bontez. Percev. 2885) Qu'il li est vis, Que c'est bien, que il li ensagne. Lyon 5227 (hyp. conj.). Guill. d'Angl. 74,1.

Nach ce m'est avis steht der Indicativ: Erec 1095. 1119. 6168. Lyon 1702. 3583. R. Charr. 101,16. Guill. d'Angl. 143,21. 143,25. Percev. 2519. 4659. 8015.

Nach il me semble: Erec 6192. Percev. 9133.

In demselben Sinne steht: mes cuers devine: Erec 1093) Sire, fait il, mes cuers devine, Que cil vassax, qui la chemine, Est cil, que la röyne dist, Qui ier si grant enui li fist.

Dass auch faire semblant den Indicativ nach sich haben kann, wenn es nicht = „sich so stellen, als ob man etwas thäte, was man in Wahrheit nicht thut," sondern = „in seinem Benehmen etwas hervortreten lassen, was thatsächlich der Fall ist", verwendet wird, zeigen: Percev. 5624) Et cil ne mot,[1] Et fait semblant, que pas ne l'ot. Lyon 3389) Oez, que fist li lyons donques, Com fist, que preuz et deboneire, Com il li comanca a feire Sanblant, que a lui se randoit.

———

Den zu § 1, a, dieses Capitels gestellten Subjectssätzen mit irrealem Inhalt nach negiertem remaindre und faillir entsprechen für § 2, als Objectssätze, die folgenden mit ne pas laissier, ne pas muer eingeleiteten Wendungen: Erec 1818) Quant li rois ot, que a toz plaist, Or ne laira, que ne la baist. ib. 1478) Quant plus l'esgarde, plus li plait [l. plaist]; Or ne laira, que ne la bait [l. baist]. ib. 2693) Se tu as emprise bataille Soul a soul vers un chevalier, Por ce ne doiz tu pas lessier, Que tu ne meinz une partie .... De tes chevaliers avec toi. ib. 2966) Il m'ocira. Assez m'ocie. Ne lairai, que je ne li die. ib. 6663. Percev. 2345. 6777. 8398. 9137. 9815. Guill. d'Angl. 86,4. Lyon 2545. 3988. Erec 6172) Mais que que li desabelisse, Ne puet muer, qu'il ne s'en isse. ib. 6204) Ne puet muer, que ne s'en rie.

Zu bessern ist: Percev. 10482) Se [l. Si] li diras, foi, qu'il me doit, Qu'il est mes sire, et je ses hom, Qu'il ne laist por nule ocoison, Que je le truis a ce quint jor De la feste sous ceste tor. l. Que je ne le truisse quint jor.

———

2. Capitel.
Der Conjunctiv in indirecten Fragesätzen.

Das Verfahren, mittelst dessen die Bildung von indirecten Fragesätzen vor sich geht, ist dem ganz analog, welches bei der Entstehung der indirecten Aussagesätze zu constatieren war: es findet eine Auseinanderlegung der in einer directen Frage verbundenen Elemente statt. Jemand, der einen Anderen frägt: „ist er tot?" setzt voraus, dass der Andere von dem unterrichtet ist, wonach er ihn frägt; in der directen Frage wird das nicht ausdrücklich ausgesprochen, ist aber doch nothwendig

---

[1] Praesens des Verbs motir mucksen. Tobler.

vorhanden. Kommt es dem Fragenden darauf an, dem, was bei der directen Frage stillschweigende Voraussetzung ist, grösseren Nachdruck zu geben, indem er es ausdrücklich ausspricht, so erhalten wir die indirecte Frage: „Weisst du, hast du gehört, kannst du mir sagen, ob er tot sei?"

Betreffs des Modus in der indirecten Frage besteht bekanntlich zwischen dem lateinischen und dem neufranzösischen Ausdruck der durchgreifende Unterschied, dass ersterer nur den Conjunctiv, letzterer nur den Indicativ in indirecten Fragesätzen kennt. Das Altfranz. nimmt eine vermittelnde Stellung ein. Allerdings überwiegt der Indicativ auch hier schon; daneben aber findet sich doch auch der Conjunctiv, und zwar nicht bloss dann, „wenn die indirecte Frage in die directe verwandelt denselben Modus, oder doch ein angemessenes modales Hülfsverb verlangen würde" (Diez III^4 390). Die Wahl des Modus im indirecten Fragesatz richtet sich vielmehr danach, was der Sprechende durch die von ihm beliebte Ausdrucksweise als unsicher erscheinen lassen will. Ist es die Wirklichkeit der Thätigkeit selbst, die das Verb des Fragesatzes bezeichnet, so steht der Conjunctiv; wird nur das Subject, das Object, oder ein Umstand desselben in Frage gestellt, so steht der Indicativ. Auf diese Weise besitzt das Altfranz. in seiner Freiheit bezüglich der Wahl des Modus im Fragesatz ein Unterscheidungsmittel, welches den anderen Sprachen, die entweder nur den Conjunctiv, oder nur den Indicativ verwenden, abgeht.

Dass die von Diez gegebene Regel nicht zureicht, ergiebt sich daraus, dass in den meisten Fällen, wo die Frage dazu dient, die Unsicherheit zu kennzeichnen, in der sich der Sprechende rücksichtlich der Realität einer von der Zukunft, und sei es auch die allernächste Zukunft, erwarteten Handlung befindet, in der directen Frage das Futur stehen würde; z. B. R. Charr. 118,18) Ne sai, comment je die, las! Direct: Comment dirai je? las!

In den Fragen, welche Unsicherheit in Bezug auf solches, was als bereits vorhanden vorausgesetzt werden könnte, ausdrücken, würde, wenn sie direct ausgesprochen würden, meistens der Indicativ des Praesens stehen; z. B. Percev. 9857) Puciele, coment i passoit? Je ne sai pas, ques li gués soit. Direct: Ques est li gués? (Vielleicht ist überhaupt keine Furth da). Dass es bei einer ganzen Reihe von indirecten Fragesätzen im Conjunctiv den Anschein hat, als habe der Conjunctiv seinen Grund darin, dass etwas ausgesprochen wird, was sich als Gegenstand eines Wunsches oder einer Forderung auffassen liesse, kommt einfach daher, dass bei der Uebertragung solcher Sätze in's Deutsche mit Vorliebe das modale Hülfsverb „sollen" als Ersatz des im Französischen vorgefundenen Modus verwendet wird.

a) der Hauptsatz ist negiert.

R. Charr. 118,18) Ne sai, comment je die, las! ib. 118,9) Ne sai, se die amie ou non. ib. 23,28) Je ne sai pas, le quel je preingne. Erec

186) La röyne ne set, que face, Quant sa pucele voit blecie. ib. 2951) Lassé, fait ele, je ne sai, Que je die, ou (l. ne) que je face. Percev. 2105) Li varles est avant venus, Ne ne set, le quel il salut, Que le roi nïent ne connut. ib. 2317) Mes il ne set venir a cief Del hiaume, qu'il a sor son cief; Qu'il ne set, coment il le pragne. ib. 6380) Dames, ains tant ne m'abeli Nus chevaliers, que je vëisce; Ne sai, que je vos en mentisse.¹ ib. 8798) Sire, ne sai, que vos celasse, Fait cil, qui moult fu esmaiez. Je sui si durement plaiés, Que de pis avoir n'ai mestier. ib. 3404) Ne sai, que plus vos devisasce, Coument (l. comment) il avint a cascun, Ne tous les cos par I et un. Lyon 2912) Ne sai, qu'alasse demorant A conter le duel, qu'ele en fist. Guill. d'Angl. 70,24) Si grant duel a, ne set qu'il face. ib. 83,24) Je ne sai, que plus vos promece. ib. 87,4) Ne set, que dire [l. die], ne que face. Lyon 1342) A tant s'en part, et cil remaint, Qui ne set, an quel se demaint. ib. 5019) Mes or me dites, de quel part Je le sive. ib. 2624) Ne sai, que plus doie conter. Erec 205) Ça ne sai je, qu'à faire aiez. ib. 2530) Ambedeus les acole et baise, Ne seet, li quelx d'aux mieuz li plaise. l. ambesdeus, und set.)² R. Charr. 118,6) Ne sai, quel blasme m'en amete, Se cestui non. ib. 137,25) Qu'il ne sevent, que puissent fere. ib. 157,3) Ne sot (l. set), qui envoier i puisse. Guill. d'Angl. 60,10) Et si ne set, que faire puisse. Percev. 4189) Cil, qui ne set, que faire puisse, Ne en quel liu passage truisse etc. ib. 5427) De lui ne sai, ke je vos die. ib. 6587) Et la gent de la cort entendent A lui acuser durement; Si en tienent grant parlement, Coment li sires prendre l'alle. ib. 8575) Il ne set, que il puisse faire De son cheval, qu'il n'en puet traire Trot ne walot, por nule paine. ib. 9857) Puciele, coment i passoit? Je ne sai pas, ques li gués soit.³ Guill. d'Angl. 70,23) Quant au leu vit l'enfant tenir, Ne set, que il puist devenir. ib. 76,25) Ne set, ou se puisse arester. ib. 2791) Ne ne set, a cui se confort De lui. ib. 5159) Dame, fet il, se je creoie Vostre consoil, je cuideroie Que j'i ëusse enor et preu; Mes je ne savroie, an quel leu Je retrovasse ostel hui mes.¹ Percev. 1648) Ne pot füir, mais en grant haste En litiere aporter s'en fist; Car allors ne sot u füist. Guill. d'Angl. 81,18) Mais nus ne li sot raison dire, Por coi il voelle estre plus sire. R. Charr. 3,12) Rois, a ta cort chevaliers a; Ne sai, s'en nul tant te fiasses,¹ Que la rëine li osasses Baillier por mener en ce bois.

Der Conjunctiv wird vertreten:

1) durch den Infinitiv:

Erec 2707) N'ai, que faire d'or ne d'argent. dto. ib. 3711. 5098. 6106.

2) durch das modale Hülfsverb devoir.

Percev. 10249) Et cil dist: Je ne puis savoir, Quele raison i doit avoir, S'a moi combatre ne t'en oses.

b) Der Hauptsatz ist hypothetisch:

Lyon 3804) Des tierce jusqu'apres la none Dura la bataille tant fiere, Que nuns hom en nule meniere Certeinnement n'aperçëust, Qui le meillor avoir dëust. ib. 1659) Molt volsist bien avoir sëu, Coment ele (Lunete) pöist prover, Qu'an porroit chevalier trover Meillor, c'onques ne fu ses sire. R. Charr. 48,16) Que bel me fust, se l'en vëist Lequel (l. Liquex) de nos meuz le fëist.

c) Nach fragendem Hauptsatz.

Percev. 8377) Li dist: Vassal, c'as tu a faire, U je voise, ne dont je vieng (l. viengne), Ne quel voie, que j'onques tieng (l. tiegne).

---

¹ Zugleich hypothetisch.
² Vielleicht gefällt Keiner besser, sondern Beide gleich.
³ Vielleicht ist gar keine Furth da.

d) Der Conjunctiv im indirecten Fragesatz beruht auf dem verallgemeinerten Sinne desselben:

Guill. d'Angl. 103,7) Por con te loc jou et comant C'onquesne t'en caille, coment Tu puisses avoir assanler, Se tu veus sages resanler. Percev. 8572) Car, aincois que je vos vëisce, Ne me caloit, que je fëisce; Tant ere jou mas et dolens. Lyon 3517) Coroit come pors forsenez, Qui ne prent garde, ou il se fiere. Erec 5209) Li uns encontre l'autre tence, Comment li puisse mieuz plaisir. cfr. Aucass. et Nicol. XXVII. Aucassins, biaus amis dous, En quel tere en irons nous? „Douce amie, que sai jou? Moi ne caut, u nous aillons, En forest ou en destors, Mais que je soie aveuc vous.

Ein fälschlicher Conjunctiv steht: R. Charr. 6,8) Sire, fet Kes, or sachiez dons, Que je vueil et quex soit li dons, Que vos m'avez assëuré. lege mit Jouckbloet 172: Que je voel et quex est li dons etc.

Wie man sieht, ist es nur eine verhältnissmässig geringe Anzahl von Stellen, an denen Chrestiens im abhängigen Fragesatz den Conjunctiv verwendet. Viel häufiger ist der Indicativ, und zwar nicht nur nach positivem Hauptsatz, sondern auch unter denselben Bedingungen, deren Einfluss in den vorangehenden Beispielen den Conj. hatte eintreten lassen.

1) **Indirecte Fragesätze im Indicativ nach positivem Hauptsatz.**

   a) Eingeleitet mit *se*.

   Erec 1511. 2676. 3234. 3238. 8354. 3833. 5168. 5332. 5338. R. Charr. 14,12. 44,29. 57,16. 111,17. 136,18. 138,28. Percev. 1173. 1422. 1469. 2287. 3436. 4846. 4023. 4030. 4193. 4576. 4724. 5212. 5225. 5282. 5517. 5846. 6245. 6358. 6748. 6913. 7848. 8362. 9333. 10054. 10096. 10097. Guill. d'Angl. 43,10. 61,20. 84,23. 89,9. 95,23. 125,1. 128,16. 153,8. Lyon 327. 636. 2004. 3073. 3983. 4911. 4933. 4942 (ne pas celer = dire franchement). 5085. 5086. 5679. 6414.

   b) Eingeleitet mit einem fragenden Pronomen oder Adverb.

   Erec 44. 2686. 2704. 3202. 3973. 4156. 4301. 4316. 4498. 4517 (ne pas celer). 4522. 4652. 4713. 4764. 5017 (ne pas celer). 5058. 5481. 5553. 5741. 5825. 5981. 5983. 6000. 6195. 6197. 6245. 6269. 6272. 6473. 6717. R. Charr. 6,8. 8,14. 11,10. 14,19. 17,32. 42,23. 45,28. 54,7. 54,35. 59,31. 62,9. 64,22. 98,15. 110,28. 113,10 (bemerkenswerther Indicativ!). 130,1. 157,18. 163,8. 164,2. Percev. 257. 327. 328. 329. 382. 732. 746. 820. 939. 940. 949. 1275. 1453. 1473. 1503. 1525. 2040. 2577. 2627. 2631. 3441. 3527. 3708. 3711. 2111. 4781. 4790. 4314. 4834. 4835. 4988. 5003. 5017. 5235. 5397. 5655. 5661. 5841. 5937. 6114. 6117. 6174. 6201. 6566. 6641. 6681. 6742. 6767. 6973. 6980. 7021. 7748. 7762. 7989. 8057. 8061. 8349. 8374. 8399. 8464. 8465. 8650. 8812. 8870. 8881. 9103. 9852. 9562. 9563. 9676. 9921. 9989. 10055. 10148. 10297. 10570. 10601. Guill. d'Angl. 48,10. 70,1. 73,10. 84,6. 92,24. 95,22. 97,7. 98,23. 109,4. 116,15. 122,9. 122,16. 122,24. 123,1. 133,20. 135,4. 135,6. 136,2. 145,22. 146,3. 146,5. 146,7. 151,8. 151,9. 151,18. 151,19. 151,21. 158,16. Lyon 355. 1014. 1564. 2014. 2293. 2425. 2428. 2602. 3206. 3207. 3208. 3210. 3211. 3212. 3213. 3217. 3218. 3227. 3349 (cfr. R. Charr. 113,10). 3386. 3637. 3829. 4270. 4457. 4604 (ne pas celer). 4890. 4971. 4973. 4975. 5245 (ne pas celer). 5336. 5391. 5884. 6039. 6257. 6311. 6565.

2) **Nach negativem Hauptsatz.**

   a) Eingeleitet mit *se ob*.

   Erec 649. 1142. 2792. 4951. 5751. R. Charr. 24,16. 49,33. 50,8. 59,24. 73,23. Percev. 2772. 2778. 4752. 4675. 5735. 6066. 7925. 8689. 9650. 10405. Lyon 318. 988. 4264. 5348. 5399. Guill. d'Angl. 43,5. 84,13. 123,20.

b) Eingeleitet mit einem fragenden Pronomen oder Adverb.

Erec 394) Mes ne sai, quel oevre fesoient.
Durch die Negation des Hauptsatzes wird es keineswegs zweifelhaft gemacht, dass die Dames eine Arbeit vorhatten; sie arbeiteten etwas, der Dichter weiss nur nicht, was. In ib. 186, 205 und den anderen Stellen mit dem Conj. dagegen wird durch die Negation des Hauptsatzes der Inhalt des Nebensatzes selbst ungewiss oder geradezu verneint, wie Erec 205 („Meiner Meinung nach dürftet ihr hier nichts zn schaffen haben").

Es kommt eben nur darauf an, ob sich die Verneinung (inclusive Frage und hypothetische Annahme) auf das Verb des abhängigen Satzes bezieht, in welchem Falle dies im Conj. steht, oder ob sie die Existenz eines anderen Gliedes dieses Satzes zweifelhaft macht, und die Realität der mit dem Verb bezeichneten Thätigkeit nicht tangiert.

Der Indicativ findet sich so: Erec 642. 1389. 2598. 4413. 4945. 5306) „Ce ne sai je, qu'il la vendi," lege: „Ce ne sai je, cui la vendi." 5739. 5805. 6217. 6431. 6521. R. Charr. 16,32. 19,30. 24,17. 42,6. 61,19. 67,27. 139,9. 149,26. Percev. 338. 342. 1686. 2049. 2759. 3560. 4773. 4383. 4940. 4979. 5025. 5287. 5502. 6036. 6039. 6719. 7068. 7739. 7754. 7788. 8365. 8730. 8877. 9206. 9209. Guill. d'Angl. 86,8. 86,12. 123,7. 133,9. Lyon 315. 551. 967. 2211. 2389. 2555. 2588. 2589. 2919. 3017. 3047. 3721. 4288. 4634. 4750. 4945. 4989. 5240. 5781. 5981. 6056. 6188. 6703.

3) Nach fragendem Hauptsatz.

a) Nach directer Frage.

Erec 1197. 2786. 5336. 5744. Lyon 2399. 2630. 6702. Guill. d'Angl. 125,4. 161,7. 161,17. R. Charr. 52,26. 57,15. 112,29. Percev. 3445. 3578. 4745. 6053.

b) Nach indirecter Frage.

Erec 5333. Lyon 4911. 4912. Percev. 1422. 3405. 4023. 10098.

4) Nach hypothetischem Hauptsatz.

R. Charr. 67,26. 73,10. Guill. d'Angl. 145,21.

5) Nach Ausdrücken der Beurtheilung.

Die dahin gehörigen Stellen sind oben p. 49 aufgeführt.

II. Abtheilung.
Der Conjunctiv in determinierenden Sätzen.

Die determinierenden Sätze erfüllen, wie ihr Name angiebt, diejenige Function, welche beim Substantiv vom Adjectiv, beim Verb vom Adverb versehen wird. Es giebt determinierende Sätze, welche an Stelle eines Adjectivs zur näheren Bestimmung eines Substantivs, und solche, welche an Stelle eines Adverbs zur näheren Bestimmung des durch ein Verb ausgedrückten Vorgangs dienen. Die ersteren können, wie Adjective, in attributive, und in praedicative Stellung zu dem durch sie determinierten Substantiv treten.

Wir theilen demnach die determinierenden Sätze ein in die adjectivischen und die adverbialen; die ersteren wiederum in die attributiv, und die praedicativ determinierenden.

A.
Der Conjunctiv in adjectivischen Determinierungssätzen, oder determinierenden Relativsätzen.

1. Capitel.
In attributiven.[1]

Es versteht sich von selbst, dass von der im Folgenden zu gebenden Darstellung des Conjunctivs in attributiv determinierenden Relativsätzen die explicativen Relativsätze ausgeschlossen sind. Denn trotz ihrer relativischen Form haben diese doch mit den eigentlichen Relativsätzen, den adjectivischen Determinierungssätzen nichts zu thun; sie sind entweder coordinierte Hauptsätze, oder Nebensätze des Grundes, der hypothetischen Annahme, der Einräumung, denen man aus irgendwelchem Grunde relativische Form gegeben hat. Wo sich in ihnen der Conjunctiv findet, ist es der auch in Hauptsätzen oder Nebensätzen der angegebenen Art anzutreffende Conj. des Wunsches, der unsicheren Annahme, der Einräumung, und kann mit der besonderen Art von Conj., welche als der in determi-

---

[1] Die folgende Darstellung des Conjunctivs in Relativsätzen ist ein Versuch, alle bei Chrestien vorhandenen Fälle desselben von einem gemeinsamen Gesichtspunkte aus zu erklären und anzuordnen, auf den Hr. Prof. Tobler in einem Colleg über „Historische Syntax des Französischen", sowie in Ztschr. II, 561, andeutend, in den Uebungen des romanischen Seminars zu Berlin, bei Gelegenheit der kritischen Besprechung der §§ 126 und 127 von Mätzner's franz. Grammatik, eingehender hingewiesen hat.

nierenden Sätzen zu bezeichnen ist, nicht auf gleiche Stufe gestellt werden. Dass man von letzterem als von einer besonderen Erscheinungsform des Conjunctivs sprechen kann, wird dadurch begründet, dass die Satzform, der er eigenthümlich ist, eine Sonderstellung unter den Nebensätzen einnimmt, indem der determinierende Satz mit einem Gliede seines Hauptsatzes dermassen in Eines verwächst, wie dies bei den übrigen Nebensätzen gar nicht möglich ist. Diese nehmen, sei es als Object, sei es als Subject des Hauptsatzes, eine selbständige Stellung ein, haben einen Inhalt für sich, und könnten auch ohne den Hauptsatz selbständig existieren; was bei einem determinierenden Satze nie möglich ist. Wie ein Adjectiv oder ein Adverb an und für sich keinen concreten Inhalt hat, und denselben erst durch das Substantiv erhält, welches es näher bestimmt (mit „schön" an und für sich kann man keinen bestimmten Begriff verbinden; anders ist es mit „schöne Handschrift, schönes Haar" etc.), so ist es auch mit dem Bestimmungssatze.

Die Eigenschaft, welche er dem Beziehungswort beilegt, trägt stets den Charakter von etwas Unterscheidendem; sie ist immer derartig, dass durch ihren Besitz sich eines oder mehrere Seiende einer Gattung (nämlich der durch das Beziehungswort bezeichneten) von den übrigen Seienden dieser Gattung absondern, um eine Gruppe für sich zu bilden. Diese besondere, durch die Determinierung des Bestimmungssatzes umgrenzte Gruppe oder Art von Seienden ist es, von der die im Hauptsatz gemachte Aussage gilt. Nur indem der Sprechende in dem Moment, wo er seine Aussage macht, nicht an die Gesammtheit der mit dem Gattungsbegriff bezeichneten Seienden, sondern nur an die mit dem Bestimmungssatz umgrenzte Art denkt, lässt er seine Aussage ihre jeweilige, sei es behauptende, sei es verneinende, unsicher fragende, hypothetische oder wünschende Form annehmen. Von einer, durch den Bestimmungssatz dem zu weit gehenden Hauptsatz nachträglich zugefügten Beschränkung kann also nicht die Rede sein. Besässe die Sprache die Fähigkeit, durch Anfügung von Suffixen oder Präfixen, oder durch sonstige, an dem die Gattung bezeichnenden Nomen vorzunehmende Veränderungen die jeweilige Art von Seienden zu charakterisieren, von der die Aussage gemacht werden soll, so könnte die begriffliche Einheit von Beziehungswort und determinierender Eigenschaft auch äusserlich sichtbar gemacht werden.

Der Grund, um desswillen in einem Theil der determinierenden Sätze der Conjunctiv gesetzt wird, ist durchweg der, dass dem Sprechenden die Realität des aus Beziehungswort nebst determinierendem Satz bestehenden Artbegriffs fraglich erscheint. Der Conjunctiv im determinierenden Satz ist immer derjenige der Irrealität, resp. der zweifelhaften Realität, was auf Eines herauskommt; denn alles, was nicht unzweifelhafte Realität besitzt, ist irreal.

Wenn bisher von Gattungen und Arten von Seienden die Rede war, so geschah dies im weitesten Sinne, d. h. mit Einschluss der adverbialen Determinierungssätze, welche aus der durch das Verb bezeichneten Gattung von Vorgängen die besondere Art ausscheiden, in Bezug auf welche der Sprechende seine Aussage macht.

Wenden wir uns nun von diesen allgemeinen, von sämmtlichen Determinierungssätzen geltenden Bemerkungen zurück zu der besonderen Classe derselben, welche das Thema des vorliegenden Abschnittes bildet, zu den attributiven Relativsätzen.

Die im attributiven Relativsatz enthaltene nähere Bestimmung kann sich sowohl auf die Beschaffenheit, als auch auf den Umfang d. h. die Anzahl der unter den Artbegriff fallenden Seienden beziehen. Relativsätze der ersteren Art (z. B. „Es giebt keine Rose, die nicht Dornen hätte") kann man als qualitativ; solche der letzteren (z. B. „Kein Ritter, der in der Stadt geboren ist, ist schöner als ihr") als quantitativ determinierende bezeichnen. Bei der Einführung dieser Benennungen zum Zwecke der Auseinanderhaltung verschiedener Arten von determinierenden Relativsätzen ist uns wohl bewusst, dass dieselben nicht vollkommen praecis sind, dass mit der qualitativen Determinierung auch zugleich die Quantität der unter den Gattungsbegriff fallenden Seienden eingeschränkt wird. Indess kann zur Vertheidigung dieser Zweitheilung der determ. Relativsätze das Zeugniss der Sprache selbst angerufen werden, welche dadurch, dass sie Relativsätze der einen neben solchen der anderen Art sich auf ein und dasselbe Beziehungswort zurückbeziehen lässt, ohne sie durch *et* zu verbinden, klar zu erkennen giebt, dass beide getrennte Functionen haben, und zwar dermassen getrennte Functionen, dass das Gemeinsame, was sich bei genauerer Prüfung herausfinden lässt, gar nicht in Betracht kommt.

Eine Satzfügung, welche beide Arten von Relativsätzen vereinigt, dürfte am besten geeignet sein, um daran den Unterschied ihrer Functionen klarzustellen. Wir finden eine solche z. B. Erec 3855) „Assez sui riches et poissanz; Qu'en ceste terre de toz sanz N'a baron, qui a moi marchisse, Qui de mon commandement isse, Et mon plesir ne face tot." Der Gattungsbegriff „baron" wird durch die Determinierung des Relativsatzes „qui a moi marchisse" quantitativ eingeengt; die im folgenden Relativsatz angegebene Eigenschaft, gehorsam und dienstwillig zu sein, determiniert nun nicht mehr die Qualität des Gattungsbegriffes „baron", sondern die des Artbegriffs „baron, qui a moi marchisse". Beide Arten der Determinierung ergänzen sich gegenseitig; innerhalb der durch beide Determinierungen gezogenen Grenzen wird das Vorhandensein von Seienden der Gattung „baron" in Abrede gestellt.

Der Grund des Conj. im qualitativ determinierenden Relativ-

Satz ist unschwer zu erkennen. Diejenige Art von Seienden aus der Gattung „baron", welche durch die nähere Bestimmung dieses Relativsatzes umgrenzt wird, existiert nach der Meinung des Sprechenden gar nicht. Wenn er dennoch von ihr spricht, so thut er es auf Grund der selbstgemachten, oder bei dem Angeredeten vorausgesetzten Annahme, es könne einen oder den anderen „baron" von solcher Beschaffenheit geben. Der Conjunctiv in diesem Relativsatze steht also dem nach ne pas avenir, ne pas cuidier etc. vorgefundenen sehr nahe: beide sind Conjunctive reinster Irrealität. Der Sinn würde sich wenig ändern, wenn Guivrés hätte sagen wollen: ja n'aviendra, que ber de ma terre isse de mon comandement; oder: je ne cuit a nul fuer, que ber etc.

Rücksichtlich des Conj. im quantitativ determin. Rel.-Satze: „qui a moi marchisse" könnte man ganz einfach die bei Hölder, § 211 II p. 420 d, aufgestellte Regel: „Wenn der Adjectivsatz einen in einem Conjunctivsatze enthaltenen Begriff näher bestimmt, so erstreckt sich gewöhnlich die in letzterem Satze vorherrschende Anschauungsweise auch auf den ersteren, der dann sein Zeitwort auch im Conjunctiv hat" — heranziehen. Man würde dabei aber übersehen, dass es sich dort darum handelt, dass der Adjectivsatz einen in einem Conj.-Satze enthaltenen Begriff näher bestimmen soll, während es in unserem Falle der aus Beziehungswort nebst determinierendem Relativsatz zusammengesetzte Artbegriff ist, dessen Umfang genauer festgesetzt werden soll. Hier also steht nicht der zu bestimmende Begriff im Conjunctivsatze, sondern der letztere bildet einen wesentlichen Theil des zu bestimmenden Begriffs.

Eine Erklärung des Conjunctivs in „qui a moi marchisse" hat auf das von Tobler in Zeitschr. II, 561 zu „que je sache" Ausgeführte zurückzugehen; denn wenn auch die Dichtigkeit des relativischen Anschlusses in unserem Beispiele (qui a moi marchisse) eine ganz andere ist, als bei que je sache und den gleichartigen Wendungen, so gehören doch beide nicht bloss in ihrer Eigenschaft als quantitativ determinierende Relativsätze, sondern auch deshalb auf's engste zusammen, weil ihr Inhalt in der Aussage von etwas positiv Vorhandenem besteht, dessen Umfang man aber dahin gestellt sein lässt. Schicken wir die Hauptregel für die Setzung des Conjunctivs in Relativsätzen voraus, wie sie ebendaselbst von Tobler gegeben wird. „Es gilt dies (nämlich die Setzung des Conjunctivs in Relativsätzen, die sich auf negative Hauptsätze beziehen) nur dann, wenn sie seiend Gedachtes determinieren, dessen Existenz ausdrücklich als hypothetisch hingestellt werden soll." — Auf den Conjunctiv in „que je sache" angewendet, modifiziert sich diese Regel folgendermassen: „Im Französischen steht der Conjunctiv, weil man einen Inbegriff von Gewusstem bloss setzt, zu welchem der Inhalt der Aussage allenfalls gehören könnte, wenn sie nicht zu negieren wäre."

Nach einer mündlichen Erläuterung, welche Herr Prof. Tobler die Güte hatte, mir in Bezug auf die hier betrachtete eigenthümliche Verwendung des Conj. zu Theil werden zu lassen, dürfte sich die obige Regel, auf einen bestimmten Fall angewendet, etwa folgendermassen paraphrasieren lassen: Indem Gauwains zu dem ihm thatsächlich bekannten, für den Augenblick aber nicht erinnerlichen Griogoras sagt, Percev. 8470: C'ains mais, que saee, ne te vi, nimmt er einen gewissen Umfang seines Wissens an, in dem das besondere Wissen von einem Zusammentreffen seinerseits mit Griogoras nicht mit enthalten sei. Damit dieses besondere Wissen mit in den Kreis des im allgemeinen von ihm Gewussten gehöre, müsste dieser mehr umfassen, als nach der Vorstellung, die er im Augenblick, wo er seine Aussage macht, davon hat, thatsächlich der Fall ist. Diesen Kreis von Gewusstem will er nicht als etwas positiv Abgeschlossenes, als etwas ein für alle Mal unabänderlich Feststehendes hinstellen, wie dies in dem entsprechenden deutschen Ausdruck, „so viel ich weiss", geschieht, sondern, indem er den Conj. anwendet, lässt er die Möglichkeit offen, dass dieser Kreis möglicherweise mehr umfassen könnte, als ihm jetzt bewusst ist, und darunter auch das in Frage stehende Wissen von einem bereits stattgefundenen Zusammentreffen mit Griogoras.

Aehnlich steht es mit dem Conjunctiv des Satzes „qui a moi marchisse" in dem weiter oben beigebrachten Beispiel aus Erec. Es wird mit diesem Satze ein gewisser Kreis von Seienden aus der Gattung „baron" abgegrenzt, denen die Eigenschaften des Gehorsams und der Dienstwilligkeit als für sie charakteristisch in der Weise indirect beigelegt werden, dass das Vorhandensein von Seienden ihrer Gattung, welche diese Eigenschaften nicht hätten, nur angenommen wird, um ihre unter Umständen als möglich denkbare Zugehörigkeit zu dem in Rede stehenden Kreise in Abrede zu stellen. Derselbe Sinn hätte auch so ausgedrückt werden können: Wer mir ungehorsam ist, kann kein baron sein, der an mich angrenzte. Es wird somit ein Inbegriff von Seienden der Gattung baron bloss gesetzt, zu welchem die im qualitativ determinierenden Relativsatz umgrenzte Art der nicht gehorsamen und nicht dienstwilligen barone allenfalls gehören könnte, wenn dies eben nicht zu negieren wäre.

Wir wenden uns nun zur Aufzählung der einzelnen Fälle, wo bei Chrestien attributiv determinierende Relativsätze im Conjunctiv stehen, und beginnen dabei mit den qualitativ determinierenden. Was uns dazu bestimmt, ist nicht so sehr der Umstand, dass bei einem Zusammentreffen beider Arten der Determinierung die qualitative früher in den Geist des Sprechenden eingetreten zu sein scheint, als die quantitative,[1] auch nicht

---

[1] Eine Bemerkung, welche mit Hülfe des oben aus Erec beigebrachten Beispiels sich dadurch begründen liesse, dass man sagte: Nachdem Guivrés soeben von seiner beträchtlichen Macht gesprochen, will er dieselbe näher charakterisieren, indem er ihre Wirkungen hervorhebt. Dies geschieht in den

bloss die Thatsache, dass der Conjunctiv im qualitativ determinierenden Relativsatze das selbstverständliche und keiner complicierten Erklärung bedürfende Resultat der Unsicherheit ist, mit der das Vorhandensein des durch den Relativsatz herausgehobenen Artbegriffs als ein nur angenommenes hypothetisch hingestellt wird: wir thun es hauptsächlich deswegen, weil der qualitativ determinierende Relativsatz die Angabe einer Eigenschaft des Beziehungswortes enthält, welche früher, als der auf Grund derselben constituierte Artbegriff vorhanden gewesen und wahrgenommen resp. vorgestellt sein muss, (wie seinerseits wiederum der Artbegriff das Frühere im Verhältniss zur jeweiligen Form der Aussage im Hauptsatz ist), mit einem Worte: weil ohne den qualitativ determinierenden Relativsatz eine Aussage von der Art, wie sie der Sprechende im Hauptsatz macht, gar nicht gemacht werden könnte; während sich unter den quantitativ determinierenden Relativsätzen auch solche finden, die den Charakter von etwas nachträglich Hinzugefügten tragen, was unter Umständen auch weggelassen werden könnte, ohne dass die Form der Ausdrucksweise im Hauptsatze dadurch unverständlich werden würde.

§ 1.
Der Conjunctiv in qualitativ determinierenden attributiven Relativsätzen.

Der Inhalt der qualitativ determinierenden Relativsätze besteht in der Angabe einer Eigenschaft (inclus. Fähigkeit und Thätigkeit) des Beziehungswortes, welche nicht sämmtlichen zur Gattung des Beziehungswortes gehörigen Seienden eigenthümlich ist, und deren Vorhandensein bei einzelnen Seienden dieser Gattung vom Sprechenden nicht gewusst, sondern nur angenommen, und ausdrücklich als zweifelhaft dahin gestellt gelassen wird. Die Art der Ausdrucksweise im Hauptsatze ist für den Modus im Relativsatze insofern unwesentlich, als in letzterem auch nach negiertem, unsicher fragendem, bedingungsweis annehmendem, oder heischendem Hauptsatz der Indicativ steht, wenn die zu einer dieser Ausdrucksweisen führende Vorstellung der Irrealität nicht das thatsächliche Existieren des in Rede stehenden Artbegriffs als etwas nur Angenommenes erscheinen lassen soll; sondern es das Uebergehen der Handlung des Verb's im Hauptsatz auf diesen Artbegriff ist, welches unsicher gemacht, (verneint, in Frage gestellt, eingeschränkt, bedingungsweis angenommen, oder gewünscht) wird.

Worten: N'a baron .. Qui de mon commandement isse, Et mon plesir ne face tot. Indem er aber im Begriff ist, diese stolze Behauptung aufzustellen, besinnt er sich, dass damit doch zu viel gesagt werde, weil die mit dem Beziehungswort baron bezeichnete Gattung von Seienden verschiedene Arten unter sich begreift, denen die in Rede stehende Eigenschaft nicht allen ohne Unterschied beigelegt werden kann. So fügt er denn der qualitativen Determinierung die quantitative bei.

Man vergleiche die beiden Sätze: „Je ne connais pas l'homme à qui vous avez parlé" und „Je ne connais point d'homme à qui je puisse en parler." Im ersteren Falle wird mit der Negation des Hauptsatzes nicht die Realität der Existenz des Artbegriffes „homme à qui vous avez parlé", sondern die Realität des Uebergehens der mit „connaître" bezeichneten geistigen Thätigkeit auf diesen Artbegriff in Abrede gestellt. Im zweiten Falle drückt der Artbegriff nicht etwas in Wirklichkeit Existierendes, sondern etwas als seiend nur Gedachtes, nur in der Vorstellung des Sprechenden Existierendes aus.

Dieselbe Gegenüberstellung von Sätzen mit verschiedenem Modus lässt sich für alle Fälle, wo im Relativsatz der Conjuntiv steht, durchführen. Da von dem durch die Unsicherheit einer ungewissen Frage, oder einer hypothetischen Annahme herbeigeführten Conjunctiv Dasselbe, wie im soeben besprochenen Falle der Negation, gesagt werden müsste, begnügen wir uns, nur noch den Fall besonders in's Auge zu fassen, wo der Artbegriff den Gegenstand eines Strebens bildet, womit also gewissermassen das Paradigma für alle die Relativsätze gegeben wird, deren Hauptsatz einen auf den Artbegriff bezüglichen Ausdruck des Wunsches enthält.

Wir wählen die beiden Sätze: Mätzner, franz. Grammatik § 126: „Pompée aspirait à des honneurs qui le distinguassent de tous les capitaines de son temps", und Hölder, § 211, I p. 418: „Si on cherche les grands hommes à qui on peut comparer Descartes, on en trouvera trois: Bacon, Leibnitz et Newton." Im ersten Falle ist das Vorhandensein von Ehren der gewünschten Art ungewiss; sie existieren einstweilen nur in der Vorstellung Dessen, der sie zum Gegenstande seines Strebens gemacht hat; ihre Realität bleibt dahingestellt, und die Entscheidung darüber ist der ungewissen Zukunft anheimgegeben. — Im zweiten Falle herrscht über die Existenz von grossen Männern, mit denen Descartes verglichen werden kann, kein Zweifel; sie sind vorhanden; man braucht sie nur zu suchen, so wird man die folgenden drei finden.

Einen Begriff von zweifelhafter Realität, wie es bei allen im Conjunctiv stehenden Relativsätzen der aus diesen und ihrem Beziehungswort bestehende Artbegriff ist, kann man nicht durch ein blosses Substantiv mit dem bestimmten Artikel bezeichnen, sondern nur mit dem unbestimmten, oder dem Theilungsartikel; auf diese Weise würde natürlich die Aussage im Hauptsatz, für sich allein betrachtet, einen viel zu weiten Umfang gewinnen. Der Relativsatz erfüllt dann scheinbar den Zweck, die viel zu umfassende Aussage des Hauptsatzes in gewisse Grenzen einzuengen. Nach dem, was im Vorangehenden bereits festgestellt worden ist, braucht hier nicht noch einmal ausgeführt zu werden, dass diese Begrenzung im Geiste des Sprechenden bereits vorhanden war, ehe er noch der Aussage im Hauptsatz ihre jeweilige Form gab. Wir haben auf diesen Umstand der selbstverständlichen Begrenzung des Hauptsatzes durch den Relativsatz nur deshalb hingewiesen, weil ein Uebersehen dieser Selbstverständlichkeit leicht zu einer einseitigen Hervorhebung des begrenzenden Charakters des Relativsatzes, und damit zu einer falschen Auffassung der Natur des Conjunctivs führen kann.

a.

Dem bisherigen Gange der Untersuchung entsprechend beginnen wir mit der Aufführung der Fälle von qualitativ determinierenden Relativsätzen im Conjunctiv, bei denen die Realität des Artbegriffs dadurch unsicher gemacht ist, dass der Hauptsatz einen darauf bezüglichen Ausdruck des Wunsches enthält. Lyon 4917) Et dex, fait ele, me maint la, Ou je voire novele en oie. ib. 5280) Je, fet il, nel vos dirai mie; Querez autrui, qui le vos die. R. Charr. 106,24) Or quier, fet li rois, qui t'en croie. Percev. 2090) Or kiere autrui, ki le recort.

Hierher gehört nach der von Tobler vorgenommenen Aenderung der Interpunction auch Percev. 4934) Trop ai maleurte soferte; Si n'est mie por ma deserte. Dex, ensi com tu le ses bien Que jou n'en ai deservi rien, M'envoies tu [Conjunctiv zum Ausdruck des Wunsches], se il te siet, Qui de ceste paine me giet, U tu de celui me delivre Qui a tel honte me fait vivre. Lyon 3033) Mestiers li est, qu'äide truisse, Qui li äist, et qui l'en maint. ib. 3042) Et cil, qui grant mestier eust D'äide, ne li chausist quel, Qui l'en menast jusqu'a ostel etc. ib. 1082) Mes deu puisse je aorer, Qui m'a done le leu et l'eise De feire chose, qui vos pleise. (Lunete versetzt sich auf jenen Standpunkt der Vergangenheit zurück, wo die wohlwollende Behandlung, welche Yvains ihr zu Theil werden liess, sie wünschen machte, etwas thun zu können, was ihm gefiele. Uebrigens hat man nicht einmal nöthig, den Conjunctiv durch diese Erklärung zu begründen. Die Realität des Artbegriffs ist durch die Ausdrucksweise im Hauptsatz genügend unsicher gemacht; cfr. Molière, Bourg. gentilh. I, 1: Il y a plaisir, ne m'en parlez point, à travailler pour des personnes qui soient capables de sentir les délicatesses d'un art, qui sachent faire un doux accueil aux beautés d'un ouvrage etc.). Lyon 6740) Dex, qui vialt, qu'antre vos et lui Ait boene pes et boene amor Tel, qui ja ne faille nul jor, Le m'a hui fet si pres trover. ib. 34) Por ce me plest a reconter Chose, qui face a escouter. Guill. d'Angl. 65,17) Mes dites cose, qui soit voire. ib. 92,14) Par se doucor, par se francise A si l'amor de tous conquise. K'a faire cose, ne (l. ke) li plaise, Crie cascuns, k'en lui est aise. ib. 149,7) Vinrent forment entalenté ... D'ome ocirre ou de prison prendre, Que peüssent lor signor rendre. Erec 526) Mais j'atent encor meillor point, ... Que aventure ca amoint Ou roi ou conte, qui l'en moint. ib. 1867) Dous chasteax lor avoit promis ...... qui moins dotassent guerre. ib. 5230) Dex, se li plait, me lait tant vivre, Que je encor en leu vos voie, Ou la puissance resoit moie De vos servir et honorer. R. Charr. 99,19 ... qui li avoit La nuit prie, qu'il l'amenist[1] En tel lieu, que ele veïst La bataille tout abandon (l. a bandon). ib. 111,35) .... si lor commandoit, Que sor mes plaies me meïssent Tex oignemens, qui me nuisissent. ib. 139,23) Et de la rëine li dient, Qu'ele l'atent et dit por voir, Qu'ele ne s'en voudra

---

[1] Jonckbl. 3563) Et vient droit la ou il savoit La rëine, qui li avoit La nuit proie, qu'il l'a meïst etc.

movoir Dou päis tant, qu'ele le voie, Ou novele, qu'ele croie. (lege: Ou ait novele, oder: Ou novele oie, qu'ele croie. Jonckbloet 5166) Por novele, que ele en oie. Hier ist die Lesart überhaupt anders. ib. 157,4) Ne sot, qui envoier i puisse,[1] Qui melz enquiere de celui, (l. celi) Qui ier i ala de par lui (l. li). Percev. 2084) .. Ou il envoit, qui le deffende. ib. 3286) Et je pri Dieu, quel vous ait Aparellie mellor ostel, U plus ait pain et vin et sel. ib. 3351) Et vous ramaint a guerison En liu, ou vous soiez a aise. ib. 3465) . . . envoie m'i, Qui n'ait de moi mal faire envie. ib. 5713) Mais on li dist, qu'il ne s'esmait, Qu'il vers le Mire. mais qu'il ait Mire, ki s'en sace entremetre De kanole en son liu remetre. ib. 7080) Tout souavet voist tant, qu'il truisse Fevre, qui refierer le puisse. ib. 8419) Et querre ruis, Ou jou me puisse confesser. ib. 8948) Qu'il atendent, que il i viengne Uns chevaliers, qui les maintiengne, Qui range as dames lor honors etc. ib. 9433) Li miens cors ait mal' aventure, Que (l. Quant) mangerai, ne n'arai joie Tant, que g'autres noveles oie, Dont je me puisse resjöir.

Dagegen steht der Relativsatz auch nach wünschendem Hauptsatz im Indicativ, wenn der Sprechende an der, sei es gegenwärtigen, sei es zukünftigen, Realität des gewünschten Artbegriffs keinen Zweifel hegt. — Wir führen nur für den letzteren Fall Beispiele an: Percev. 10458) K'envoier te voel en tel leu, Ou grant joie te sera faite. ib. 8293) Et se il a plaie mortel, Je li aport une herbe tel, Qui mout, je quic, li aidera, Et la dolor li ostera. Erec. 4680) A tant se trait li cuens arriere, Et dist: Facons tost une biere, Sor quoi cest cors en porterons.

Nicht determinativ, sondern explicativ ist: Percev. 3612) Vint chevaliers devant la porte En a Clamadex envoie (l. envoies), Qui tenront au vent desploie (l. desploies) Les gonfanons et les banieres.

b.

Die Realität des Artbegriffs wird durch die auf ihn bezügliche Negierung des Hauptsatzes direct in Abrede gestellt.

Erec 4949) Mais je ne sai de nule part, Ou nos nos puissons esconduire, Se il de rien nos vuelent nuire. ib. 534) Onques dex ne fist rien tant sage, Ne qui tant fust de haut corage. ib. 778) Mais ne cuidoit, qu'au siegle eust Chevalier, qui tant hardi [s] fust, Qui contre lui s'osast combatre. ib. 962. 1246. 1427. 1761. 1917. 1972. 2041. 2058. 2731. 3398. 3622. 3703. 3830. 3956. 4193. 4219. 4879. 5171. 5204. 5391. 5661. 6118. 6230. 6343. 6675. 6876. 3858. 3881.

An zwei hierhergehörigen Stellen aus Erec sind leichte Verbesserungen anzubringen: Erec 4854) N'i a si hardi, qui la cort, lege: tort, nach Analogie der anderen bei Willenberg l. c. p. 407 zu tort aufgeführten Stellen.

Erec 8518) Li cuens molt forment le menace, Et dit, que, s'il le puet ateindre, Por rien nule ne puet remaindre, Que maintenant le chief ne praigne. Mais i aura un, qui s'en faigne. lege: Mar i aura un etc.[2] Mar mit dem futur gilt bekanntlich gleich einem negativen Imperativ; cfr. Scheler zu Berte 2933: Ja mar le mescrerrez = n'en doutez point. cfr. ib. 2941. 3241. Mittheilungen 13,9: Mar vos eschapera = ne le laissez point échapper. Erec 606: Ja mar en serez en espans = ne vous en souciez point. So ist

---

[1] Jonckbl. 5832) Ne set cui envoier i puisse.
[2] cfr. Rom. d'Alix. 23,33) Mais li rois Alixandres a sa teste jurée Que mar s'en mouvra I., s'est [l. s'ert] sa gent ordenee.

denn auch: Mar i aura un qui s'en faigne = Qu'il n'y ait aucun d'eux qui feigne d'être trop lassé pour le suivre. cfr. Gachet v° feindre p. 756. Auch tant mar mit dem Perfect scheint die Bedeutung eines negativen Wunsches zu haben: cfr. Erec 3092: Tant mar vi Mon orguel et m'outrecuidance = Plût à Dieu que je n'eusse pas vu etc. Aehnlich ib. 2484. 2495.

Percev. 1648) En litiere aporter s'en fist, Car allors ne sot u füist. ib. 1682. 1739. 2365. 2691. 2843. 3212. 3472. 3661. 3673. 3919. 4157. 4651. 5472. 5569. 6072. 6189. 6355. 6534. 6923. 6934. 7322. 7326. 7375. 7424. 7502. 7606. 7965. 7970. 8409. 8515. 8916. 9056. 9101. 9447. 9561. 9566. 9568. 9592. 9951. 9993. 10093. ib. 10490) Vers un chevalier, qui ne prise Ne moi ne lui, qui gaires valle (qui gaires valle = aucune chose qui gaire valle, p. ex. la monte d'un soller. Guill. d'Angl. 49,1) Vos n'avés Riens nule cele nuit vëue, Dont jou ne me soie apercue. ib. 54,21) N'i pensent cose, qui lor griet. ib. 81,1. 83,20. 83,23. 83,24. 90,10. 95,5. 98,9. 113,14. 121,24. 134,12. 141,9. Lyon 96) Je ne cuit avoir chose dite, Qui me doie estre a mal escrite. ib. 214) .... ce cuit, Qu'il n'i avoit ne fer, ne fust, Ne rien, qui de cuivre ne fust. ib. 258. 342. 605. 1105. 1111. 1196. 1251. 1290. 1318. 1345. 1637. 1692. 1730. 1852. 1935. 1963. 1991. 2082. 2205. 2788. 2890. 2861. 3132. 3494. 3597. 3687. 3688. 3697. 3834. 3850. 4300. 4361. 4365. 4628. 4948. 5286. 5307. 5341. 5429. 5506. 5597. 5630. 5783. 5844. 6050. 6198. 6233. 6480. 6541. 6546. 6557. 6583. 6597. 6798.

R. Charr. 4,16) Que je n'en ai el monde rien, Que je, por votre remanance Ne vos doigne sans demorance. ib. 2,33. 10,29. 12,2. 14,29. 39,22. 49,17. 57,11. 60,4. 65,23. 71,21. 77,2. 77,35. 87,12. 87,18. 91,4. 91,33. 94,29. 96,34. 103,13. 113,22. 120,22. 122,12. 127,15. 132,33. 139,27. 127,8. 139,34. 140,23. 147,24. 148,27. 157,4. 158,21. ib. 150,6) Ne ferai rien, por nul avoir Dont maugre me doit avoir; l. mit Jonckbl. 5560: doiez.

Aus praktischen Gründen führen wir gleich mit hier auf die Fälle, in denen die Umgrenzung des Artbegriffs, der durch die Negation des Hauptsatzes als irreal bezeichnet werden soll, mittelst eines unabhängigen[1] Satzes im Conjunctiv der unsicheren Annahme von Gesetztem geschieht, welcher logisch dieselben Functionen erfüllt, wie ein determinierender Relativsatz. Erec 53) Et n'i a nule, n'ait ami Chevalier vaillant et hardi.
Der Sinn ist: Man denke sich eine, die nicht zum Freunde habe einen starken und kühnen Ritter, von einer solchen sage ich: die giebt es nicht. ib. 547) Qu'il n'i avoit si povre rue, Ne fust ploinne de chevaliers. ib. 2008) N'i ot un, n'ëust robe vaire De riche paile d'Alixandre. ib. 3851) N'i a nul, ne soit mes rentiz. ib. 2444) Nul leu avoit (l. n'avoit) tornoiement, Nes i envoiast richement Por tornoier et por joster. ib. 2675) Il ne remest jones ne viauz, N'aille savoir et demander, S'il en voudra nuns d'aus mener. Lyon 6124) N'i a celui, ne soit bleciez. ib. 6180) Que jagonce ne esmeraude N'ot sor lor hiaumes atachiee, Ne soit molue et arachiee. Percev. 3336) Ne n'i a nul, semblant ne face, K'a lui ne plaise, et que ne die etc. ib. 9460) Or est si tos d'autre maniere, Qu'il vorroit estre mors, je cuit; Qu'il ne voit riens, ne li ennuit.

---

[1] So nach der Auffassung, welche Tobler neuerdings als seine Ansicht vom Verhältniss dieses Satzes zum vorangehenden ausgesprochen hat; im Unterschiede von Diez III⁴ 381, § 5.

Infolge einer gewissen Nachlässigkeit der Ausdrucksweise[1] ist es das relative Adverb, welches an Stelle des Pronomens den Anschluss des determinierenden Satzes vermittelt.

Wir führen zunächst die Stellen an, wo der Gebrauch des Neufranzösischen mit dem der alten Sprache in Anwendung des relativen Adverbs übereinstimmt: Erec 593) Ja mes n'iert ans, que il ne l'ait.[2] Lyon 2082) N'est jorz, que li rois ne s'atourt etc. ib. 3850) Ja n'iert jorz, que del mien ne praigne.

Es stimmt dagegen nicht mit dem Neufranzösischen überein: Erec 334) N'i a nul, qu'a li ne se tiegne. ib. 636) Que por voir n'i aura pucele, Que la centieme part soit bele. (ib. 776: C'uns chevaliers venuz estoit Que l'esprevier avoir voloit. ib. 1701: Et Tristanz, que onques ne rist.) ib. 4184) Ne pöisse novele öir, Que tant me fëist resjöir. Guill. d'Angl. 44,18) Cil n'est tex, que blasmer li ost. Percev. 9758) Car chevaliers de mere nés Ne passa les pors de Galvoie,... Que ja aillors vanter se puisse, Qu'il soit en ce päis venus. Lyon 461) Qu'il n'i paroit branche ne fuelle, Que tot ne fust covert d'oisiax. ib. 1008) Mais onques chevalier n'i ot, Qu'a moi deignast parler .l. mot. R. Charr. 160,34) Si bien a feire le comence Et de l'escu et de la lance, Qu'il n'est riens, qui armes ne port, Qu'a lui vëoir ne se deport. ib. 161,4) Gueres a chevalier n'asemble, Qu'en sele dou cheval remaigne.

In den bisher angeführten Beispielen vertritt das relative Adverb den Nominativ des Pronomens.

Für den Dativ: Percev. 8170) Onques chevalier nel vi prendre Ensi, com tu mener l'en vius, Qu'[3] il n'en avenist si grans dius, La teste n'en ëust trencie.

In Vertretung des Objects-Accusativs, der auf Personen bezüglich regelrecht cui heisst, steht das relative Adverb in Erec 5438) Que nuns chevaliers de haut pris ... Ne puet en cest chastel entrer,... Que li rois Evrains ne recuille. R. Charr. 39,22) Des lores, que je conui primes Chevaliers, un seul n'en conui, Que prisasse avers cestui La tierce part d'un angevin. (l. Que je prisasse avers cestui; Jonckbloet 1272: Que je prisasse, fors cestui.) Percev. 5534) Si le sivent tot si baron, Nëis pucele n'i remaint, Que la röine ne li maint. ib. 6402) Que devant sa lance ne dure Nus, qu'il ne porte (l. port) a tiere dure. ib. 7012) N'onques en ma vie ne vi Chevalier, ce vos puis jurer, Que je tant vosisce honerer.

Man hat die Wahl zwischen dem relativen Adverb (deutsch etwa: „wo") und der Conjunction („dass") in Fällen wie Erec 1916: „Que nul tant hardi n'i ëust Qu'a la pentecoste n'i fust," verglichen mit Erec 778: „Mais ne cuidoit, qu'on siegle eust Chevalier, qui tant hardi fust, Qui contre lui s'osast combatre.

Die bei Anwendung des relativen Adverbs verloren gehende Bezeichnung des Casus, in dem das Relativ stehen müsste, wird durch ein ergänzend hinzutretendes Demonstrativum vermittelt: Percev. 8764) Onques n'avint, ne͏̈ dit ne fu, Que chevaliers fust abatu A ce port, tant que jel vëisse, Que jou le ceval n'en ëuisse. Que.. en

---

[1] cfr. Tobler, Zeitschr. II 563.
[2] Dass in Sätzen wie: Y a-t-il longtemps que vous n'êtes plus avec votre frère (Acad.), que relatives Adverb bezogen auf das vorhergehende Zeitmass ist, der abhängige Satz also Relativsatz, wird weder von Mätzner, Gramm. 523 § 225; noch von Hölder p. 438 § 221; oder von Lücking p. 329 § 405, d erwähnt.
[3] Que kann hier übrigens Adverb in neufranz. Weise sein.

= dont; en dient nur dazu, anzudeuten, für welchen Casus des Pronomens das relative Adverb eingetreten sei.

Man vergleiche dafür auch das schöne Beispiel Auc. et Nicol. XXII: „... que vos alissiés cacier en ceste forest, qu'il i a une beste, que, se vos le poiiés prendre, vos n'en donriiés mie un des membres por cinc cenz mars d'argent." Percev. 459) Mais tout ichou traist il a fin, Qu'il n'i ot home ne voisin, Qu'il n'en fesist sa volenté. ib. 9178) C'onques nus chevaliers ne sist En cel lit que il n'i morist. ib. 6123)... cascuns creante Li uns a l'autre, et dist et jure, Que noviele ne aventure Ne sauront, qu'il ne l'allent querre. ib. 2213) Preudom ne se doit entremetre De rien nule (l. de nule rien) autrui prometre, Que doner ne le puisse et voelle. ib. 1754) Ja en cemin ne en ostel N'aiés longement compagnon, Que vos ne demandés son nom. dto. ib. 2736. ib. 1856) Et me dist, que ja ne trovasce Moustier, k'aorer n'i alasse Le creatour. ib. 3882) Ne ja, tant com il ait a vivre, N'aura devant le castiel ost, S'il onques puet, que ne l'en ost. ib. 6109) Ne n'ora d'estrange passage Noveles, que passer n'i alle. Erec 5469) C'onques ne vint nus d'autre terre La joie de la cort requerre, Qu'il n'éust honte et domage, Ne n'i lessast la teste en gage. ib. 5653) En tot le castel n'a remes Home ne fame, droit ne tort,.. Qui aler puisse, qu'il n'i voise. ib. 3221) N'a chevalier en cest päis, Qui de la terre soit näis, Que plus beax ne soiez de lui. Lyon 352) Ne nus ne s'i porroit fier Fors moi, s'antr' eles s'estoit mis, Qu'il ne fust maintenant ocis. ib. 574) Et disoient, qu'onques mes hom N'en eschapa... De la, dont j'estoie venuz, Qu'il n'i fust morz ou retenuz. R. Charr. 60,17) Car nul estrange ca ne vienent, Que remanoir ne lor convieigne. Guill. d'Angl. 167,5) Ja mais de rien n'aiés besoing, Que vos ne l'aiiés sans dangier. ib. 78,4) Ja n'i ait espargnié baston, Qu'il n'en soit batus et roisciés.

An Stelle des Demonstrativums steht ein Indefinitum in: Erec 2028) N'ot menestrel en la contree, Qui rien sëust de nul deduit, Que a la cort ne fussent tuit. ¶ib. 6606) N'ot chevalier de grant affaire, Ne riche dame debonaire, Que les meillors et les plus gentes Ne fussent a la cort a Nantes. ib. 6833) Qu'en tot le mont ne a meniere [1] De poisson ne de beste fiere, Ne d'ome ne d'oistel [l. oisel] volage, Que chascuns lonc sa propre ymage N'i fust ovrez et entailliez.

Dass nicht die äussere Form des Hauptsatzes, sondern das Verhältniss des Artbegriffs zur Wirklichkeit es ist, was den Modus im Determinierungs-Satze bestimmt, zeigen Beispiele, wie: Lyon 3902) Nus hom n'est de si grant vertu, Qu'a sa cort ne pöist trover Tex, qui voldroient esprover Lor vertu ancontre la soe. Ebenso ib. 6466) Lors sorent trestuit cil de voir, C'onques ne fu autres que cist, Qui le felon jaiant ocist.

Das hier vorliegende Verhältniss einer durch Wiederholung der Verneinung umschriebenen Bejahung (: „Jeder, und sei er noch so tüchtig, kann an Artus' Hofe Ritter finden, welche gern ihre Tüchtigkeit gegenüber der seinigen erproben würden") tritt noch deutlicher hervor: Lyon 1942) Por c'a droit, se prison le claimme; Que sanz prison n'est nus, qui aimme.

Es kommt bei diesem Beispiel als Motiv für den Indicativ noch hinzu, dass der Inhalt des Determinierungssatzes das Praecedens zu dem im Hauptsatz Ausgesagten bildet; es ist die Bedingung, unter welcher die im Hauptsatz ausgesprochene Behauptung Gültigkeit hat; letztere kann nur aufgestellt werden,

---

[1] (—1). Vielleicht: trestot.

wenn der Inhalt des Relativsatzes real ist. Dasselbe gilt von: Guill. d'Angl. 51,24) Mais j'ai de cou boine creance, Que nus, qui en Dieu a fianche, Ne puet estre desconsilliés. Erec 6012) Qui vaeroit rien a s'amie? N'est pas amis tot entresait, Qui toz boens s'amie ne fait, Sanz riens laissier et sanz faintise. R. Charr. 118,10) Onques amor bien ne connut, Qui ce m'a torne a reproche.

In Lyon 9662) Ja, ce cuit, l'ore ne savra, Qu'esperance träi l'avra ist nicht der Artbegriff „l'ore qu'esperance träi l'avra" negiert. Dasselbe gilt bei R. Charr. 14,31) N'est pas el cuer, mes en la boche, Resons qui ce dire li ose von dem Artbegriff Resons qui ce dire li ose.

Zu Guill. d'Angl. 51,24 p. 87, oben stellt sich noch: R. Charr. 17,27) Deuz liz molt biaus et bons et lez Lor montre, et dit: A vos II cors Sont fet cest (l. cist) dui lit ca defors. Mes en celui, qui est de la, Ne gist, qui deservi ne l'a.

Wegen der vorausgehenden Lücke ist unverständlich: Guill. d'Angl. 134,16) Apres cou la dame reslist Que nus vaillant I pois li toille, Que li sires tout ne li soille.

Zu den qualitativ determinierenden, attributiven Relativsätzen im Conjunctiv gehört auch die bekannte Wendung „je ne gart l'ore que", welche wir deshalb hier für sich behandeln, weil ihr bis jetzt, unserer Ansicht nach, noch nicht genügend erklärter Sinn eine besondere Erörterung verlangt. — Chrestiens bietet nur éin Beispiel: Erec 2979) Li cinquiemes a vos s'esmuet, Tant com chevax porter le puet. Je ne gart l'ore, qu'il vos fiere.

Andere Beispiele sind: Alexis 61,E.: Sainz Innocenz ert idonc apostolies: A lui en vindrent et li riche et li povre, Si li requierent conseil d'icele chose, Qu'il ont odide, qui molt les desconfortet; Ne gardent l'hore, que terre les enclodet. Rutebeuf, Miracle de Théophile, Bartsch, franz. Chrestom. 379,44: Or vieng proier A vous, dame, et merci crier, Que ne gart l'eure, qu'asproier Me veingne cil, Qui m'a mis a si grant escil. Rom. d'Alix. 11,32: N'a homme en sa compagne, qui mult n'en soit iries; Quar il ne gardent l'eure que il soit depecies. Ztschr. III 229 v. 390. Ne gardon l'ore, qu'il s'en aut En la fosse sor le dragon! Berte 773) Ne gart l'eure, que bestes m'i aient acueilloite; — wozu Scheler bemerkt: „ne pas garder l'eure = attendre, prévoir." „Je l'ai deja relevée (cette locution) dans les Enfances Ogier 1158) Je sui Ogier, par Dieu de Majesté, Dont Charles doit faire sa volenté, Qui pour mon pere m'a si cueilli en hé, Que ne gart l'eure, que il m'ait encroe."

Wenn Perle, Gröber's Zeitschr. II, p. 9 sagt: „Man übersetzt gewöhnlich die Redensart je ne gart l'hore que durch „„ich sehe die Stunde kommen wo."" Indess ist hier *ne* ebensowenig unlogisch gebraucht, als in n'avoir garde. Seinem deutschen Ursprunge gemäss bedeutet garder „aus Besorgniss (auf Etwas) hinsehen. . . Da aber je ne garde l'hore in der Regel zum Ausdruck einer gewissen Resignation dient, so kann die buchstäbliche Uebersetzung „„ich sehe nicht die Stunde"", „„ich sehe nicht nach der Stunde"" unbedenklich durch die freiere „„ich suche mich der Stunde nicht mehr zu entziehen"" oder „„ich sehe die Stunde kommen"" ersetzt werden." (Folgen drei Beispiele). — so macht er einen Sprung, der zu weit ist, als dass man sich nicht versucht fühlen sollte, die zwischenliegende Kluft durch Anbringung von Bindegliedern weniger klaffend zu machen. Wir gehen aus von der Bedeutung „bewachen, bewahren, Acht haben auf etwas." Wer etwas bewacht, oder bewahrt, auf etwas Acht hat, übernimmt zugleich die Verantwortung dafür. Wollte ein Gefängnisswärter von einem seiner Sträflinge sagen: Je ne gart l'heure qu'il s'en fuie, so könnte man kein Bedenken tragen, dieser Ausdrucksweise die Deutung zu geben a) „ich bewache die Stunde, den Zeitpunkt nicht, wo er entfliehe") = ich wache nicht zur Stunde, wo er entfliehe); b) „ich übernehme keine Garantie für den Zeitpunkt, wo er entfliehe"; d. h. sein Entfliehen kann jeden Augenblick stattfinden. So heisst Erec 2979: Je ne gart l'ore, qu'il vos fiere „ich kann nicht einstehen für den Zeitpunkt, wo er mit euch handgemein werde", weil dies eben jeden Augenblick stattfinden kann.

Dem Sinne nach bildet den Gegensatz hierzu: Erec 5869) Ja ne cuide vëoir cele ore Enide, qu'il soient monte; worin die ängstliche Ungeduld des Garnichterwartenkönnens ausgedrückt ist, wie Floire et Blanchefl. 2104 (Duméril 1844) Ja ne cuide, que viegne l'eure.

Der Artbegriff ist indirect negiert: Lyon 1682) Se tu ne manz, Dex me confonde! Et neporquant I seul m'an nome, Qui ait tesmoing de si preudome, Com mes sire ot tot son ahe! Percev. 7688) La plus grant besoingne i fëismes, Que nus chrestiens puisse faire, Qui voelle a Damledieu retraire. ib. 8685) Or samblés vous bien chevalier, Qui a autrui doive jouster. ib. 8954) Mais ains ert la mer tote glace, Que on .I. tel chevalier truisse, Que el palais morir n'estuisse. ib. 10463) Sire, mius vorroie avoir traite La langue par desous la gole, C'une parole toute sole M'en fust de la bouce coulee, Que vosissiés, que fust celee.

Dem soeben angeführten Beispiel Percev. 8954 steht gegenüber: Lyon 6576) Et le plovoir et le vanter Avoec les autres sosferre, Tant, se deu plest, que je verre En vostre cort aucun prodome, Qui prendra e fes et la some De ceste bataille sor lui.

c.
Der Artbegriff hat zweifelhafte Realität.

Er kann unter Umständen existieren; im Augenblick, wo der Sprechende seine Aussage macht, ist er selbst über die Realität des Artbegriffes im Unklaren.

α.
Positive Aussage.

Percev. 8549) Or samblés vos bien chevalier, qui puciele doie conduire. Die Rede ist allerdings ironisch, und insofern könnte man geneigt sein, dieses Beispiel den unmittelbar vorher, unter: „der Artbegriff ist negiert" aufgeführten beizufügen. Da der Artbegriff indessen nur angenommen, nicht als thatsächlich im Augenblick des Sprechens existierend hingestellt wird, so würde der Conjunctiv auch dann stehen, wenn die Rede ernst gemeint wäre.

β.
Directe Frage.
Kein Beispiel mit dem Conjunctiv.

Vollkommen gerechtfertigt ist der Indicativ: Percev. 3558) Dont pot li chevaliers venir, Qui si preudome et si vaillant Pot d'armes faire recreant (Thatsache).

Eigenthümlich ist der Indicativ: Percev. 10568) Qu'il est moult plains de duel et d'ire; Et qui ert or, qui en sara Consel doner, quant il ara Oï, que li messages kiert?

γ.
Indirecte Frage.

Percev. 2288) Varlet, fait il, jou te demanc, Se nus vient ca de par le roi, Qui combatre se voelle a moi. ib. 3437—38) Esgarde, se tu as signour, Qui t'ait bien ne service fait, Dont le guerredon ëu n'ait. Guill. d'Angl. 61,21) Et vos alés querre et rover, Se nule gent porrés trover, Qui por Dieu vos vousist bien faire.

δ.
Hypothetische Annahme.

Lyon 459) Vi sor le pin toz amassez Oisiax (s'est, qui croire le vuelle) Qu'il n'i paroit branche ne fuelle. ib. 738) Mes garde bien, ce te comant, S'est nus, qui de moi te demant, Que ja noveles ne l'an dies! ib. 3860. 4790. 5125. 5228. 5971.

Das Imperf. conj. steht, wie in hypothetischen Sätzen, an Stelle des Plusquamp. conj. in: Lyon 1112) Que ceanz n'a huis ne fenestre, Par ou riens nule s'an alast, Se ce n'ert oisiax, qui volast.

Erec 253) Se je truis, qui armes me prest, Maintenant me trovera prest Li chevaliers de la bataille. Percev. 1728) Se vous trovés, ne pres ne loing Dame, qui d'àie ait besoing etc. ib. 2770. 2998. 5039. 6083. 7820. 7943. 8107. 8206. 9035. 9085. 10463.

ε.

Der Hauptsatz ist negiert. Die Verneinung trifft aber nicht den Artbegriff, welcher in seinem ganzen Umfange als wirklich zugegeben wird, sondern lediglich das Verb des Hauptsatzes, welches eine auf diesen Artbegriff bezügliche Annahme enthält, die als irreal zurückgewiesen wird. Eben dieser Umstand, dass man den Artbegriff in seinem ganzen, d. h. in einem Umfange zugiebt, der keine präcise Begrenzung gestattet, lässt den in dieser Weise hingestellten Artbegriff den Charakter von etwas bloss Angenommenem, Gesetztem gewinnen; der in allen folgenden Beispielen im Relativsatz angetroffene Conjunctiv ist somit der der Einräumung. Erec 4206) Li entraiz ert de tel vertu, Que Morgue ot doney Artu, Que ja plaie, qui en fust ointe, Ou fust sor ners, ou fust sor jointe, Ne fausist, qu'en une semaine Ne fust tote garie et sainne. ib. 632) Riens, que je aie, ne vos faut. Percev. 7704) Teus entresagnes i fëismes Por cou, que nus n'i forvoiast, Qui vers le saint hermite alast. ib. 8745) Tu ne pierdras ja rien por moi, Ü tu puisses clamer droiture. Lyon 5717) Mais je sai bien, que je refus Ce, que ne refuseroit nus, Qui dëust son cuer et s'antente Metre an pucele bele et gente. Guill. d'Angl. 102,14) Vos n'en estes point empiriés De cose, que dite vos aie; Car cols de langue ne fait plaie. R. Charr.

46,2) Que por nëant vos esmaiez De cose, que dite m'aiez. ib. 81,20) Cil, qui voit sa mort aprochiee, Li crie merci molt en haut. Mes son crïer rien ne li vaut, Ne chose, que dire li sache. Lyon 5572) Des maces li donent tex cos, Que petit d'äide li fait Escuz ne hiaumes, que il ait. ib. 8751) Que vos avez tant fet por moi, Certes, que faillir ne vos doi A nul besoing, que vos aiez. Erec 6737) En autre leu ne prent consoil De rien, qui a faire li soit. R. Charr. 9,26) Mesmement a vos n'afiert mie, N'a nul chevalier, qui melz vaille, Que ceste bonte en lui faille. ib. 63,21) Ja home entrer n'i dëust, Qui en charete esté ëust. (Jonckbloet 2217: Ja hom ca venir ne dëust etc.) Guill. d'Angl. 80,11) Ne ja par lui n'iert refusée Cose, qui li soit commandée. ib. 139,7. 138,4. 117,23. 164,15. Lyon 2823. Percev. 41. 1379. 4617. 6303. R. Charr. 72,16 (2564). 111,24 (4024).

Wegen Erec 4677) Rien, qu'en porroit dire ne faire, Ne me porroit a joie traire ist das oben p. 31 Bemerkte zu vergleichen. R. Charr. 149,33) Et deffendis (l. deffendit), qu'il ne parlast De lui, en leu ou il alast. Percev. 700J) Onques mes noms ne fu celés En liu, ou il me fust requis. ib. 8203) Ce ne te laist ja Dex conter, Fait ele, en liu la ou tu viengnes, Que tu entre les bras me tiengnes. Lyon 6478) N'onques ôi parler n'avoie De chevalier, que je sëusse, An terre, ou je este ëusse, Qui li chevaliers au lyeon Fust apelez an sorenon. Erec 6086) Mais je ne sui pas connëuz En terre, ou j'aie este vëuz, Par conoissance de cest non, S'en cest päis seulement non. R. Charr. 37,12) Par mes euz, n'i avez garde D'or en avant, la ou je soie. ib. 138,20) Ja ne vos en covient pledier, Fet Lancelot, la ou je soie.

Hiermit sind wir bei den Verallgemeinerungs-Sätzen angelangt, deren Charakter sich im Wesentlichen dahin bestimmen lässt, dass ein mit dem, theils als Praedicatsnomen, theils als Adverb zu betrachtenden Relativ que eingeleiteter, im Conj. der Einräumung mit verallgemeinertem Sinne[1] stehender Relativsatz an ein veraufgehendes, in verallgemeinertem Sinne gebrauchtes, fragendes Pronomen oder Adverb, oder an ein von solchem Pronominaladjectiv (resp. Adverb) begleitetes Substantiv (Adjectiv, oder Adverb) angeschlossen wird, um die so gethane Aussage als eine, unter allen als möglich zugegebenen Umständen gültige hinzustellen.

(Mätzner, der franz. Gramm. p. 348 von relativen Fürwörtern spricht, begeht einen Irrthum; wie schon aus den Formen qui, quoi, quel, lequel, comment, où hervorgeht. Es sind Interrogativa, wie sie auch Diez III[4] 363 bezeichnet, und wie die lat. Formen quisquis, quidquid zeigen, aber Interrogativa, welche den Sinn von Indefiniten haben.)

Die von Chrestien verwendeten Interrogativformen sind: qui; que, selten quoi; ferner quant; quel als attributives und prädicatives Pronominaladjectiv; lequel, interrogatives Pronomen, wenn es sich um eine Auswahl handelt; die Adverbia comment und où.

1) **Qui, oder Formen von qui (cui).**

Erec 814. 839. 2438. 5019. 5163. 5679. 6100. 6522. Guill. d'Angl. 132,17. Lyon 675. 693. 770. 1061. 3603. 4789. 4880. R. Charr. 47,15. 65,24. 74,16. 94,11. 134,25. und 18,16, wo statt des falschen que bei Tarbé mit Jonckbloet 500 cui zu lesen ist. Percev. 1689. 1888. 1927. 2729. 3874. 7422. 9136.

---

[1] cfr. das oben p. 89 zu Abtheilung II A cap. 1, § 1, c, ε Bemerkte.

2) **Que, substantiv. Neutrum,**
einmal, Erec 5378, qui geschrieben.

Erec 48. 1802. 2095. 2711. 2446. 4809. 5558. 5960. 6003. 6171. Guill. d'Angl. 60,6. Lyon 1301. 1594. 2506. 3365. 3722. 4451. 4591. 5728. 6095. 6425. R. Charr. 5,29. 6,6. 26,31. 52,22. 52,24. Percev. 3904. 4540. 8457. 8828. 9169.

3) **Quoi (coi).**

Percev. 3234. 4751. 7277. 8686. Guill. d'Angl. 48,6. 53,9. 87,9. 97,5.

4) **Lequel.**

R. Charr. 12,23 (liquelx). Percev. 10252 (lequel, Neutrum).

5) **Quel (quelx, quiex).**

a) praedicativ.

Erec (5). 1971. 2057. Percev. 5734. Lyon 2230.

b) attributiv.

R. Charr, 107,33 (quel hore que). Percev. 4568 (de quel heure que). (dto. mit dem Indicativ: Percev. 877. R. Charr. 24,6: quel hore que). quel part que: Percev. 6706. Lyon 2740. (dto. mit dem Ind. Percev. 8221. 8260. 8543. Lyon 3584. 5162. R. Charr. 10,17. 15,18). quel voie que: Percev. 8378. en quel liu que: Percev. 1880. 2596. (ib. 1028). quel ami que: Guill. d'Angl. 73,25.

6) **Comment.**

Erec 631. 5603. R. Charr. 9,23. Guill. d'Angl. 63,7. Percev. 1434. 3781. 6304. 7490. Lyon 148. 606. 6208. 6255. 6790.

7) **Où.**

R. Charr. 152,1. Percev. 6984. 8814. Guill. d'Angl. 101,24. Lyon 3756. 5999.

Neufranzösisch ist es bekanntlich durchaus üblich, wenn die mit einem Substantiv bezeichnete Gattung von Seienden ganz allgemein, in ihrem vollen, unbestimmt gelassenen Umfange zugegeben werden soll, das den abhängigen Satz einleitende Relativ dem als Attribut des bezüglichen Substantivs voraufgehenden Interrogativ pleonastisch hinzuzufügen, wodurch dieses die Form des Indefinitums quelque gewinnt. (Oder ist es nicht vielmehr richtiger zu sagen: Wenn die mit einem Substantiv bezeichnete Gattung von Seienden ganz allgemein, in ihrem vollen, unbestimmt gelassenen, Umfange zugegeben werden soll, verwendet das Neufranz. nicht das Interrogativum quel, sondern das Indefinitum quelque? Für diese Auffassung sprechen die später anzuführenden zahlreichen Beispiele, in denen ein Substantiv mit folgendem Relativsatz und por in verallgemeinertem Sinne steht.) Quelque statt quel als attributives verallgemeinerndes Pronomen wird von Chrestien an folgenden Stellen gebraucht: Lyon 3842) Einz le desir molt à savoir, Quelque duel que j'en doie avoir. En quelque leu que kommt viermal vor: Lyon 5795) Et si li oreut et destinent, Que Dex li doinst joie et santé, Et venir a sa volanté, En quelque leu qu'il onques aut. ib. 4338) Et lui est molt tart, que il voie Des ialz celi, que ses cuers voit En quelque leu qu'il onques soit. R. Charr. 33,29) En quelque leu qu'el soit, Je la querrai tant, que je l'aie. Percev. 7026) Et ele li a respondu: Que ele li avoit baisié Por cele entention le piè Que de li li resouvenist En quelque liu que il venist.

Auf die Verschiedenheit des neufranz. vom altfranz. Sprachgebrauch, die darin besteht, dass hier quel, dort quelque als attributives Pronomen mit verallgemeinerndem Sinne gebraucht wird, weist ausser Tobler, welcher in seinen Vorlesungen: „Ueber historische Syntax des Französischen" darauf aufmerksam macht, nur Hölder p. 411 Note 4 hin.

Die von Diez III⁴ 362 § 5, Hölder p. 413 Anm. 2, und Darmesteter, De la création de mots nouveaux Introd. p. 7 als veraltet bezeichnete, bei Mätzner, p. 347 δ δ ohne diesen Zusatz einfach erwähnte Construction, den zu verallgemeinernden Artbegriff mit por „um.... willen" einzuleiten, ist Chrestien sehr geläufig. Die Beispiele sind insofern von besonderem Interesse, als sich bei dieser Construction der Conjunctivsatz recht deutlich als Relativsatz ausweist. Lyon 5677) Et je ne me desfandrai plus, Ne ja ne releverai sus De ci por force, que je aie. ib. 4256) Por rien, qui pöist avenir. ib. 1508) Por poinne, que il i mëist. ib. 2617) Et li rois ne vost plus atendre Por rien, qu'an dire li sëust. ib. 3914) Ne porquant ja ne l'en ëust Menee por rien, qu'il pëust, Ne fust Kex. ib. 3679) Ne ressortir, ne rëuser Ne m'an poi por rien, qu'avenist. ib. 5149) .... nos n'osons a noz ostex Herbergier por rien, qui aveigne, Nul prendome, qui de fors veigne. Percev. 2368) Riens fors les armes ne vot prendre Por proiere, que on li face. ib. 3784) Mais ja por duel, que ele en ait, Ne remanra n'ent, je cuit. ib. 4857) Que cius le (l'espee) fist et refera, U ja mais faite ne sera, Por home, qui s'en entremece. ib. 7513) Qui ne mue color ne tramble (Gauwains) Por nule paor, que il ait. ib. 8177) Que ja por nului nel lairas, Ne por home, que tu ci voies. Erec 6041) Je nou vousisse a nul fuer Por rien, que dëust avenir. ib. 6347) Au quart ne vost plus demorer Por rien, qu'en li sëust proier. Guill. d'Angl. 85,23) Ja por cose, que fait aiés Dusques ci, ne vos esmaiés. ib. 94,24) Ne pueent as vilains retraire, Por noreture, qu'il en aient. Guill. d'Angl. 97,17) Et de ceste mëisme cose Retence (zankt aus) dans Foukiers et cose Marin; mais por rien, qui aviegne, Dist, que ja n'ira en escriene Se Loviax ne va avoec lui. Percev. 77) K'ains pucele ne siervi puis, Ne n'issi fors de celui puis, Por nul home, qui i venist Et a mangier i requesist. R. Charr. 51,4) Ne te lerai mie Combatre por rien, que tu dies. ib. 81,4) ... Ne l'espargniez pas, Chevaliers, por riens, qu'il vos die. Percev. 9135) Mais jou ne lairoie por rien, C'on me puist dire ne retraire etc. ib. 10278) Ja n'i querrai ne gué ne pont Por rien nule, qui m'en aviegne. Erec 2687) Car por rien nule, qu'en te die Ne vuez, que en ta compaignie Escuiers ne chevaliers aille. ib. 8333) Dame, fait il, trop estes fiere, Por losenge ne por proiere Ne feriez rien, que je vuille. R. Charr. 8,18) Ne soiez por si poi coarde.

Die letzte Stelle R. Charr. 8,18 zeigt, dass diesen Wendungen ursprünglich die Vorstellung einer in beliebiger Höhe freigestellten Werthangabe zu Grunde liegt. Zugleich ergiebt sich aus dieser Auffassung, dass die Construction von por mit Substantiven (auch poi in R. Charr. 8,18 ist als Substantiv zu betrachten), die einzige, welche bei Chrestien vorkommt, logisch die einzige richtige ist. Die Construction von por mit Adjectiven (wie pour grands que soient les rois Diez III 362; Mätzner, franz. Gramm. 347 δδ; pour petit qu'il fût Hölder 413 Anm. 2) ist eine nicht eben geschickte Verkürzung jener (pour grands que soient les rois = pour quelle grandeur qu'aient les rois). Diez fasst die Sache umgekehrt auf, wenn er a. a. O. sagt: „Selbst Substantiva fügen sich in diese Construction: pour pouvoir qu'aie ëu."

Der Conjunctiv in den auf ein Substantiv mit verallgemeinerter Bedeutung folgenden Relativsätzen entspricht vollkommen dem, was weiter oben, in der Einleitung zu den determinierenden Sätzen über die Bedingungen seines Auftretens in determinierenden Sätzen gesagt worden ist. Wenn wir daneben in einigen wenigen Fällen den Indicativ finden, so brauchen wir deswegen noch nicht zu der bekannten lateinischen Construction der Verallgemeinerungs-Sätze unsere Zuflucht zu nehmen. Denn es ist doch kaum glaublich, dass Chrestiens, nachdem er in einer überwiegenden Mehrzahl von Fällen die seiner Sprache eigenthümliche Auffassungsweise zum Ausdruck gebracht, die Laune gehabt haben sollte, in einigen wenigen Fällen Kenntniss klassischer Construction zu zeigen. — Die Stellen mit dem Indicativ sind: Percev. 8260) Et dist: Chevaliers, or alés, Quel part, que vous onques volés. ib. 8543) Or serai jou lie et joiouse D'aler quel part, que vous vorrois. ib. 10252) Jou t'ai chi devise .II. coses; Si fai le quel, que tu vorras. Lyon 3584) Qu'il m'est avis, que vos poez Aler quel part, que vos volez. ib. 5162) Alez quel part, que b'oen vos iert. Percev. 1028) Tant li a dit, et tant proiié, Que li maires a ottroié, Que il molt volentiers ira En quel liu, que ele vorra. ib. 8221) Et va quel part, que tu vorras. R. Charr. 10,17) Mais ses dementers riens ne vaut, Qu'il estuet par force, qu'elle aut Quez (l. Quel) part, que il vouldra. ib. 15,18) Mes va quel part, que tu voldras, Et iré la, u tu iras. ib. 24,6) Et dit: Chascuns de vos me doit Un guerredon a mon gré rendre Quel hore, que jel voudrai prendre. Percev. 877) Et si savés, que tuit morrons, Que ja escaper n'en porrons, Que il ne nos estuece aler La, dont ne porrons retorner, De quel heure, qu'a Dieu plaira.

In allen voranstehenden Beispielen enthält der Determinierungs-Satz einen Ausdruck des Wollens, des Beliebens; zweimal im praesens, neunmal im futur. Diese Fälle sind nicht den bei Willenberg l. c. p. 397, und p. 407 Anm. 5 für den Indicativ in Verallgemeinerungs-Sätzen beigebrachten Beispielen zuzurechnen. Das modale Hülfsverb nebst den ihm gleichstehenden Ausdrucksweisen vertritt, namentlich wo es im futur steht, den sonst üblichen Conjunctiv.

In zwei Fällen ist zu ändern; für Percev. 8805) Or levés dont, fait il, de ci. Et cil se lieve, qui que paine ist zu lesen: a quelque paine „mit welcher Mühe auch". In Guill. d'Angl. 144,13) Tout son plaisir li vaura faire, Qui k'en parole, s'ele puet ist zu ändern in: Qui qu'en parolt, se ele puet. In R. Charr. 162,5) Qu'eles ne pensent, ne ne croient, Que hom [l. Qu'om] terriens, tant lor plesoit, Puist fere ce, que il fesoit bezieht sich der eingeschobene Satz „tant lor plesoit" nicht mit verallgemeinert einräumendem Sinne auf „hom terriens", sondern als einfacher Aussagesatz auf Lancelot.

So bleibt als Indicativ von der Art der bei Willenberg l. c. p. 397 aufgeführten, zu denen sich noch hinzufügen lässt: Alexis 19D): Larges almosnes par Alsis la citet Donet as povres, ou qu'il les pot trover. Quinze Joies de Mar. p. 44) Et cuide estre bien arrivé, combien qu'il a esté mainte fois receü comme il sera (in denen beiden übrigens von etwas Thatsächlichem die Rede ist) nur übrig: Erec 5) Sor ce fait bien, qui son estude Atorne a bien, quels qui il est, wo schon der Reim: entrelest Bedenken erregt. Auch R. Charr. 112,10) Que melz gardee nule n'est. Car nëis veoir ne la lest Son fil, ist bedenklich. Jonckbl. 4054 liest: Onques ne fu par nule gaite Si bien gardee torz en marche Des le tans que Noex fist l'arche, Que il mialz gardee ne l'ait, Que nëis veoir ne la lait Son fil.

In den mit quanque (quantum quod) verallgemeinerten Sätzen steht durchweg der Indicativ, gleichviel ob sich die Aussage auf etwas Vergangenes, bereits zur Thatsache Gewordenes, oder ob sie sich auf etwas noch von der Zukunft zu Erwartendes bezieht.

Beispiele sind: Erec 493. 541. 674. 878. 1189. 1771. 1848. 2084. 2101. 2515. 2701. 2727. 3174. 3190. 3899. 4839. 5118. 5353. 5513. 5536. 5552. 5870. 5987. 6092. 6485. 6559. 6740. 6776. R. Charr. 1,5. 22,3. 29,8. 38,15. 41,3. 43,24. 51,28. 52,6. 63,24. 77,24. 79,26. 84,8. 91,16. 94,6. 107,17. 118,16. 118,26. 118,30. 120,18. 121,20. 126,3. 129,15. 135,27. 145,12. 155,4. 158,23. 158,28. 159,6. Percev. 110. 586. 872. 1414. 1452. 1463. 1594. 1899. 1929. 1951. 2149. 2161. 2642. 3443. 4530. 3383. 4104. 5361. 5391. 6589. 6707. 6865. 7036. 7503. 8233. 8842. 9030. 9155. 9352. 9605. 9982. Guill. d'Angl. 43,25. 55,17. 55,20. 58,11. 74,3. 74,14. 77,3. 78,17. 87,25. 106,6. 123,9. 148,25. Lyon 799. 879. 1282. 1299. 1547. 1585. 1841. 1977. 2050. 2083. 2782. 2783. 3127. 3305. 3573. 3892. 4181. 4432. 4443. 4522. 4719. 4724. 5396. 5398. 5470. 5827. 6035. 6071. 6407.

In den fünf Stellen, wo gegenüber den soeben angeführten 128 Indicativstellen in einem Satz mit quanque der Conjunctiv steht, ist entweder zu ändern, oder der Grund ist wo anders, als bloss in der Verallgemeinerung des Sinnes zu suchen. Der Conjunctiv ist entweder als attrahiert (Hölder 420 d), oder als hypothetisch anzusehen.) Percev. 2346) Mais li varles sa viestëure Ne vot laissier, que ne prëist, Por quank' Yones li dëist, Une cote moult aaisie. Lyon 3326) Et sel fëist, se lui plëust, Seignor de quanque ele ëust. ib. 6319) Qu'il s'est aparcëuz molt bien, Que ele ne l'en rendist rien, Por quanque dire li sëust, Se force ou crieme n'i ëust.

In Percev. 3070) Et la damoisele atendoit, Qu'il l'aresnoit (l. aresnast) de quanque soit; ist in: de que (oder coi) que soit zu ändern. Zu ändern ist auch in Percev. 1813) Biaus fius, fait ele, Dex vos maint! Joie plus, qu'il ne m'en remaint, Vos doinst il, quanque vos aliés. Man lese: où que vos aliés.

Dagegen beruht der Conjunctiv lediglich auf der Verallgemeinerung des angenommenen Artbegriffs in: Percev. 6423) Ha, garce, com par fustes baude, Quant par vostre malaventure, Osastes blasmer creature, Que j'onques ëusce loée. ib. 4495) Li mangiers fu et biaus et buens, De tos les mes, que rois ne quens Ne empereres doie avoir. ib. 9406. 3128. Erec 2415. Lyon 1654) Biën i pert, que vos estes fame, Qui se corroce, quant ele ot Nelui, qui bien feire li lot.

Denselben Charakter der Einräumung von etwas im Allgemeinen Zugegebenem trägt der Conjunctiv in Relativsätzen, welche mit ihrem Beziehungswort zusammen das zweite Glied einer Vergleichung der Ungleichheit bilden. Erec 2405) Ausi est Enide plus bele Que nule dame ne pucele, Qui fust trovee en tot le monde. ib. 5857) Mais il estoit un pié plus grant,... Que chevaliers, que l'en sëust. R. Charr. 1,23) Mes tant dirai je, que melz oevre Ses comandemens en ceste oevre, Que sens ne poine, que j'i mete. Percev. 1920) Et moult mellor baisier vos fait, Que cambouriere, que il ait En toute la maison mamere. Lyon 405) Tu seras de meillor cheance, Que chevaliers, qui i fust onques. ib. 2289—90) Que sa compaingnie amoit plus, Que compaingnie, qu'il ëust A chevalier, que l'en sëust. cfr. Alexis 42B) Mes ne por hoc mes pedre me desirret, Si fait ma medre plus que femme qui vivet. Quinze Joies de Mariage p. 16) Je vos metray en tel estat, que je me rens fort que vous serez aux nopces de ma cousine la mieux abilliée que femme qui i soit.

Es sei hier anmerkungsweise darauf hingewiesen, dass sich nicht nur in dem, das verglichene Substantiv quantitativ umgrenzenden Relativsatz, sondern auch in dem Vergleichungssatze selbst der Conjunctiv findet; ein Gebrauch, von dem Chrestiens allerdings keine Belege bietet.

Jeh. de Condet, Li dis dou lyon, ed. Tobler, Gedichte von Jehan de Condet p. 11 v. 98—100 (Jahrbuch II, 85): Pour cou vous di ciertainnement, Que plus a de droiture em bieste, Qu'il n'ait en gent; trop sont rubieste. Derselbe im Dis de boine chiere, Jahrb. II. p. 86 Nr. 7: Salemons dist en ses proviérbes, Qui (l. qu'il) vient (l. vaut) miex au pore (l. potaige) d'erbes Appieller gens en carité, Qu'il ne face donner plenté Du viel....avoek haynne. Serm. de S. Bern. in Bartsch franz. Chrest. 196,22) ou nes plus ardamment que li gent del seule ne facent les richesces. ib. 196,32. Rom. u. Past. II, 30,32) Et dist: je chantasse, Mais antre vos trois saves Plus que je ne face. ib. II 20,48. Enf. Og. 4776) Plus en i a que mestier n'en aions. ib. 7627. Buev. de Comm. 98) Plus ert plaine de grace Que ne soit la panthere, Que les bestes poursivent pour sa douce matere.

Im Altenglischen (= Angelsächsischen) kommt solcher Conjunctiv im Vergleichungssatze öfter vor: Elene 75) þuhte him wlitescýne on weres háde Hwît and hiwbeorht hæleða náthwylc Geýwed ænlîcra, þonne hé ǽr oðða sið Gesêge under swegle.

Weitere Beispiele finden sich bei Mätzner, Engl. Gramm. I 140 b; und bei Grein, Sprachschatz II 563 v⁰ þonne, 2.

Die folgenden drei Beispiele, sowie die sich ihnen anschliessende Erklärung, welcher Art dieser Conjunctiv sei, verdanke ich einer gütigen Mittheilung des Herrn Prof. Tobler. Aauc. et Nic. 14,16) Mais je vous aim plus, que vous ne faciés mi. Percev. (Forts.) 27132) Uns chevaliers, Qui .I. haubierc vestu avoit Plus blanc, ke nule flors ne soit D'aubespine ne d'aiglentier. ib. 32182) Car vous avés plus bele amie, Au mien quidier, que jou ne soie.

Der Grund des Conjunctivs ist der allgemein einräumende Sinn, in dem das im verglichenen Satze Ausgesagte seinem ganzen Umfange nach zugegeben wird. „Ich liebe euch mehr, als ihr mich nur immer lieben mögt; euer Lieben soll in seinem ganzen Umfange zugegeben werden, so ist meines doch grösser."

Dass sich derselbe, durchaus logische, Gebrauch des Conjunctivs bis in's Neufranz. hinein erhalten hat, zeigt folgendes, von Moland zu Molière, L'Avare V, 6, Band V. p. 416 citierte Stück aus einem Roman von 1672 „Araspe et Simande," Par exemple, à Molière. Vous sçavez le bien qu'on en dit, et qu'il passe pour un homme aussi spirituel qu'il y ait en France. cfr. auch Hölder § 424, b, aa, Anm. 3, p. 441.

Von dem im Vorangehenden besprochenen Conjunctiv in Relativsätzen, die mit ihrem Beziehungswort zusammen das zweite Glied einer Vergleichung der Ungleichheit bilden, hat man auszugehen, um den Conjunctiv in Relativsätzen, deren Beziehungswort von einem superlativischen Attribut begleitet ist, zu erklären. Auch hier ist der Conjunctiv einräumend. Erec 1608) Dous chasteax lor avoit promis, Les meillors et les mieuz assis, Et ces, qui moins dotassent guerre, Qui fussent en tote sa terre. ib. 1773. 1812. 2490. 4106. 4326. 5665. 6880. R. Charr. 35,21. 79,4. 89,12. 44,28. 54,14. Lyon 381. 413. 418. 1145. 1718. 1814. 3566. 3990. Guill. d'Angl. 130,16. 136,5. 148,22. Percev. 3. 481. 1854. 2828. 4010. 4035. 4415. 4671. 6412—13. 6511. 6647. 7281. 7687. 7721. 7861. 9089. 9113. 10422.
Hierhin gehört auch: Percev. 5967) Dex doinst joie et honor A la plus bele, a la mellor De toutes les dames, qui soient.
Wo hingegen der aus Beziehungswort nebst determinierendem Relativsatz bestehende Artbegriff nicht in verallgemeinernd einräumendem Sinne bloss gesetzt oder angenommen, sondern als etwas (nach der Meinung des Sprechenden) thatsächlich Existierendes hingestellt wird, steht in dem Relativsatz der Indicativ. Erec 1362) Donez li ... De voz robes, dont vos avez, Des meillors, que vos i savez. ib. 2589) Li miaudres hons, qui ains fu nez, S'estoit si vers moi atornez, Que d'autre rien ne li chaloit. ib. 2601) Tant s'est la dame dementee, Que bien et mal s'est atornee De la meillor robe, qu'ele ot. Percev. 1508) Sire, or esgardés Le plus haut bruel, que vos veés. ib. 1585) Taisiés, mere! Ne vi jou ore Les plus beles choses, qui sont, Qui par le gaste foriest vont. ib. 2137) D'ire respondre ne pooie, Que li pire anemis, que j'ai, Qui plus me het, dont plus m'esmai etc. ib. 5329) Va dont au plus rice manoir, Fait il, que tu as ci entour. Guill. d'Angl. 140,12) Ains prist, se assener i pot, Le millor avoir, qu'il i ot. Lyon 1390) S'est granz diax, quant Amors est tex, ... Qu'el plus despit leu, qu'ele trueve, Se herberge ele autresi tost, Com an tot le meillor de l'ost.
Nicht auf den Superlativ bezüglich ist der Relativsatz in: Lyon 8551) Des joies fu la plus joieuse Cele, qui m'ert aseuree.
Nach li premiers steht der Relativsatz im Indicativ. Lyon 6538) Malëoiz soit li premiers hom, Qui fist an cest païs meison. Percev. 5188) Qu'il sait bien, que l'espee nueve, Qu'il emporte, li brisera Au premier cop qu'il en ferra. ib. 6903) Si li die, k'il li envoie Le premier gaaing, qu'il a fet Le jor. ib. 9599) Et vous serés tous li premiers Chevaliers, qui i mangera.
Ein hypothetischer Conjunctiv ändert daran nichts: Percev. 9728) Si fust cou la cose premiere, Dont je vos fesisce proiere Que vostre nom me dëissiés, Se desfendu nel m'ëussiés.
Nicht mit den unmittelbar vorangehenden Beispielen zusammenzustellen sind: Guill. d'Angl. 39,9) La plus droite voie tenra, Que il onques porra tenir. ib. 99,19) Et meesment l'a ramprosné Del pis, que dire li savoit. Erec 563) Li mieudres (espreviers), c'on porra savoir.
Hölder § 211, III, 3, b Anm. 2, p. 423 sagt: Es ist Sprachgebrauch, dass nach dem Superlativ das Zeitwort pouvoir ohne Infinitiv immer im Indicativ steht: Je fais la meilleure contenance que je puis. Sévig." Später, § 224, b, aa, Anm. 2,

p. 441 scheint er die hier aufgestellte Regel nicht im Sinn gehabt zu haben, wenn er sagt: „Eine Gleichheit drückt auch der auf einen Superlativ sich beziehende Satz: qu'il est possible aus. Je vous recommande . . . de lui faire enfin le meilleur accueil qu'il vous sera possible. Mol. [Mais il n'y a guère personne qui ne le (le paradis) veuille gagner à meilleur marché qu'il est possible. Montesq."]¹ Offenbar fallen diese Beispiele nebst allen denen, für welche sie das Paradigma bilden, mit den p. 423 Anm. 3 erwähnten zusammen. Die zweite Regel p. 441 Anm. 2. giebt den Schlüssel zur ersten. Die Vergleichung, um die es sich handelt, ist die, welche jedesmal da stattfindet, wo gemessen wird. Um einen Massstab für die Intensivität der im bezüglichen Hauptsatz angegebenen Thätigkeit des Subjects gewinnen zu lassen, vergleicht sie der Sprechende mit dem, was bei jeder, auch der höchsten, Kraftanstrengung im Vermögen dieses Subjects steht. Wenn also Chrestiens sagt: Lyon 1483) Et voir ele ne se faint mie, Qu'au pis, qu'ele puet, ne se face so heisst das: „Und sie verstellt sich wahrlich durchaus nicht (sie ist nicht träge) in einer Weise, dass sie sich nicht anthäte nach Massgabe des Schlimmsten, was sie im Stande ist." Aus „au pis" ist zu face gleichsam hinzuzudenken: à mal. Die Präposition à hat hier denselben Sinn, wie in: à votre dire, à ce que je vois etc. Der Satz: „qu'ele puet" ist aber kein Vergleichungssatz, sondern ein Relativsatz; wenn wir kurz vorher sagten: Die zweite Regel bei Hölder, p. 441 Anm. 2, gebe den Schlüssel zur ersten p. 423, Anm. 3, so soll damit nicht gesagt sein, dass wir Sätze, wie: le meilleur accueil qu'il vous sera possible, [à meilleur marché qu'il est possible] für Vergleichungssätze hielten; que ist Accus. des Relativs, abhängig von dem aus dem vorangehenden Satze zu ergänzenden Infin. de faire, [de gagner], gerade so wie in: Je fais la meilleure contenance que je puis. Der Indicativ steht in diesen Relativsätzen, weil von dem thatsächlichen Vermögen des in Rede stehenden Subjects gesprochen wird.

Ausser den bisher angeführten Stellen sind Beispiele solcher Relativsätze bei Chrestien: Lyon 2481) Mes il avoient la semainne Trestuit proie et mise painne Au plus, qu'il s'en porent pener, Que il en pöissent mener Mon seignor Yvain avoec ax. ib. 4155. 4298. 4650. 5546. 5924. 6497. Guill. d'Angl. 43,24. 44,7. 49,10. 61,17. 69,11. 71,1. 73,4. 99,25. 106,13. 114,16. 150,18. Percev. 1259. 2304. 3740. 3819. 4542. 6225. 7125. 7409. 8323. 9943. 10083. 10311. R. Charr. 3,29. 20,10. 26,15. 36,22. 80,23. 102,30. 138,24. 153,2. 158,15. 158,19. Erec 1652. 2275. 3685. 4553. 5902. 6542.

Ebenso wie pooir wird savoir behandelt: Erec 4773) Mais je vos doing conseil, Le meillor, que doner vos sai. R. Charr. 61,10) Par tel covent, que je vos doigne Consel au meuz, que je sauré. ib. 86,19) Au melz, que il set, s'apareille. Percev. 598) De vos noveles nos contès, Des plus voires, que vous savés. ib. 8323) Et la pucièle li äie Au mius, qu'ele onques set ne puet. Guill. d'Angl. 51,1. 99,19. Lyon 616) Certes, vostre leingue vos het, Que tot le pis, que ele set, Dit a chascun, coment

---
¹ Hier kein Superlativ!

qu'il soit. ib. 3864) Et dit, quant il l'avra, As plus vix garcons, qu'il savre
En sa meison, et as plus orz La liverra por lor deporz. ib. 5189) De fi
d'or et de soie ovroient Chascune au mialz, qu'ele savoit.

§ 2.
Die quantitativ determinierenden attributiven Relativsätze.

Der Hauptsatz ist stets negiert.

Erec 3855) Assez sui riches et poissanz; Qu'en ceste terre de to.
sanz N'a baron, qui a moi marchisse, Qui de mon commandement isse
Et mon plesir ne face tot. Erec 3220) N'a chevalier en cest päis, Qu
de la terre soit näis, Que plus beax ne soiez de lui. ib. 2027. 2039. 5605
5653. 5708. Guill. d'Angl. 46,10. 51,1. 89,25. 107,4. 159,19. 164,15. Lyo
122. 139. 511. 1112. 1512. 1743. 1887. 2322. 2289. 3026. 3760. 5150. 5493
6241. 6477. 6478. R. Charr. 51,14. 73,15 und 17. 86,9. 160,33. 118,13—1
(4357). Percev. 41. 2961. 3181. 3184. 3426. 4999. 5892. 6075. 6110. 6330
7521. 7673. 7759. 7912. 8206. 8249. 7688. 8251. 8599. 8918—19. 10274
10331. 10477.

Diesen sechzig Stellen mit quantitativ determinierenden
attributiven Relativsätzen im Conjunctiv nach negiertem Hauptsatz
steht, bei ganz gleichen Verhältnissen, éine im Indicativ gegen
über. Erec 2039) Nule riens, qui joie set faire, Et cuer d'ome a leec
traire, N'est, qui ne soit illuec le jor.

Der Indicativ ist unmöglich, da der Relativsatz mit seiner
Beziehungswort zusammen einen im Sinne einer Forderung ge
setzten Artbegriff ausmacht. Auch bei positiver Aussage würde
Chrestiens den Conjunctiv gesetzt haben: totes riens, qui joi
sachent faire, sont illuec le jor. Aenderung ist sicher nothwen
dig, aber wie? Da überhaupt joie faire nicht: „Freude machen"
sondern „Freude äussern" bedeutet. Etwa: Riens dont hom joi
sache faire Et son cuer a leece traire?

Ganz analog gebildet ist: Erec 5708) Ne soz ciel n'a oise
chantant, Qui plaise a home tant ne quant, ... Que l'en n'en i pöist ö
Plusor [s] de chascune nature.

Ein fälschlicher Conjunctiv steht: R. Charr. 92,29) Ne n
fist semblant de l'angoisse, Qu'il ait au piez ne au mains, Ne plus, qu
ςe il fust toz sains. Man lese mit Jonckbloet 3323) Qu'il avoit
(aus) piez et és (aus) mains.

Derselben Gattung von quantitativ limitierenden Relativ
sätzen gehören nach Tobler, Zeitschrift II 561 (cfr. oben p. 78
auch die, für das Verständniss der Negation im Hauptsatz
nicht eben unentbehrlichen, relativischen Wendungen: que j
puisse, que je sache, que moi soveigne etc. an; ver
mittelst deren der stets negative Ausdruck des jeweiligen Haupt
satzes hinsichtlich seiner Tragweite auf den Umfang de
Könnens, Wissens oder Erinnerns der sprechenden Person ei
geschränkt wird. Lyon 5785) Je ne sai, fet il, que vos dites, Et si v
an claim je toz quites; C'onques chose, que j'en mal teingne, Ne déiste
dont moi soveingne.

Das Relativ dont hat zum Beziehungswort den vorai
gehenden Satz: Onques chose, que j'en mal teingne, ne déiste
Percev. 1891) Je voir ne te baiserai ja, Fait la puciele, que je puiss

Lyon 428) Ja, que je sache a esclant, Ne vos an mantirai de mot. ib. 571) Et disoient, c'onques mes hom N'en eschapa, que il sëussent, Ne que il öi dire ëussent, De la, dont j'estoie venuz, Qu'il n'i fust morz ou retenuz. ib. 3715) Ja, que je puise, n'i morroiz. ib. 4775) Mais ja par force, que je puisse, Por qu'äie ne consoil truisse, Ne li leirai mon heritage. Erec 999) Ainz mais ne te vi, que je sache. ib. 1004) Ne vos vi, moi soveigne, onques.[1] R. Charr. 42,15) Onques certes, dont me sovigne, Fet li chevaliers, mes ne vi Si bel pigne, com je voi ci. Erec 1595) Mout estoit riches li bliaus, Mais ne revaloit pas noaus Li manteax de rien, que je sache. R. Charr. 122,10) La, ou je puisse, Ne me verra ja nule espie. Guill. d'Angl. 119,1) Ja ne perdrai marciés ne foire, La ou jou puisse, mais awan.

(Diese beiden Beispiele sind besonders interessant wegen des prägnanten Gebrauchs von pooir; bei dem ersten, R. Charr. 122,10, lässt sich allerdings ergänzen: la ou je puisse ne pas estre vëuz, cfr. Weber, Ueber den Gebrauch von devoir, laissier, pooir etc. Dissertation, Berlin 1879, p. 17 zu Floire und Blanchef. 756. Das zweite Beispiel, Guill. d'Angl. 119,1, aber zeigt pooir in derselben energischen Verwendung, wie das bei Weber a. a. O. p. 15 angeführte aus Decam. Introd. in un pratello nel quale l'erba era verde e grande, nè vi poteva d'alcuna parte il sole. Zu dem ersten liesse sich als besonders bemerkenswerth nachtragen Auc. et Nic. XIV: Li premiers, qui vos verroit ne qui vos porroit, il vos prenderoit lues, et vos meteroit a son lit.) Guill. d'Angl. 104,6) Vos alés de noient parlant, Qu'il ne me faut rien, que jou sache. Percev. 7760) Ne ne fis rien, que je sëusce, Por coi ja mais merci ëusse. ib. 8470) Ains mais, que sace, ne te vi.

Hier ist wohl der Ort, wo man die folgenden drei Stellen unterbringen kann: R. Charr. 26,18) Daha ait, qui vos öi onques, Ne vit onques mes, que je soie. Percev. 5766) Maudehé ait, ki le cuida, Et ki le cuide, que je soie. Erec 854) Or fait Erec, que Dex i vaille, C'onques plus nule rien ne vox. cfr. Ztschr. II 562, Z. 20: ja ne voie je demein, Qui la [la char] mangera, que je soie.

Die enge Zusammengehörigkeit der soeben angeführten Stellen mit den vorher erwähnten quantitativ determinierenden Relativsätzen zeigen namentlich Stellen wie: Percev. 6379) Dames, ains tant ne m'abeli Nus chevaliers, que je vëisse,.... Tant com fait Melians de Lis. Lyon 6241) Einz tant ne sot de cos paier Chevaliers, que je conëusse. ib. 6477) N'onques öi parler n'avoie De chevalier, que je sëusse, An terre, ou je este ëusse, Qui li chevaliers au lyeon Fust apelez an sorenon.

II. Capitel.

Die prädicativ determinierenden Sätze.

R. Charr. 1,15) Par foi! je ne sui mie cil, Qui vuille losangier sa dame. (= Je ne sui mie losangiers.) Erec 778) Mais ne cuidoit, qu'ou siegle ëust Chevalier, qui tant hardi fust, Qui contre lui s'osast combatre. Percev. 7375) Nus si hardis avant ne vient, Qui le portier tant ne redout; Ja n'iert teus, qui sa main i bout.

---

[1] 1. Ne vos vi, dont moi soveigne, onques. cfr. kurz vorher Lyon 5785.

III. Capitel.
Die adverbial determinierenden Sätze.

Werfen wir einen Blick zurück auf den Gang, welchen unsere Darstellung des Conj. in den qualitativ determinierenden attributiven Relativsätzen genommen hat. Unleugbar nimmt das Relativ einen immer weniger pronominalen Charakter an. Zunächst, in den Beispielen von Erec 4949 p. 83, bis R. Charr. 150,6 p. 84, diente das Relativ nicht bloss dazu, den Anschluss einer determinierenden Bestimmung an das Beziehungswort zu vermitteln, sondern es vertrat auch das Beziehungswort selbst in doppelter Hinsicht. Einmal liess es an seiner Form erkennen, ob es sich auf eine Person, eine Sache, oder einen adverbiellen Ausdruck der Zeit oder des Ortes zurückbezöge, und ferner stand es, wenn auf ein declinables Wort bezüglich, in demselben Casus, in dem dieses gestanden haben würde, wenn es im determinierenden Satze noch einmal gesetzt worden wäre, statt durch das Pronomen vertreten zu werden.

In den darauf folgenden Beispielen, von Erec 334 p. 85, bis Percev. 7012 p. 85, hat das relative Adverb entschieden noch pronominale Kraft, wenn auch der Anschluss nicht so straff ist, wie der in den vorangehenden Beispielen mittelst des flectierbaren Pronomens bewirkte.

Was aber die hieran sich anschliessenden Fälle betrifft, in denen die bei Anwendung des relativen Adverbs statt des Pronomens verloren gegangene Bezeichnung der Casusbeziehung in einem ergänzend hinzutretenden Demonstrativum, resp. Indefinitum, ausgedrückt wird, so ist hier der ursprünglich pronominalen Form von ihren früheren Functionen nur die eine geblieben dass sie den Satz, an dessen Spitze sie steht, zu einem determinierenden macht. Hätte der Dichter das die Beziehung der Determinierung regelnde il, le, de lui, en, i etc. nicht hinzugefügt, wie er es ja auch in den Beispielen von Erec 334 bi Percev. 7012 nicht hinzugefügt hat, ohne deshalb unverständlich zu werden, so wäre der Gehalt der adverbialen Form qu insofern ein vollerer, concreterer, als ihr die das eigentliche Pronomen charakterisierende Fähigkeit der Casusbezeichnung wenigstens virtuell innewohnte.

Von diesem Gesichtspunkte aus konnten wir oben davon sprechen, dass das Relativ einen immer weniger pronominalen Charakter annehme.

Das Schlussglied dieser, unter dem Gesichtspunkte einer zunehmenden Verflüchtigung des pronominalen Charakters der Verknüpfung von Determinierendem und Determiniertem angeordneten Reihe bildet eine Gruppe von Sätzen, welche, in de

Weise eines Adverbs, sei es den Gesammtsinn des vorangehenden Satzes, sei es ein Adjectiv oder ein Adverb desselben, determinieren. Wie jede, durch ein Substantiv bezeichnete Gattung von Seienden verschiedene Arten unter sich begreift, welche durch beigefügte Merkmale umgrenzt und auseinandergehalten werden können, so kann auch die durch ein Verb bezeichnete Handlung resp. der mit demselben bezeichnete Zustand, auf verschiedene Arten vor sich gehen. Ein Satz nun, in dem die besondere Art und Weise, in der nach der Meinung des Sprechenden sich die Handlung des Verbs im Hauptsatz vollziehen soll, des näheren umgrenzt und festgesetzt wird, ist gerade so gut determinierend, wie es die bisher besprochenen Relativsätze waren. Die ursprünglich pronominale Form que aber, welche den determinierenden Adverbialsatz mit dem Hauptsatze verknüpft, ist, als Bindeglied zwischen zwei Sätzen, zur Conjunction geworden.

Für den Modus im determinierenden Adverbialsatze gelten dieselben Regeln, wie für den im determinierenden Relativsatze; auch in jenem steht der Conjunctiv, wann immer die durch ihn umgrenzte Art des Vollziehens der Haupthandlung der Realität ermangelt. Auch hier ist der Umstand, dass der Sprechende seine Aussage von vornherein nur von der besonderen, durch den determinierenden Adverbialsatz umgrenzten Art der Haupthandlung macht, massgebend für die Ausdrucksweise im Hauptsatze, deren jeweilige, sei es positive, sei es negative, unsicher fragende, hypothetisch annehmende, oder wünschende Form nicht auf die Handlung des Hauptsatzes im allgemeinen, sondern auf die durch den determinierenden Satz bestimmte, besondere Art dieser Handlung Bezug nimmt.

Wir unterscheiden vier Gruppen von determinierenden Adverbialsätzen der ersten Classe, d. h. jener, durch welche der Gesammtsinn des Hauptsatzes näher umgrenzt wird; die erste, für die Erec 300: „Bien dient tuit, qu'il n'iert ja fait, Que noise ou bataille n'i ait" als charakteristisches Beispiel dienen möge, umfasst die determinierenden Adverbialsätze im eigentlichsten Sinne, diejenigen, welche die specielle Art des Vollziehens der Haupthandlung festsetzen, welche der Sprechende von vornherein im Sinn hatte, als er der Aussage im Hauptsatze ihre jeweilige Form gab. Die zweite Gruppe bilden diejenigen adverbial determinierenden Sätze, welche das Vollziehen der Haupthandlung dadurch näher charakterisieren, dass sie einen dieselbe begleitenden Nebenumstand angeben, wie z. B. Erec 3320), Mieuz ameroie, (je) fusse a nestre, Ou en un feu d'espine [1. espines] arse, Si que la cendre fust esparse. Die dritte Gruppe besteht aus den Wirkungssätzen, die vierte aus den Temporalsätzen.

§ 1.
Die determinierenden Adverbialsätze im eigentlichsten Sinne.

Erec 300) Bien dient tuit, qu'il n'iert ja fait, Que noise ou bataille n'i ait. Dass die vom König in Anspruch genommene Handlung, das Küssen der erlesensten Schönheit seines Hofes, in einer Weise vollzogen werden würde, wobei es nicht lärmendes Getümmel oder offenen Kampf gebe, ist eine Annahme, die nach der Ansicht derer, welche sie machen, ganz der Realität entbehrt. Der determinierende Satz bildet mit dem Verb im Hauptsatz ganz ebenso einen zusammengehörigen Artbegriff wie der determ. Relativsatz mit seinem Beziehungswort. Derselben Art sind: Erec 3460) Ja n'eschaperoiz de la place, Que tot desmembrer ne vos face.[1] Percev. 875) Et si savés, que tuit morrons, Que ja escaper n'en porrons, Que il ne nous estuece aler La, dont ne porons retorner. Erec 3898) N'auroiz de mon secors mestier, Que ne vos aille lues aidier. R. Charr. 43,15) Quant cil l'ot, n'ot pas de vertu, Quo tot nel convenist plessier Devant en l'arcon de la sele [avoir vertu entspricht einem Verb wie résister, contretenir, ebenso wie auch das im vorangehenden Beispiel stehende avoir mestier nicht gleich Verb und Substantiv, sondern gleich einem einheitlichen verbalen Ausdruck ist]. Erec 4407) Traez vos la. Je vos desfi. N'en l'en meproiz avant de ci, Qu'ancois n'i ait departiz copx.

Der determinierende Satz trägt die Form eines unabhängigen Satzes im Conjunctiv der unsicheren Annahme: Erec 5758) Ne cuit, que ja mes en issiez, Ne soiez morz et detrauchiez.

R. Charr. 139,34) Ja en leu, se li rois le set, Ne sera, qu'il nel face prendre (l. mit Jonckbl. 5177: Qu'il nel face randre). Lyon 2134) Ja ne passera Cist jorz, se vos feites que sage, Qu'ainz n'aiez fet le mariage. ib. 2865) Puis ne passa .VIII. jorz antiers, Tant com il fu an cele rage, Que aucune beste sauvage Ne li aportast a sou huis. Percev. 6875) Apres cou ne targierent mie Li chevalier, qu'il ne s'armassent.

Dieselbe Construction findet sich noch häufig genug im Neufranzösischen. Beispiele werden beigebracht bei Mätzner, Syntax I p. 70 § 45: Je ne vous quitte point, Seigneur, que mon amour n'ait obtenu ce point (Racine). Je me mangerai rien, que je n'aie vu mon père etc. (Berquin). Von den bei Littré v° que Nro 9, p. 1412 unter der nicht zutreffenden Ueberschrift que . . . ne signifiant sans que angegebenen Beispielen gehört nur eines, das aus Mol. Dép. am. III, 3 beigebrachte, sicher hierher: „Et ce bien, par la fraude entré dans ma maison, N'en sera point tiré, que dans cette sortie Il n'entraîne du mien la meilleure partie." Von den beiden folgenden, aus Mol. Méd. mal. lui I 5 und Misanthr. IV 1 herangezogenen ist in dem letzteren „Il aime quelquefois sans qu'il le sache bien, Et croit aimer aussi parfois qu'il n'en est rien" que temporales Adverb: parfois que = manchmal wo; bei dem ersteren „Je vous

---

[1] „Ein Entrinnen eurerseits, wo (d. h. von solcher Art, in solcher Weise, dass) er euch nicht ganz der Glieder berauben liesse, wird nicht stattfinden."

donne avis qu'il n'avouera jamais qu'il soit médecin, que vous ne preniez chacun un bâton, et ne le réduisiez à force de coups" ist es zweifelhaft, ob man es mit einem determinierenden Adverbialsatz, in der Weise der von Erec 300 an aufgeführten, oder ob man es mit einem Temporalsatze zu thun habe (ja mais que .. ne = zu keiner Zeit fernerhin, wo nicht).

Bei der hier entwickelten Art diese Sätze mit que.. ne aufzufassen, ist es unnöthig eine Ellipse von sans vor dem abhängigen Satze anzunehmen. Wir würden darauf, als auf etwas, das sich aus unserer Darstellung von selbst ergiebt, nicht besonders hingewiesen haben, wenn die Annahme solcher Ellipse nicht allgemein üblich und so auch bei Güth l. c. p. 32 zu finden wäre, der in Betreff ganz analoger italienischer Satzbildungen sagt: „Nach einer Negation steht che non (quin) für senza che."

Gegen die Annahme einer Ellipse von sanz vor den conjunctivischen Wendungen der hierher gehörigen Art spricht schon der Umstand, dass sich Sätze mit sanz que ausserordentlich spärlich finden. Chrestiens weist nur fünf auf, zwei mit dem Conjunctiv, zwei mit dem Indicativ, einen mit nicht deutlich erkennbarem Modus, welcher sich aber ohne Zweifel den beiden ersten Beispielen anreiht.

Bei den ersteren liegt einfache Nichtrealität vor, so dass man nicht nöthig hat, auf die von Güth l. c. p. 32 gegebene Erklärung zurückzugehen: „Der Conjunctiv bei senza che habe seinen Grund darin, dass der Redende annehme, dass dasjenige, was in der That nicht geschehen ist, hätte geschehen sollen."

Die Beispiele sind: Lyon 3817) Joie por lor oste enorer Font, sanz ce, que talent en aient. ib. 4376) Que nus n'est mes frans ne cortois, Einz demande chascuns eincois Por lui, que por autrui ne fait; Sanz ce, que nul mestier en ait. ib. 1985) Einz mes, fet ele, n'öi tel; Que si vos metez a devise Del tot en tot en ma franchise; Sanz ce, que nes vos en efforz. ib. 4572) Et tuit a lor signor offrirent Lor servise, si com il durent; Sanz ce, que il ne le conurent. ib. 2123) Sanz ce, qu'il est de haut parage, Est il de si grant vasselage, Et tant a corteisie et san, Que desloer nel me doit an.

In dem ersten, zweiten und dritten Beispiel steht der Conjunctiv, weil etwas angenommen wird, was in Wirklichkeit nicht vorhanden ist.

In dem fünften Beispiel, Lyon 2123, wird in dem Satze mit sanz ce, que ein Factum angegeben; sanz ce, que ist gleich: à part le fait, que; faite abstraction de ce, que; sans tenir compte de ce, que."

In dem vierten Beispiel Lyon 4572 vermischen sich dem Dichter zwei Gedanken: sanz qu'il le coneüssent, und: et si ne le conurent il mie.

§ 2.
Determinierende Adverbialsätze im Conjunctiv, welche einen die Handlung des Hauptsatzes begleitenden Nebenumstand angeben.
Die determinierte Handlung ist durchweg irreal.

a.
Die determinierte Handlung ist beabsichtigt.

Guill. d'Angl. 87,10) Bel li seroit, qu'ele fust dame De le terre, coi qu'avenist, Ensi, qu'apres lui le tenist. Percev. 3903) Costume estoit a cel tiermine,... Que chevaliers se devoit metre En prison atot son ator, Si com il partoit de l'estor, Que ja rien n'en ëust osté, ... Ne riens nule n'i ëust mise. Erec 3330) Mieuz ameroie (je) fusse a nestre, Ou en un feu d'espine [l. espines] arse, Si, que la cendre fust esparse. R. Charr. 131,10) Sire, molt boen gre vos saurai, Fet Meleaganz a son pere, Se Kex son outrage compere Si, que la rëine i ait honte. Guill d'Angl. 124,8) Tot maintenant li rois commande A I serjant, que il li rende Les V sols, que deniers n'i faille. Lyon 2078) Et de la parole semont Son senechal, que il la die Si, qu'ele soit de toz öie. ib. 1924) Ne vos grevera rien, ce croi, Fors tant, ... Qu'avoir vos vialt en sa prison, Et si i vialt avoir le cors, Que nes li cuers n'en soit defors.

b.
Die determinierte Handlung ist nur angenommen.
α) Der Hauptsatz ist negiert.

Percev. 9934) Mais ensi ne fu ele mie, Qu'ele onques me vosist amer. R. Charr. 115,4) Quant il est morz, molt sui mauvaise, Que ne fasse [l. mit Jonckbl. 4230: Que je ne faç] tant que je muire. Lyon 1507) Nus d'aus, s'il s'en voloit pener, Ce cuit, ne porroit asener,¹ Que ja mes nule tel fëist, Por poinne que il i mëist. R. Charr. 18,6) Honiz est chevaliers en terre, Des qu'il a este en charete. Si n'est pas droit, qu'il s'entremete De ce, dont vos m'avez requise, Ne s'entremete, qu'il i gisse, Qu'il le porroit tost comparer. Lyon 3031) Lever se cuide et sostenir, Mes ne puet tant, qu'aler s'en puisse. Guill. d'Angl. 76,8) Et s'estent por la pume prendre; N'onques tant ne se pot deffendre, Que la pume autant ne li fuie. R. Charr. 155,6) Onques, voir, tant ne s'avilla Proesce, qu'en lui se mëist, Ne que pres de lui s'asëist. ib. 135,20) Ne tant reposer ne se quierent, Qu'aleine reprendre lor lesse. (lesse ist unmöglich; man lese entweder loise von licere, oder, was durch das Reimwort mesese verlangt wird, plese, Jonckbloet 5009: loise: poise.) ib. 161,21) Mes tant ne s'osoient fier En lor biautez, n'en lor richeces, N'en lor pooir n'en lor hautece, Que por biaute, ne por avoir, Nules d'els ne deignast avoir Cist chevaliers, qui tant est preuz. lege: Que por biaute ne por avoir Nule d'eles deignast avoir Cist chevaliers, qui tant est preuz; Jonckbloet 6001: Deignast nule de les (l. d'eles) avoir Cil chevaliers, que trop est prouz. „Sie dachten nicht so hoch von ihren Vorzügen, dass (sie gedacht hätten) dass der Ritter sich herabliesse, eine von ihnen zu nehmen." Percev. 2471) Ceste parole tant greva Kex (l. Keu), ke por poi qu'il ne creva De mau

---

¹ assener = parvenir à bout; cfr. Scheler zu Enf. Og. 2216) Dedenz cele isle ... Me porrez vos demain tempre' encontrer, Se je i puis venir ne assener. Berte v. 98) Se voloie conter Toutes lor aventures, ne porroie assener. Lyon 5603) Tant vet cerchant, que il asene Au snil. Guill. d'Angl. 140,11.

talent et de courous. Poi n'a,[1] qu'il ne l'a devant tous Tel[2] conreet, que mort l'ëust. Lyon 2213) Onques, voir, si ne s'avilla, Qu'il dëist de vos vilenie. ib. 3977) Dex m'an desfande, C'orguiauz en moi tant ne s'estande, Que a mon pie venir les les!

β) Der Hauptsatz ist hypothetisch.

Erec 3552) Mais se Dex ait de moi merci, Tant qu'eschaper puisse de ci, Ceste vos iert molt chier vendue. Percev. 8078) Se tant te voloies pener, Que tu m'osasses amener De cel gardin mon palefroi etc. Lyon 6083) Car s'il font tant, qu'il s'antrevaignent, Grant peor ai etc. Erec 3738) Duelx ne pesance ne me faut Ja mes, tant com j'aie (l. je aie) a vivre, Se mes sire tot a delivre En tel guise d'ici n'estort, Qu'il n'i recoive honte et mort. (Nach Analogie von ib. 5400: „L'aventure, dont nus n'estort Qu'il n'i recoive ou honte ou mort" wird man auch 3738 zu lesen haben: Qu'il n'i reçoive honte et mort).

Beispiele von adverbial determinierenden Sätzen, die einen die Haupthandlung begleitenden Umstand angeben, im Indicativ, sind: Erec 1468) Or s'en vont, que plus n'i atendent. Percev. 8233) Mesire Gauwains tout escoute, Quanque la damoisele estoute Li dist, c'onques .I. mot ne sone. Erec 6247) Bele cousine, il m'espousa Si, que mes peres bien le sot. ib. 6303) Et trestuit li autre i acorent, Si les saluent et honorent, Que nuns he s'en faint ne retrait.

§ 3.

Adverbial determinierende Sätze, welche die Art, wie sich die Handlung des Verbs im Hauptsatz vollzieht, dadurch näher bestimmen, dass sie die durch dieselbe hervorgebrachte Wirkung angeben.

Bei den nunmehr zu besprechenden Sätzen folgt also das, was den Inhalt des Nebensatzes ausmacht, auf die Handlung des Hauptsatzes, es wird erst durch das Eintreten dieser Handlung herbeigeführt; bei den, im vorigen Paragraphen besprochenen Wendungen giebt der Nebensatz an, in welcher Weise sich die Handlung des Hauptsatzes vollzieht, steht also mit dem Hauptsatz auf gleicher Zeitstufe. Wenn Enide in Erec 3320 sagt: „Mieuz ameroie (je) fusse a nestre Ou en un feu d'espine[s] arse Si, que la cendre en fuste esparse", so soll das Zerstreuen der Asche in alle Winde (im Gegensatz zu einem christlichen Begräbniss) nicht die Folge des Verbrennens sein, sondern dasselbe rücksichtlich seines Geschehens näher charakterisieren; es geht das Zerstreuen der Asche zeitlich neben dem Verbrennen her. Und so in allen dem vorangehenden Paragraphen zugeordneten Stellen.

Dass man vollkommen berechtigt ist, die Wirkungssätze, denen wir uns nunmehr zuwenden, mit zu den adverbial determinierenden Sätzen zu rechnen, zeigt die einfache Erwägung, dass die Natur des Ausdrucks, als eines adverbial determinierenden, dieselbe bleibt, ob man nun sagt: „er traf ihn zu Tode" oder ob man sagt: „er traf ihn so, dass er ihn auf der Stelle tötete."

---

[1] l. A poi qu'il oder Pres va qu'il.
[2] Zeitschr. II 402.

Der Modus im Wirkungssatz regelt sich nach denselben Gesichtspunkten, welche für die im vorigen Paragraphen behandelten adverbialen Umstandssätze massgebend gewesen waren. Der Conj. tritt überall da ein, wo die Wirkung irreal ist. Also

a) Wo die Wirkung bloss beabsichtigt ist.

R. Charr. 103,18) Torne (s) toi, si que deca soies, Et que ades ceste tor voies. Guill. d'Angl. 45,19) Donés si tout a ceste fois, Que le vaillant d'une castaigne De tos moebles ne vos remaigne. ib. 39,10) La plus droite voie tenra.... Si, que tost puist a fin venir. Erec 452) Conreez le et estrilliez Si, qu'il soit bien aparoilliez. ib. 602) Vos pri, que vos me consoilliez Tant, que je soie aparoilliez D'unes armes viez ou noveles. Percev. 1766) Alés proier nostre segnor, K'en cest siecle vos doinst honor, Et si vos doinst si contenir, K'a bone fin puissiez venir. ib. 2716. 5061. 7118. 10247. 10325. 10332. 10429. 10431. Lyon 1029) Mes il convient, que l'en l'anpoint, Si, qu'el poing soit la pierre anclose. ib. 1808. Percev. 7480) Mais cou, que herbergié l'avés, Le doit garandir et conduire, Qu'il n'i soit pris, ne qu'il i [l. n'i] muire. ib. 1533) Et sa mere en istroit del sen, Que destourner l'en cuidoit l'en, Que ja chevalier [s] ne vëist, Ne lor afeire n'apresist. ib. 1604) Ha, lasse! com sui mau ballie! Biaus dous fius, de chevalerie Vous quidoie je bien garder, Que ja n'en öissiés parler, Ne que ja nul n'en vëissiés, N'estre chevaliers dëussiés. Erec 5223) Faites m'aparoillier, et querre, Que j'aie tout mon estovoir.

In den folgenden Indicativstellen erklärt sich der Modus daraus, dass es dem Dichter darauf ankam, die mitgetheilte Wirkung nicht als eine beabsichtigte, sondern als eine thatsächlich eingetretene erscheinen zu lassen. Erec 1654) Au mieuz, qu'il poent, s'entremetent, De li en tel guise atorner, Qu'on ne pooit rien amender. Percev. 950) Mainte fois s'estoit porpensee, Comment ele le garderoit, Que ja chevaliers ne seroit, Que armes ne saroit porter, Ne chevaliers n'oroit nomer.

Der Modus im letzten Beispiel zeigt an, dass der Nebensatz nicht die Vorstellung von etwas Beabsichtigtem weiterführt, sondern die von der Zukunft bestimmt erwartete Folge der Thätigkeit des garder angiebt.

b) Die Wirkung ist negiert.

Erec 952) Ne li hauberz rien ne li vaut, Que jusqu'a l'os l'espee n'aut. ib. 1918) N'i a nul, qui remenoir ost, Que a la court ne veingne tost. ib. 5400) L'aventure, dont nuns n'estort, Qu'il n'i recoive ou honte ou mort. ib. 5414)... ne puis taisir, Que ne die, vostre plesir. R. Charr. 111,27) Car onques riens, que il sëust Boenne, que nul mestier m'ëust, Ne me failli nule fiee, Que ne me fust apareilliee. Guill. d'Angl. 78,4) Ja n'i ait espargnié baston, Qu'il n'en soit batus et roisciés. ib. 159,20) Ne remaigne amont ne aval Nus hom a pié ne a ceval, Qui arc ne lance porter puisse, Que demain tous as gués ne truisse. R. Charr. 53,23) Mes apres lui pas ne remaint La pucele, qu'il ne l'en maint. Erec 5943) Neporquant Ne recroient ne tant ne quant, Que trestoz lor pooirs ne facent. Lyon 1483) Et voir, ele ne se faint mie, Qu'au pis, qu'ele puet, ne se face. ib. 6643) Que si m'äist Dex et li sainz, Que ja mes cuers ne sera fainz, Que je tot mon pooir n'en face. ib. 6305) Ne por ce mie ne se taisent, Que chascuns oltrez ne se claint. ib. 3969) Or n'eu alez plus delaiant, Qu'au pié ne l'en ailliez cheoir. Erec 5221) Sire, or ne vuil [jou] plus atendre, Que je ne m'en aille en ma terre. ib. 5427) Nuns ne me porroit detenir, Que je n'aille querre la joie. ib. 6103) Qui que l'entende, et qui [que] l'oie, Ja essoines ne [l] retendra, Quant la voiz dou cor entendra, Qu'a la cort ne viegne tantost. R. Charr. 65,24) Nus ne li puet contretenir Passage, ou si [l. il] vueile venir, Que il n'i passe, qui qu'il ennuit [l. mit Jonckbl. 2299: Que il n'i past, cui qu'il enuit]. ib. 68,21) Nes garantist ne fust ne fers, Qu' (l. Cui) il fiert bien, qu'il ne l'afole, Ou morz jus dou cheval ne vole (l. mit Jonckbl. 2403: Qu'il ne l'afolt, Ou morz jus del cheval ne volt). ib. 124,16) Riens, fors vos, ne me puet tenir, Que bien ne puisse a vos venir. ib. 147,25) Que ja n'iert riens, qui me retieigne, Qu'en vostre prison ne revieigne. Percev. 3816) N'onques ne pot estre a nul fuer, Que elle le pëust retraire, Que la batalle n'alast faire. ib. 4569) .... Por ce, que rien nel detenist, De quele heure, qu'il i venist, que il ne passast sans ariest. ib. 6988) .... Que ja essoinnes me retieugne, K'au premier message ne viengne. Erec 6131) Puis n'i ot nule retenue, Que lues ne venissent a cort. R. Charr. 51,31) Et cil respont: ja ne m'iert paine, Que tout le voir ne vos en cont. Percev. 1291) Se leva, et ne li fu paine, Que il sa siele ne mesist Sor son caceour, ne presist Trois gaverlos. Lyon 3598) Por ce ceanz sui en prison, Qu'an m'apele de träison. Ne je ne truis, qui m'an desfende, Que l'en demain ne m'arde ou pande. Percev. 10139) Ja ne li aideroit sa suer, Que ne li trencasse le cuer Del vantre, a mes mains, tant le haç. R. Charr. 11,6) Je ne m'en porroie tenir, Qu'apres els n'aille maintenant. Percev. 9295) Mesire Gauwains s'esmervelle Des pucieles, qu'il voit venir, N'il ne se puet mie tenir, K'encontre eles ne salle en piés. Der Emendation bedarf: Percev. 5571) Li autre n'ot mal ne dolor, Qui contre tiere la tenist, Tant que cis a tans i venist, Qu'ele s'an fust ancois volee. l. Qu'ele n'an fust ancois volee. Li autre in v. 5568 ist anstössig, da nur von éiner gante die Rede gewesen ist. — Unverständlich ist: Erec 5689) Mais ne fait mie a trespasser Por l'aigue debattre et lasser, Que dou vergier ne vos retraie Lonc l'estoire chose veraie, und R. Charr. 14,23) Qu'il ne l'atent ne pas ne bore. Tant solement pas ne demore Li chevaliers, que il ne monte. [Jonckbl. 360 liest anders, obwohl mit demselben Reim: monte: honte.]

Wird von der Wirkung als von etwas thatsächlich Eingetretenem gesprochen, so steht der Wirkungssatz im Indicativ: Percev. 6682) Lors li a li preudom enquis .... Por coi s'estoit le jor tenus, Que au tornoi n'estoit venus, Et que il n'avoit tornoiet. Lyon 1202) A molt grant poinne se retient Mes sire Yvains, a que qu'il tort, Que les mains tenir ne li cort. „Mit grosser Mühe bringt Yvains eine Zurückhaltung seiner selbst zu Stande, so dass er nicht hineilt ihr die Hände festzuhalten." Der eingeschobene Satz: „a que qu'il tort" bezieht sich nicht so sehr auf das, was thatsächlich geschieht, als vielmehr auf den, mit a molt grant poinne angedeuteten inneren Kampf Yvain's.

Erec 413) Ne puis tant pener ne se pot (nature), Qu'ele pëust son examplaire En nule guise contrefaire. Percev. 142) Ains tant nel seurent demander, Que il pëuscent riens trover. Erec 2411) Onques nuns ne sot tant d'agait, Qu'en li pëust avoir (= trover) folie, Ne mauvestié ne vilenie. ib. 3550. 4813. 5863. 5882. 6181. 6674. R. Charr. 124,12) Ne veez vos, com cist fer sont Roide a ploier, et fort a freindre? Ja tant nes porrïez destreindre, Ne tirer a vos, ne sachier, C'un (l. Que un) en puissiez enrachier (l. esrachier; od. l. C'un en pëussiez esrachier). Percev. 3425) Chevaliers es tu voir moult buens; Mais non pas tant, qu'il fust crëu D'ome, ki ne l'eust vëu, ... Que tu par tes armes, tous seus, M'ëusses en bataille mort. ib. 3800) Mais de lor signor moult lor grieve, Qu'il ne li seurent tant priier, Que il le puissent castiier (cfr. Erec 3550). ib. 5477) Mais quant jel vi, tant ne m'en fu, Que riens nule li enquesisse. Erec 6181) Mais de nnle ne li est tant, Qu'ele pas lest son duel a faire. cfr. Percev. 5934) Biaus niés, la vostre grant merci, Fait li rois, cui il en est tant, Que contre lui saut en estant. Percev. 5761) V. C. dehais ait li miens cors, Se vous estes mie si fols, C'on ne puist bien en vos aprendre. ib. 6987. 7554. 8703. 9465. Lyon 162. 415. 1566. 3677. 3994. 4111. 4347. 4418. 5295. 5759. 5955. R. Charr. 29,22.

Auf Grund der voranstehenden Stellen ist zu ändern:
Erec 420) Por voir vos di, qu' Jseuz la blonde N'ot tant les crins sors et luisanz, Que a cesti ne fu (l. fust) neanz.

c) Der Hauptsatz ist hypothetisch.

Erec 4067) Et se vos le poez atraire Tant, qu'avec vos l'en ameingniez Gardez, ja ne vos en feigniez. ib. 5885) Aparoilliez sui de desfendre, S'est, qui estor me voille rendre, Qu'autrement aler ne m'en puisse; U a force faire l'estuisse. Percev. 2836) Si (l. se) vos en venés au desus, Qu'envers vos ne se puisse plus Deffendre, ne contretenir, Ains l'estuece a merci venir, Gardés, que vos ne l'ociiés. ib. 2478) Qui assenet et adreciet Le varlet a armes ëust, Tant, que poi [l. puis] aidier s'en sëust, ... Bons chevaliers fust sans dotance. Lyon 4145) Se je le felon, le cruel, Qui ci nos vet contraliant, Pooie faire humeliänt Tant, que voz filz vos randist quites, Et les hontes, qu'il vos a dites, Vos venist ceanz amander, Puis vos voldroie comander A Deu. ib. 6085) Car, s'il font tant, qu'il s'antrevaingnent, Grant peor ai, qu'il ne maintaingnent, Tant la bataille et la meslee, Qu'el soit de l'une part oltree. R. Charr. 8,20) Que les prisons tout (l. tous) vos rendrai. ... Se envers moi la puet conquerre, Et s'il fet tant, qu'il l'en amaint.

d) Der Hauptsatz enthält eine Frage.

R. Charr. 3,13) Ne sai, s'en nul tant te fiasses, Que la rëine li osasses Baillier por mener en ce bois. ib. 79,24) Or est li chevaliers si pris, Qu'en penser demore et areste, Savoir, s'il en rendra la teste Cele (l. Celi), qui li rueve trenchier, Ou (s')il avra celui tant chier, Qu'il li preigne pitié (l. pitiés) de lui. Lyon 6415) Mes il le dit por essaier, S'il la porroit tant esmaier, Qu'ele rendist a sa seror Son heritage par peor. Percev. 2419) Et ma coupe coment ot il? Aime le tant u prise chil, Qu'il li ait de son gre rendue? R. Charr. 117,23) Mort, mort! Por Deu, [et] n'ëus tu Tant de pooir, et de vertu, Qu'einz, que ma dame m'ocëisses?

An Stelle von Wirkungssätzen stehen Relativsätze in: Erec 2803) Je lui cuit faire tel assaut, Qu'il comperra moult durement. ib. 6057) Et je vos os bien afichier, Que je n'ai nul ami tant chier, Vers cui je me fainsisse pas. ib. 4220) Beaus sire, je n'ai mie Plaie, de qoi je tant me duille, Por qoi ma voie lessier vuille. ib. 962) Tant ont les hauberz desmailliez, Et les escuz si detailliez, Que n'en i a tant, sanz mentir, Dont il se puissent garantir.

§ 4.
Die Temporalsätze.

Als determinierende Adverbialsätze werden sie ebenso wie die im Vorangehenden behandelten Arten von Adverbialsätzen construiert. Sie stehen im Conjunctiv, wenn die, die Handlung des Hauptsatzes ihrer Zeitdauer nach determinierende Handlung des Nebensatzes irreal ist. Beabsichtigung und unsichere Annahme lassen sich in den meisten Fällen nicht genau trennen; wir verzichten auf jede Eintheilung, und geben einfach die Stellen an, wo Temporalsätze mit diesem oder jenem Modus auftreten.

1) Tant que = so lange bis.
a) Mit dem Conjunctiv.

Erec 251. 1568. 3541. 3790. 3881. 4216. 4233. 4343. 4943. 4961. 5229. 5706. 5824. 6029. R. Charr. 11,9. 27,26. 32,20. 33,11. 33,30. 64,12. 64,17. 83,14. 93,28. 94,30. 95,1. 96,32. 99,12 (lege: Tant qu'en la tor soie montez). 124,25. 129,22. 132,34. 139,22. 157,2. 157,10. Percev. 39. 880. 922. 1111. 2782. 4004. 4181. 4821. 5015. 5070. 5233. 5291. 5331. 5443. 5483. 5569.

6117. 6236. 6572. 7079. 7988. 8262. 8421. 8667. 9173. 9482. Guill. d'Angl. 54,22. 60,7. 61,2 (lege: tant com in ib. 61,1; que in 61,2 ist correct). 62,15. Lyon 771 (cfr. 696). 1309. 1334. 3043. 3804. 4082. 4463. 4578. 4582. 4617. 5382. 5497. 6086. 6598. (1876). In den gesperrten Stellen ist der Conjunctiv hypothetisch.

b) Mit dem Indicativ.

Wir sperren die Stellen, an denen der Indicativ besonders bemerkenswerth ist, weil die Handlung des Temporalsatzes erst in Zukunft eintreten soll, und nicht, wie in den übrigen Stellen, bereits zur Thatsache geworden ist. Erec 315. 339. 364. 1082. 1508. 1560. 2462. 2576. 2600. 3445. 3527. 3652. **3678.** 3919. 3942. 3951. 4128. 4361. 4258. 4289. 4306. 4532. **5234.** 5766. 5832. 5869. 5951. 6078. **6097.** 6231. 6366 (ohne tant). 6464. 6470. 6536 (ohne que). 6538. R. Charr. 12,35. 13,13. 24,27. 28,23. 33,7. **88,18.** 39,30. 42,13. 53,35. 57,34. 63,1. 64,20. 66,6. 66,17. 68,31. 72,30. 84,10. 92,17. 107,29. 115,20. **116,11.** 123,16. 123,24. 127,16. **129,25.** 136,31. 138,6. 141,12. 142,31. 145,6. 146,11. 148,21. 152,25. 157,22. 158,7. Percev. **206.** 245. 542. 551. 647. 765. 797. 839. 945. 1017. 1026. 1139. 1151. 1157. 1199. 1209. 1314. 1338. 1659. 1826. 1828. 1832. **2016. 2023.** 2027. 2055. 2073. 2107. 2265. 2274. 2499. 2700. 2898. 2903. 2910. 3071. 3168. 3261. 3409. 3411. 3477. 3632. 3648. 3654. 3759. 3958. 4164. 4173. 4258. 4444. 4608. 4866. 5023. 5197. 5200. 5246. 5251. 5263. 5278. **5357. 5363. 3499. 3602.** 4214. 5411. 5447. 5487. 5516. 5580. 5591. 5621. 6226. 6230. 6393. 6672. 6810. **6864.** 7039. 7070. 7081. 7163. 7857. 7897. 7903. 8025. 8083. 8225. 8278. 8325. 8558. 8586. 8850. 9012. 9039. **6113.** 7829. **9364.** 9375. 9412. 9656. 9740. 9868. 9907. 10391. 10443. 10577. 10583. Guill. d'Angl. 54,24. 54,25 (cfr. 54,22). 57,3. 57,5. 58,14. 59,2. 59,13. 60,13. 68,12. 70,4. 71,5. 71,6. 71,20. 71,23. 74,15. 77,15. 79,1. 79,6. 80,24. 81,11. 81,20. **88,16.** 105,22. 110,8. 111,14. 119,13. 126,9. 129,22. 137,10. 141,22. 142,3. 155,23. 164,23. 165,4. 170,19. 171,3. 171,14. ib. 154,19) De riens ne vaurent samblant faire, Tant qu'il orent les pans vëus.

Die Stelle ist interessant, nicht nur wegen des Modus, der, wie in den unterstrichenen Stellen, deshalb steht, weil der Dichter von der die Handlung des Hauptsatzes ihrer Zeitdauer nach begrenzenden Handlung des Nebensatzes als von einer vollzogenen spricht, sondern auch wegen der Verwendung von voloir, welche der entspricht, die unser „wollen" findet in Wendungen, wie: Er wollte sich gar nicht freuen, es wollte gar nicht Tag werden; es wollte gar nicht mit ihm vorwärts gehen." Es scheint so nur in negativen Sätzen vorzukommen. Lyon 52. 186. 317. 448. 469. 476. 753. 766. **696** (cfr. 771.) 1519. 1520. 1779. 1958. 2111. 2137. 2426. 2477. 2541. 2637. 2679. 2704. 2802. 2815. 2829. 2882. 2897. 2998. 3011. 3082. 3099. 3136. 3143. 3259. 3268. 3337. 3419. 3445. 3459. 3466. 3482. 3764. 3796. 3916. 3764. 4245. 4339. 4479. 4497. 4500. 4539. 4654. 4693. 4694. 4717. 4821. 4828. 4851. 4856. 4862. 4867. 4920. 4931. 4978. 4982. 5000. 5002. 5030. 5054. 5100. 5232. 5253. 5339. 5343. 5602. 5604. 5620. 5834. 5863. 5907. 4982. 5983. 6142. 6197. 6308. 6330. 6436. 6496. 6511. 6521. 6574. 6594. **6635.** 6654. 6708. 6710.

2) Tant com = so lange als.
a) Mit dem Conjunctiv.

Stets mit verallgemeinerndem Sinne: So lange auch immer.
Erec 3725. 3896. R. Charr. 150,4. 153,29. Percev. 1970. 3880. 8785. Lyon 4422. 5625. 5899. Guill. d'Angl. 40,11 (cfr. 41,10). 156,19.

b) Mit dem Indicativ.

Erec. 4779. 18. 25. 85. 5873. Guill. d'Angl. 41,10 (cfr. 40,11). Percev. 2883. 4607 (1017 steht tant que für tant com).

Wenn Diez III, 328 Nr. 3 sagt: „Auf das Futurum folgt a) dasselbe Tempus, wenn beide Handlungen in die Zukunft gestellt werden; b) denkt man sich aber die abhängige Thatsache als eine gegenwärtige, so folgt das praes. conj. prov. „Nous falhirai ja tant com viva", so dürfte die einfache Thatsache, dass man die Handlung des abhängigen Satzes als eine gegenwärtige denkt, doch nicht genügen, um den Conj. zu erklären. Unserer Ansicht nach hat derselbe, wie bereits oben erwähnt, seinen Grund darin, dass man den Termin als einen in verallgemeinertem Sinne unbestimmt gelassenen denkt.

3) Dusque, jusque, jusqu'au jour que.

a) Mit dem Conjunctiv.

Erec 157. 333. 1868. 5792. R. Charr. 5,24. Percev. 5184. 5317. Lyon 5878.

b) Mit dem Indicativ.

Erec 769. 3365. 5622. 6446 (jusque la ou). 5396 (de ci que = jusqu'a ce que). R. Charr. 113,27. 198,21. Percev. 2252. 4585. 6104. 167. (tres que). 5988 (jusques au miedi que). Guill. d'Angl. 49,11 (Dusqu'a l'eure que). Percev. 5516 (jusques a tant ke). Lyon 457. 718. 1665. 3707. 5118.

4) Endementres que während.

Nur mit dem Indicativ. Z. B. Erec 4638. R. Charr. 11,2.

5) Que que während nun.

Nur mit dem Indicativ. Z. B. Erec 2769.

6) Maintenant que dto.

Erec 908. 1127. 1287. 2322. 2919. Lyon 4678.

7) Lues que dto.

Erec 691. 1529. 3665. 4259.

8) Lors que dto.

Z. B. Erec 3585.

9) Des que, sobald als, mit dem Indicativ.

Erec 2285. 2289. 2609. 3884. 4224. 5763. 6791. R. Charr. 15,2. 15,3. 20,25.

An den zwei Stellen, wo nach des que (puis que) der Conjunctiv steht, ist derselbe dadurch herbeigeführt, dass der Temporalsatz die Stelle des Nebensatzes in einem hypothetischen Satzgefüge vertritt. Percev. 3417) Se (l. si) li sovient il neporquant Del preudome, ki li aprist, Qu'a son ensciant n'ocesist Chevalier, des que il l'eust Conquis, et au deseure en fust. ib. 5814) Et cil, ki onques n'oublia Le preudome, ki li pria, Que ja chevalier n'oceïst, Puis qu'en sa merci se meïst.

10) Ains que (einz que, sins que, aincois que, eincois que) mit dem Conjunctiv.

Erec 85. 379. 1331. 2096. 2319. 2437. 3020. 3488. 3529. 3741. 3970. 4363. 5251. 5466. 5584. 5608. 5756. 5858. 5998. 6205. 6316. 6345. 6557. 6612. R. Charr. 21,25. 36,19. 47,11. 48,9. 57,20. 63,5. 65,9. 67,23. 73,8. 74,24. 68,28. 89,20. 93,20. 98,26. 106,34. 114,33. 117,34. 129,32. 136,33. 145,11. Percev. 7. 861. 963. 1462. 1848. 1962. 2385. 2393. 2456. 2905. 3358. 3877.

4305. 4483. 4581. 5405. 5549. 5594. 6184. 6308. 6983. 7246. 7384. 7596. 8098.
8332. 8953. 9223. 9326. 9571. 9622. 9625. 10197. 10270. Guill. d'Angl.
50,9. 55,16. 70,15. 91,25. 104,13. 112,16. 147,2. 156,9. 168,3 (mit ne). ib.
144,23) Que, se jou puis. ains l'asserit. lege: ains l'asserir. Lyon 65. 494.
747. 809. 2085. 2745. 2889. 3293. 3821. 4230. 4293. 4310. 4414. 5527. 5911.
6216. 6604. 6616. 6658.

An drei Stellen steht bei ainz que der Indicativ, aus erklärlichen Gründen: Guill. d'Angl. 61,25) Si vos metés tost au repaire. — „Volentiers, dame, fait li rois. Je ne porrai venir ancois Que jou venrai, je vos promet."

„Ich werde nicht früher kommen können, als ich thatsächlich kommen werde. Meine Kräfte werden mir nicht mehr zu thun erlauben, als ich thatsächlich thun werde." ib. 109,10) Nos avons a ceste semaine A despendre deniers assés. Ja ains n'arons VII jors passés, Que aventure nos venra De signor, qui nos retenra, C'a cou ne poons nos falir.

Loviax nimmt mit der glücklichen Zuversicht der Jugend das, worauf er hofft, als unzweifelhaft gewiss an; „C'a cou ne poons nos falir!" R. Charr. 40,7) Et se vos me conduisïez Par les us et par les costumes, Qui furent, einz que nos ne fumes, El reaume de Logres mises.

Wie die Setzung der Negation zeigt, ist der Satz mit einz que einfacher Vergleichungssatz. Wegen anderer Fälle von unzweifelhaften Indicativen nach einz que cfr. Willenberg l. c. p. 383 Anm. 2.

§ 5.

Die zweite Classe von determinierenden Adverbialsätzen, der wir uns nunmehr zuwenden, umfasst alle diejenigen Sätze, welche zur Determinierung des Grades einer, sei es in einem Adjectiv, sei es in einem Adverb, sei es endlich in einem Substantiv ausgedrückten, Eigenschaft dienen.

Die Bedingungen für die Setzung des Conj. bleiben dieselben, wie für alle im Vorausgehenden behandelten Determinierungs-Sätze.

Beispiele sind:

α) bei negiertem Hauptsatz:

Lyon 2949) Et si me dist, que si grant rage N'est en teste, qu'il ne l'en ost. ib. 6299) Mais je sui vaincuz et atainz. Ne je n'en di rien por losenge; Qu'il n'a el monde si estrange, Que je autretant n'an dëisse Eincois, que plus des cos sofrisse. ib. 3901) Nus hom n'est de si grant vertu, Qu'a sa cort ne pöist trover Tex, qui voldroient esprover Lor vertu ancontre la soie. ib. 2786) Mis se voldroit estre a la fuie Toz seus en si salvage terre, Que l'en ne le sëust ou querre. R. Charr. 93,25) Ne troveroiz mie si franc Celui, qui ca la amenee. Qu'il la vos rende sans mellee. ib. 150,14) Si li demandent, que il crie. Il n'est tant hardiz, qu'il le die. ib. 94,9) Ja si boenes armes n'aura Mes fiuz, qui mau gré m'en saura, Et ausi boenes ne vos doigne (Jonckbl. 3373: Qu'altresi boenes ne vos doigne). Percev. 3421) Or ne soies pas si estous, Que tu n'aies merci de moi. ib. 4003) Kex, fait li rois, laissiés m'en pais; Que ja, par les ex de ma teste, Ne mangerai a si grant feste, Que je court efforcie tiegne, Tant que novele a ma cort viegne. ib. 6951) Qu'il n'i a chevalier si cointe, Se de la lance a lui s'acointe, Qu'il ne li tolle les estriers. ib. 3183) Qu'il n'a el monde riens, qui vive, Tant dolante, ne tant caitive, Que jou ne soie plus dolente. Lyon 6247) N'iestes si estonez ne vains, Que je autant ou plus ne soie.

Erec 1916) Que nul tant hardi n'i ëust Qu'a la pentecoste n'i fust. ib. 2778) Ne je tant hardie ne sui Que je os regarder vers lui. ib. 2904) Et si la prent a menacier, Qu'ele ne soit mais tant hardie C'un seul mot de boche li die. ib. 3505) Molt va chastiant tote voie Enide, s'ele rien veoit, Qu'ele tant hardie ne soit, Que ja le mete a raison [—1]. R. Charr. 46,16) N'est mie droit, que cele tieigne Vers lui sa parole si chiere, Qu'ele [Que ele] ne li rende ariere Au mains de bouche son salu. ib. 91,20) Je ne sui mie si hermites, Si piteus, ne si charitables, Ne tant ne vuil estre honorables, Que la rëine, que j'aim plus li doigne [l. mit Jonckbl. 3279: Que la rien, que plus aim, li doigne.] Percev. 2983) Li preudom estoient kenu, Non pas si, que tuit fuscent blanc. ib. 2011) Ne sui si lorgnes ne si lois [luscus, transponiert lucsus, locsus, lois], Que vostre fauseté ne voie. Guill. d'Angl. 120,18) Si lor commande, qu'il le croient, Et qu'il ja tant hardi ne soient, Que rien nule li contredient. — Davon, dass an Stelle des den Grad der in's Auge gefassten Eigenschaft determinierenden Adverbialsatzes auch ein Adjectivsatz eintreten kann, wie z. B. Erec 779) „Mais ne cuidoit, Qu'ou siegle ëust Chevalier, qui tant hardi fust, Qui contre lui s'osast combatre" handelt Tobler Ztschr. IV 161.

β) bei fragendem Hauptsatz:

Erec 2581) Dex, et por coi fus je tant ose, Que tel forsonage osai dire? (Hier der Indicativ, weil der durch den determinierenden Satz des näheren bestimmte hohe Grad der bezüglichen Eigenschaft thatsächlich vorhanden gewesen war. Wegen des o in forsonage cfr. Vrai Aniel: Cardonal; Guill. d'Angl. 131,14) li maistres maroniers; Percev. 3180) velounie. ib. 1920) cambouriere. Li dis de le Pasque, ed. Tobler. Herrig's Archiv XXVI p. 286, v. 62) la præmerainne; provende, schon Alexis 25 D: provendiers. S. Thomas 2213) cardunals. Brandan, Ztschrft. II. 446 v. 648) refrotoir [refectorium]; Q L R. 146) truud [tributum]; in demselben Verse treud, im folgenden truud].

Auffallend ist der Indicativ in: Erec 2825) Dex, serai je donc si coharde, Que dire ne li oserai? Ja tant coharde ne serai; Je li dirai, nou lairai pas.

γ) bei hypothetischem Hauptsatz:

Percev. 6041) Moult est malëureus, ki voit Si biau tans, que plus ne coviegne, S'atent encor, que plus biaus viegne. R. Charr. 147,6) Et neporquant, s'il vos plesoit, Et Dex si franche vos fesoit, Que vos aler me lessissiez etc.

Hierher gehören die zahlreichen Sätze, vermittelst deren ein bei einem Substantiv stehendes teus, tel näher bestimmt wird. Mit teus, tel wird eine Beschaffenheit ganz im Allgemeinen bezeichnet; welcher besonderen Art sie sein soll, wird erst aus dem beigefügten determinierenden Satze ersichtlich. So ist in Percev. 7377) Ja n'iert teus, qui sa main i bout, Ne que il face avant .I. pas-teus etwa gleich si hardis.

In ähnlicher Weise findet sich teus, tel determiniert:

α) bei Beabsichtigung ausdrückendem Hauptsatz:

R. Charr. 69,32) Einz devez estre en soupecon .. De moi hebergier en tel leu, Que je sois [l. soie] en ma droite voie. Lyon 5534) Le vos covient en tel leu metre, Que il ne se puisse antremetre De vos eidier et de nos nuire. R. Charr. 89,20) Fe li tele ennor en ta terre, Que ce, que il est venuz querre, Li doignes, einz qu'il le demant. ib. 164,13) Et gardez, quant il est [l. ert] venuz, Qu'il soit en tel prison tenuz, Qu'il n'isse de la meson fors, Ne n'ait nul pooir de son cors. Guill. d'Angl. 88,7) Que commandé me fu et dit, La ou jou ving a repentance, Que III ans fuisse en penitance, Et tel penitance fesisse, Que compaignie ne presisse, Dusqu'a .III. ans a nesun home.

β) bei negiertem Hauptsatz:

Percev. 7377 cfr. oben ib. 9950) Et si ne fu il onques tés, Que il onques venir osast, En liu, la ou il me quidast. Guill. d'Angl. 44,18) Cil n'est teus, que blasmer li ost. Percev. 6533) Maintenant cil de lui s'esloingne, Ne ne fu teus, que puis l'osast Parler de rien qui li grevast [l'osast müsste == li osast sein; cfr. Tobler, Gött. Gel. Anz. 1874 p. 1041; Ztschr. II 629; da Chrestiens indessen die Elision des i von li sonst nur vor en kennt, thut man wohl besser, das l' zu streichen]. R. Charr. 131,4) Certes, Kés n'est mie tex hom, Qu'il me requ[ë]ist tel outrage. ib. 93,5) N'onc mes n'avint, ne n'avendra, Que nus tel hardement fëist, Que en tel peril se mëist. Lyon 5615) Et lor escu n'estoient mie Tel, que rien en ostast espee, Tant fust tranchant ne aceree. Guill. d'Angl. 98,2) Ainc li enfant ne furent tel, Que braire osaissent ne crier. Erec 6592) Mes n'en pot pas tel semblant faire, Qu'encor ne fust la joie maire. Percev. 3315) Ne vostre cors, ne vostre eages N'est tés, ce saciés de sëur, Que vous a chevalier si dur.... Vous pëussiez contretenir. ib. 3954) Et jou quidoie, que il fust Chevaliers teus, que il n'ëust Mellor en l'empire de Rome.

γ) bei fragendem Hauptsatz:

Lyon 1803) Mes dites moi, se vos savez, Del chevalier, don vos m'avez Tenue a plet si longuement, Quiex hom est il, et de quel gent, Se il est tex, qu'a moi ateigne.

δ) bei hypothetischem Hauptsatz:

Lyon 3940) Je m'en metroie volentiers En l'aventure, et el peril, Se li jaianz et vostre fil Venoient demain a tele ore, Que n'i face trop grant demore.

Auch ohne dass mit einem dabeistehenden teus, tel auf einen folgenden Determinationssatz hingedeutet würde, kann solcher zur näheren Bestimmung eines Substantivs verwendet werden; er vertritt alsdann die Stelle eines Infinitivs. Guill. d'Angl. 104,12) Ha, sire! Diex vos en deffenge, Et me doinst pooir, que vos renge Le guerredon, ains que jou muire. Erec 508) Mais n'ai pooir, que je l'ament. ib. 3004) Li estrier rompent, et cil chiet, Ne n'a pooir, qu'il se reliet. Lyon 2646) Qu'il n'a pooir, que il l'en maint. Percev. 3162) N'a hardement, que plus en face. R. Charr. 120,31) Ne je n'oi tant de hardement, Que, tant comme or vos en demant, Vos en osasse demander. Percev. 9865) Onques, certes, ne l'apensai, Que vous tant de cuer ëussiés, Que vous passer i osissiés.

Einem adverbialen Ausdruck wird eine Gradbestimmung in einem Determinationssatze beigefügt: Percev. 6859) Mais ele n'i vient pas si main, Que il ne fuissent tuit levet; Et furent [Erzählung] au mostier alet. Erec 2075) Cerf [l. Cers] chaciez, qui de soif alainne, Ne desirre tant la fontainne, N'esprevier [s] ne vient au reclain Si volentiers, com [l. cant] il a fain, Que plus volentiers n'i venissent. R. Charr. 136,34) Eincois que il si pres venissent Dou pont que il l'eve vëissent etc. Lyon 3986) Mais que li jaianz si tost veingne, Qu'aillors mantir ne me coveingne! ib. 1932) Mes a mon los vos contenez Si sinplemant devant sa face, Que male prison ne vos face!

III. Theil.
Die hypothetischen Sätze.

Im Grossen und Ganzen lassen sich für den Modus in hypothetischen Sätzen dieselben Regeln aufstellen, welche die lateinische Grammatik giebt. Nur hat sich das Gebiet des Indicativs im Französischen dadurch erweitert, dass diese Sprache in dem neu geschaffenen Conditionalis über eine Modalform verfügt, welche in fast allen Fällen den im Lateinischen bei einer als möglich angenommenen Bedingung üblichen Conj. potentialis Praes. oder Perf. vertritt. So steht denn im Französischen der Indicativ nicht nur dann, wenn eine Thatsache als Bedingung hingestellt wird, (erster lateinischer Fall), sondern auch, wenn die Bedingung einen bloss als möglich angenommenen Fall bezeichnet, sodass die Folge auch nur als möglich bezeichnet wird (zweiter lateinischer Fall). Das Gebiet des Conjunctivs beschränkt sich demnach im Französischen auf den dritten lateinischen, den Fall der Irrealität, wo die Bedingung einen Fall bezeichnet, von dem gerade das Gegentheil stattfindet, also nicht erfüllbar (Conj. Imperf.), oder nicht erfüllt worden ist (Conj. Plusq.), so dass die Folge unmöglich ist, und daher ebenfalls im Conj. Imperf. oder Plusquamp. steht. Doch hat auch dieser Fall durch das Eintreten des Conditionalis im Folgesatz, dem zu Liebe dann auch der Bedingungssatz den Indic. Imperf. oder Plusquamp. angenommen hat, viel von seiner früheren Bedeutung verloren. Im Neufranzösischen steht der Conjunctiv im hypothetischen Satzgefüge bekanntlich nur noch in dem bei Mätzner, p. 328 § 104,2 erwähnten Falle. Wir betrachten zunächst den Conjunctiv in hypothetischen Sätzen.

Von dem im zweiten lateinischen Fall eintretenden Conj. potentialis Praesentis sind, abgesehen von den oben p. 10—11 im Anschluss an Diez III[4] 357 behandelten hypothetischen Betheuerungsformeln keine Spuren wahrzunehmen.

Zahlreicher sind die Beispiele für den dritten lateinischen, den unwahren oder irrealen Fall. Um die beträchtliche Menge der beizubringenden Beispiele einigermassen zu gliedern, scheiden wir zunächst die Fälle mit vollständigem hypothetischen Satzgefüge von denen, welche nur das eine Glied desselben, sei es den Bedingungssatz, sei es den Folgesatz, aufweisen. Bei der weiteren Scheidung in solche Fälle, welche nicht erfüllbar (lateinisch im Imperf. Conj.), und in solche, welche nicht erfüllt worden sind (lateinisch im Plusq. Conj.), musste auf die von Diez III 330 Anm. und III 356, von Tobler, Bruchstück 16, und anderwärts, hervorgehobene Eigenthümlichkeit des Altfran-

— 115 —

zösischen Rücksicht genommen werden, wonach das Imperf. Conj. im Altfranzösischen noch die seiner Etymologie entsprechende Fähigkeit besitzt, an Stelle des Plusq. Conj. zu stehen.

I.
Vollständige hypothetische Satzgefüge.

1) **Vollständige hypothetische Satzgefüge der Irrealität im Conj. Imperf. = lateinischem Conj. Imperf.**

Erec 514) Et neporquant bien fust vestue, Se sosfrisse, qu'ele prëist Tout ce, qu'en doner li vousist. ib. 1440. 2460. 2665. 2772. 4160. 4926. 4998. Percev. 2766) Un an tout plain, se il vosist, Le retenist il volentiers; Si aprëist endementiers Tes choses, s'eles li plëussent, C'au besoin mestier li ëussent. ib. 3854. 4388. 4618. 4620. 4944. 8657. 9727. 10210. 10241. Guill. d'Angl. Je ne sai, qui fu vostre peres. Mais s'il fust rois u empereres, Ne puissiés vos mix valoir (lege: Ne pëussiés vos mix valoir). ib. 49,16. 63,20. 88,19—21. 94,14. 94,18. 113,25. 130,1. 140,7. 144,1. (In ib. 49,16 steht quant für se.) Lyon 86) Certes, Kex, ja fussiez crevez, Fet la rëine, au mien cuidier, Se ne vos pöissiez vuidier Del venin, dont vos estes plains. ib. 144. 433. 1490. 1527. 1628. 2393. 3201. 3232. 3905. 4033. 5227. 5361. 5719. 5886. 6418. 6730. 6756. R. Charr. 8,5. 40,25. 48,15. 88,35. 95,33. 111,20. 119,19. 147,10.

An einigen Stellen steht der Hauptsatz im Imperf. Conj. = latein. Imperf. Conj., der Nebensatz im Plusquamperf. Conj. So in: Erec 4590) Encor fust or mes sire vis, Se je com outrageuse et fole N'ëusse dite la parole Por qoi mes sire ca s'esmut.

Auch ohne dass die Bedingung formal ausgesprochen ist: R. Charr. 73,15) Mes ja nus, qui fust bien senez, N'ëust si grant afere empris, Qui de tel blasme fust repris. Percev. 295) Moult par se pëust trespenser Cil, ki l'ëust vëu le jour Atourne come pescëour. ib. 4654) Qui l'ëust lave et pinie, Et fait lit d'avaine et de fain, N'ëust il mius le ventre plain, Ne n'ëust mius le poil assis. dto. ib. 5813. 6048. 9727. Lyon 4398. 4590. R. Charr. 46,22. 114,32. 119,21.

Umgekehrt steht der Hauptsatz im Conj. Plusquamperf., der Nebensatz im Conj. Imperf. = lateinischem Conj. Imperf. in: Erec 5047) Certes, se mout ne vos amasse, Ja ne m'en fusse entremis [—1].

2) **Vollständige hypothetische Satzgefüge der Irrealität im Conj. Imperfecti = latein. Conj. Plusquamp.**

Erec 1561. 1822. 2736. 3786. 5042. 5853. 6018. 6038. 6050. ff. 6065. 6350. Percev. 263) Par III. eures, trois fois le jor, Avoit laiens si grant dolor, Que nus hom si hardis ne fust, S'il l'öist, que paour n'ëust. ib. 914. 1087. 3524. 2936. 2986. 3003. 4891. 4977. 7061. 7203. 7519. 7909. 7916.

Der Bedingungssatz hat die Form eines explicativen Relativsatzes angenommen: ib. 4256) Et bien saciés, jusqu'a Lymoges Ne trovast on, ne ne vëist Si bieles, ki les i quesist.

Der Bedingungssatz ist nur angedeutet: ib. 7398) De l'uis, s'il vos plest, me crees, Qu'il estoit si estrois et bas, K'ensamble n'i entrassent pas Dui home, se a paine non.

Der Correctur bedürftig ist: ib. 3131) Trestoute l'aise et le delit, Que on puist deviser en lit, Ot li chevaliers cele nuit, Fors que seulement le deduit De pucele, se lui plëust, U de dame le recheut (l. ne statt le und rechëust). Guill. d'Angl. 54,20) Et molt grant pesance en ëussent, Se la verité en sëussent. ib. 50,3) (quant für se). 108,21 (zwei Bedingungssätze mit se). 115,13. 126,4. 145,20—25. 157,5. Lyon 265) Petit por mon oste fëisse, Se cest don li escondëisse. ib. 2111. 3015. 3311a 3325. 4014. 4237. 5368. 5857. 6047.

An zwei Stellen des Chev. Lyon steht der Hauptsatz im Conj. Imperf. = latein. Conj. Plusq., und der Nebensatz im Conj. Imperf. = latein. Conj. Imperf. Lyon 491) Desfier me dëussiez vos, Se il ëust reison an vos. ib. 1258) Certes, se tu fusses mortex, N'osasses mon seignor atendre.

R. Charr. 40,12) Les costumes et les franchises Estoient tex a cel termine, Qu'a damoiselle ne meschine, Se chevaliers la trovast sole, Ne plus, qu'il se copast la gole, Ne fëist, se toute enor non; S'estre volsist de boen renon. ib. 28,80. 44,29 (Relativsatz, qui = si quis, an Stelle des Bedingungssatzes). 76,3. 88,18. 95,22. 101,32. 106,5 lege: Cil nel touchast, ne se mëust). 110,1. 117,16. 118,23. 122,23. 136,29. 153,8. 162,30. 7,8.

Zu corrigieren ist: R. Charr. 51,15) Ja nul, qui ne me conëust, De mon voloir ne me vëust. (l. mit Jonckbl. 1754: Ja nus, qui ne me conëust, De mon voloir ne me mëust.

Das Imperf. Conj. im Sinne des Plusq. Conj. wechselt auch mit diesem, in der Weise, dass entweder der Hauptsatz im Conj. Imperf. = Plusq., der Nebensatz im Conj. Plusq. steht, wie: Erec 2640) Dire vos puis certeinnement, Que nuns, qui ja vestu l'ëust, Plus las ne plus doillanz n'en fust, Que s'il ëust sor la chemise Une cote de soie mise. ib. 2813) ... S'il l'ëussent envahi, Vis fust, qu'il l'ëussent trahi. Guill. d'Angl. 107,1—3) S'il ëust embles les tapis, N'i pëust il venir plus tost; U se il vëist le provost Venir, qui prendre le vausist. Ebenso Lyon 1275. 1367. 2925. 3695. 6334. R. Charr. 63,20. 81,5. 127,29.

Oder, der Hauptsatz steht im Conj. Plusq., der Nebensatz im Conj. Imperf. = latein. Conj. Plusq. Percev. 6936) Lors li ëust done .I. fiat L'autre, s'on li vosist sofrir. Ebenso ib. 781. 1804. 1989. R. Charr. 69,6. 101,26. 110,10. 119,32. Erec 943) Se li cops ne tornast defors, Trenchie l'ëust parmi le cors. Lyon 936. 1233. 1770. 2892. 3002. 3635. 3915 (ohne se). 3926. 5775. 6271: Que ja, se je vos conëusse, A vos combatuz ne me fusse, Einz me clamasse a recreant; hier wird also an den einen Hauptsatz im Conj. Plusq. ein zweiter im Conj. Imperf. = latein. Conj. Plusq. angefügt, wie umgekehrt oben Guill. d'Angl. 107,1—3.

3) **Vollständige hypothetische Satzgefüge im Conj. Plusquamperfecti.**

Erec 929) S'Erec bien coverz ne se fust, Li chevaliers blecie l'ëust. ib. 985. 3464. 3588. 4645. Guill. d'Angl. 49,24. Percev. 2680. 4585. 6157. 7230. 7777. Lyon 6103. R. Charr. 49,29) Dex ne m'ëust pas tant doné, S'il m'ëust fet roi coroné; Ne si bon gré ne l'en sëusse, Ne tel gaaing fet n'i ëusse, Que cist gaains est biaus et boens. Das Beispiel ist interessant wegen des Wechsels der temporalen Construction der Hauptsätze. ib. 117,33.

Zu corrigieren ist: Lyon 5849) La querele tot sanz mantir Ëust desresnie quitemant Par reison et par jugemant, Se cil seus jorz fust trespassez.

4) **Vollständige hypothet. Satzgefüge im Conjunctiv, deren Nebensatz in einer anderen, als der gewöhnlichen Weise ausgedrückt ist.**

Davon, dass der Nebensatz mitunter als Relativsatz auftritt, sind bereits Beispiele angeführt worden, cfr. R. Charr. 73,15. Percev. 295. 4654. 4256. 2476. R. Charr. 44,29. 51,15. 73,15. Erec 2640. 2406. 3793. 5703. 5840. Es kommen hinzu: Percev. 6305) Ne ja de rien, que il dëist,[1] Coment que en la fin prëist, Ne fust el castiel mescrëus. ib. 9078) Et li goucet sor IIII roes Si isnieles et si mouvans, C'a .I. seul doit, partout laians, D'un cief jusqu'a l'autre en alast Li lis, ki un poi le boutast. ib. 9083) El cief de desus ot verrieres Si cleres, qui garde i prëist, Que parmi de l'une vëist (lege: Que parmi le voirre vëist?) Tous ceus, qui el palais entrassent.

Der Nebensatz wird vertreten durch einen zweiten Hauptsatz: Percev. 9034) Vos üissiés ja griés noveles, Qui vous esmaiassent moult fort, Ne fust icou, que je vos port Compagnie, et si vos condui. ib. 487) Cerkier pëust on la contree... Mien ensiant n'i trovast on Nul chevalier de si haut pris. Lyon 3915) Neporquant ja ne l'en ëust Menee por rien, qui'l pëust, Ne fust Kex.

5) **Vollständige hypothet. Satzgefüge im Conj., deren Hauptsatz in dem vergleichenden con (oder que) angedeutet ist:**

Erec 2922) Tot maintenant, que il les virent, Par parole entr'aux departirent Trestot lor hernois, autresi Con s'il en fussent ja saisi. ib. 4270) Lors les vëissiez toz plorer Et demener un duel si fort, Con si le vëissent ja mort. ib. 4571) Et chiet pasmez, com s'il fust morz. ib. 4366) Et vit le chevalier en cors Deschau (l. deschaus, discalceus für discalceatus; verkürztes Particip) et nu sor un roncin, Con s'il fust pris a larrecin, Les mains liees et les piez. ib. 8964. 3705) Plus li devint pales et blans Li vis, que, se ele fust morte. ib. 5696) Mais de l'air ert de totes parz Par nigromance clos li jarz Si, que riens entrer n'i pooit, Se par desore ne voloit, Ne que s'il fust toz clos a fer. (Ne que = Ne plus que; wegen ne cfr. Tobler, Zeitschr, I, 2—3). R. Charr. 10,13).. Qu'a damoisele ne meschine, Se chevaliers la trovast sole, Ne plus, qu'il se copast la gole, Ne fëist, se toute ennor non, S'estre volsist de boen renon. ib. 92,30) Ne ne fist semblant de l'angoisse, Qu'il ait au piez ne au mains, (l. Qu'il avoit aus piez ne aus mains), Ne plus, que, se il fust touz sains. Lyon 2789)... Ne nus hom ne fame ne fust, Qui de lui noveles sëust, Ne plus, que, s'il fust en abisme. Zu Erec 5696 Ne que s'il fust toz cloz a fer, wo ne que im Sinne von ne plus que steht, ist zu vergleichen: Auberi 14,11: Ses chevax est desous lui estanchies; Il ne se muet, tant soit poins ne brochies, Ne que s'il fust de III cordes li[i]es.

Auf den nicht vollständig ausgesprochenen Hauptsatz folgen zwei Bedingungssätze, von denen der zweite die bis jetzt noch nicht von uns erwähnte Form der Bedingung, mit que und dem Conjunctiv, trägt, in: Percev. 3008) Le front ot haut et blanc et plain, Come s'il fust ovre [l. oevre] de main, Que de main d'ome ovree fust, De piere, d'ivoire ou de fust. Man wird se hinzufügen müssen: Percev. 4879) Autel del palefroi sambloit, Tant estoit magres, qu'il trem-

---

[1] ib. 2748) Qu'apries le caut ne li presist Froidure, qui mal li fesist (explic. Rel.-Satz an Stelle eines hypoth. Hauptsatzes).

bloit, Ausi com [s'] il fust effondus. Constructionen von der Art wie Erec 2922. 4270. 4570 etc. finden sich ferner: R. Charr. 7,16. 45,27. 45,35. 75,30. 84,18. 127,13. Percev. 741. 898. 1819. 1239. 2668. 4117. 5823. Guill. d'Angl. 42,12. 142,20. 143,10. Lyon 812. 929. 1758. 3089. 3256. 4517. An nur éiner Stelle steht im Bedingungssatz der Conj. Praes. Lyon 3047) Et la dameisele autresi Vet regardant environ li, Com s'ele ne sache, qu'il a. Der vergleichende Hauptsatz ist vollständig: Lyon 3433) Lors le semont et si l'escrie, Ausi com uns brachez fëist. [uns brachez ist accusat. plur.]

Wir schliessen hier gleich die Stellen mit an, wo der Bedingungssatz im Indicativ steht: Erec 4390) Ausi le menez par semblant, Con s'il estoit repris emblant. ib. 1392) Ainz va plus aise et plus söef, Que s'il estoit en une nef. R. Charr. 70,16) La volente [s] autant me hete, Com se chascuns m'avoit ja fete Molt grant honor et grant bouté. Percev. 4829) Si vorroie jou son anui Autant, com s'il m'avoit hocise. ib. 7126) Si nel faites mie a envis, Mais trestout d'autresi bon cuer, Com se [vos] estïes sa suer, Et com s'il estoit vostre frere. Guill. d'Angl. 141,14) Sire marceant, or lavés, Et tout ausi sëurement Dites vostre commandement, Com se vos venus estiiés La, ou vos plus cuideriiés, Que on vos desirast veoir. Diez III 365. Fénelon, le Connétable de Bourbon et Bayard: Je te veux garder comme un bon ami, et prendre soin de ta guérison, comme si tu étais mon propre frère. Marot I 75: Brief, on me veult le plus grant bien du monde, Et tout ce bien plus à mal me redonde, Que si ma dame estoit vers moi rebelle; Veu que semblant n'ose faire à la belle.

6) Vollständige hypothetische Satzgefüge in verschiedenem Modus.

Der Nebensatz im Conj. Impf. oder Plusq. stellt eine Bedingung auf, die nicht mehr erfüllbar, oder die nicht erfüllt worden ist; der Hauptsatz im Indic. Praes., Imperf., Perfecti, Conditionalis bezeichnet mit rhetorischem Nachdruck (Ellendt, lat. Gramm. p. 223, § 272, 3, Anm. 1) eine Thatsache, die unter einer gewissen Bedingung eingetreten wäre, als eine wirklich eingetretene, eintretende, oder von der Zukunft mit Sicherheit zu erwartende. (cfr. Diez III 327: lo faceva, se avessi potuto). Percev. 1607) Biaux fius, se Damledieu plëust. Que vostre peres (l. pere) vos ëust Gardé, et vos autres amis, N'ot chevalier de si haut pris, etc. cfr. Guiot de Provins, Bible v. 52) S'il eussent creance et loy, En nules genz n'ot tant de foy. ib. 1924) S'il maintenissent lor mestier, Nul meillor Ordre ne vi; citiert von Eisentraut, Grammatik zu Guiot von Provins, Cassel 1872, p. 52. Percev. 2292) Bien saciés, que je vos ferroie, Se plus parler m'en fesissiés. R. Charr. 117,12) N'onques, se il le volsist bien, Ne se pot mal fere de rien. ib. 154,23) Einz le pooit abatre et prendre Touz li pires, se il volsist. Percev. 4093) Et si fu soie toute quite La tiere, se il li pleust, Que (für se) son corage allours n'ëust. ib. 864J) ... vous vos en fuirïés Moult tost, se vous le vëissiés. Guill. d'Angl. 101,9) Vos, qui tant m'aviés fait de bien, De coi me deviés vos nient, S'il ne vos venist de francise? (l. avés statt aviés.) ib. 112,15) Et molt lor plot a sejorner En le forest, s'(il) ëussent tans, Lyon 550) Et se je bien siudre l'osasse, Ne sai ge, que il se devint. ib. 2582) Dame, cist termes est molt lons. Se je pöisse estre colons (Tauber) Totes les foiz, que je vouroie, Molt sovant avoec vos seroie. R. Charr. 40,16) Et s'il l'esforcast, à touz jors Estoit honiz en totes cors. Erec 3224) Mais bien os dire de cestui, Qu'il est plus beax de vos assez, Se dou haubert ne fust quassez, Et camoisiez et debatuz ib. 4477) Erec le

voit entalenté, De lui servir a volente, Se il pöist en nule guise. Percev.
1035) Mais se vos homes fëissiés Tous mander, et lor dëissiés, Que vostre
fil volés mener A saint Brandain d'Escoce orer, — dann werden sie euch
wohl ziehen lassen. Es folgt aber kein Nachsatz, sondern der Meier fährt
fort: Si lor proiés, ke boenement Se contiengnent, et sagement. ib. 3060)
Moult par siet bien dalés ma dame, Et ma dame ausi dalés lui, S'il ne
fussent muiel (l. muel, von mutellus für mutulus) andui.
Umgekehrt steht der Nebensatz im Indicativ, der Hauptsatz im Conjunctiv: R. Charr. 101,28) Et pense, se il la savoit,
A la fenestre, ou ele estoit, Qu'ele l'esgardast ne vëist, Force et hardement [z] l'en prëist. Erec 5968) Mais mout voudroie, par proiere Que je
vostre droit non sëusse, Por ce que confort en ëusse, Se mieudres de moi
m'a conquis. ib. 6893) Neporquant, se je ne les vi, Bien en sëusse raison
rendre.

II.
Unvollständige hypothetische Satzgefüge.

1) Hauptsätze ohne Nebensatz im Conjunctiv irrealer Annahme.

Hätte es der Dichter für nöthig gehalten, den Nebensatz
beizufügen, so würde derselbe eine nicht erfüllbare, oder nicht
in Erfüllung gegangene Bedingung aufstellen. Erec 236) Cil nou
tenist mie a geus; Tost m'ocëist par son orguil. ib. 434)... en li se pëust
on mirer Ausi com en un mireour. ib. 516. 1492. 1915. 2273. 2494. 2722.
4268. 3803. 3916. 4166. 4183. 4466. 4910. 5999. 6033. 6040. 6337. 6420.
6635. 6672. 6774. 6798. 6844. R. Charr. 1,7—9) Mais tex s'en pöist entremetre, Qui [i] volsist losenge metre: Si dëist, et je tesmoignasse, Que ce
est la dame, qui passe Toutes celes, qui sont vivans. ib. 6,17) Li (l. Le)
roi poise, et si l'en revest; Car de rien ne se desdeit (l. desdëist). ib. 17,7.
18,26. 30,11. 30,31. 34,32. 39,26. 44,28. 51,11. 57,17. 70,4. 73,7. 73,11. 75,11.
75,13. 76.27. 86,33. 88,27. 93,8. 95.7. 95,26. 96,9. 96,26. 99,2. 106,3. 106,33.
110,23. 112,3. 114,7. 114,34. 115,7. 117,23. 117,27. 118,26. 119,35. 122,21.
122,35. 127,26. 140,11—12. 148,26. 164,8. Percev. 1994) Je vosisse mius
estre morte, Qu'il l'en ëust ensi porte. ib. 148) K'es foriés trovoient puceles, Ja ne demandissiés plus beles. ib. 35. 40. 46. 171. 222. 235. 293.
303. 428. 440. 794. 912. 1166. 1803. 1994. 2148. 3520. 3522. 3523. 3862.
2472. 2940. 4274. 4262—64—65—66. 5120. 5529. 4230. 5834. 5927.
6351. 6613. 6685. 6820. 7155. 7226. 7446. 7673. 7756. 8270. 8590. 9214. 9550.
10328. 10573. Guill. d'Angl. 50,6) Fors vos! biaus sire, sans doutance,
Trop me fust griés tel penitance, Trop me grevast ceste partie. ib. 58,3)
Mais de cou est molt esmarie, Que de feme n'a point d'äie, Dont ele grant
mestier ëust, Qui mix d'ome aidier li sëust. Mais tant estoient de gent
loing, Que nule feme a cest besoing N'i pëust mie a taus venir. ib. 77,22.
101,14. 101,20. 125,18. 143,23. 165,7. Lyon 1006) Espoir, si ne fui pas si
sage, Si cortoise, ne de tel estre, Come pucele dëust estre. ib. 1228) Que
ne t'ai or en ma baillie? Ta puissance fust ja faillie. ib. 3160) Plus tost
ne pöist an nonbrer An preu et II et trois et quatre (cfr. wegen „An preu"
etc. Pathelin v. 270), Que l'en ne li vëist abatre Quatre chevaliers erraument Plus tost et plus delivrement. ib. 244. 264. 507. 549. 835. 1106. 1423.
1477. 1498. 1499. 1522. 1593. 1596. 1625. 1658. 2138. 2185. 2233. 2350.
3040. 3041. 3095. 3130. 3324. 3512. 3607. 3694. 3908. 4004. 4045. 4178. 4990.
5081. 5269. 5370. 5372—73—74. 5384. 5452. 5500. 5941. 6024. 6242. 6412.
6452. 6532. 6754. 6786.

2) Eine besondere Art, die Bedingung auszudrücken, zeigen
die mit por oec que, por ce que, por tant que, por que

eingeleiteten Sätze, in denen eine für das Eintreten des im Hauptsatz Ausgesagten unerlässliche Bedingung als Forderung aufgestellt wird.

Percev. 5000) Tant li poise, quant nus m'areste, Que nus n'en puet porter la teste, Qui an parole me retiegne, Por oec, que il a tans i viegne. ib. 9405) Ce saciés bien, je ne porroie Jusqu'a .VII. jors estre caians, Nient plus, que jusqu'a VII. XX. ans, Por oec, que jou ne m'en ississe, Toutes les fois, que je vosisse. ib. 3294) Ains avrés toute vostre terre En pais mise, se j'onques puis, Se vostre anemi la fors truis; Pesera moi, se plus i siet, Por ce que de nïent vos griet. ib. 43) Ja nule rien ne demandast De bien mangier, que lui (l. li) plëust, Que il tot maintenant n'ëust; Por tant que raison ëust quis. Lyon 4776) Et sache ma suer toute voie, Qu'avoir porroit ele del mien Par amor, s'ele voloit bien; Mes ja par force, que je puisse, Por qu'äie ne consoil truisse, Ne li lairai mon heritage.

Zu diesen Beispielen stellt sich: R. Charr. 44,22) Quant la foire iert pleinne au Landi, Et [il a] i aura plus a voir (l. vëoir), Ne voldroit il pas tout avoir, Li chevaliers, (c'est voirs provez,) S'il n'ëust les cheveus trovez.

3) Mätzner, franz. Gramm. p. 329 § 104: „Ein invertierter Nebensatz dieser Art geht in concessive Bedeutung über: Eût-il été bien plus fort et bien plus habile, . . . il fût tombé de même" (Mignet).

Von Sätzen solcher Art, wofür ein ferneres Beispiel ist: Fénelon, Cicéron et Demosthène: „Socrate avait raison quand il soutenait à Gorgias que l'éloquence n'était pas une si belle chose qu'il pensait: dût-il arriver à sa fin, et rendre un homme maître absolu dans sa République." — bietet Chrestiens keine Belege. Wenn aber auch nicht formal mit dem an die Spitze gestellten Beispiel übereinstimmend, lassen sich doch um der Aehnlichkeit des Sinnes willen hier aufführen: Erec 5726) Mais une merveille veoit, Qui pöist faire grant paor An plus hardi combateor De toz ices, que nos savons; Se fust Tiebauz li Esclavons, Ou Opiniax ou Ferraguz. Lyon 1275) Qu'il volsist, qu'il fussent tuit ars, Si li ëust coste cent mars. R. Charr. 106,4) Se cil ocire le dëust, Cil nel touche ne se must (lege: Cil nel touchast ne se mëust). ib. 117,12) N'onques, se il le volsist bien, Ne se pot mal fere de rien.

In demselben einräumenden Sinne steht sonst se mit dem Indic. Impf., z. B. Erec 4815) Ja tant ne te troverai fier, Que por toi face plus ne mains; Se tu orendroit a tes mains Me devoies les iauz sachier, Ou toute vive escorchier [— 1]. R. Charr. 48,1) Mes se noz [l. nos] bien le volïons, Combatre ne nos porrïons En cest chemin por nule peine. ib. 105,17) Se j'avoie mortel häine Vers vostre fil, que je n'ai mie, Si m'avez vos bien tant servie, Que por ce, que a gre vos vieigne Vueil je molt bien, que il s'en tieigne. ib. 132,35) Nul chevalier, ne vos en ost, Vers cui la bataille ne preigne, Tant que li uns vaincuz remeigne, Nëis s'il estoit uns geanz. ib. 37,6) Et dist: or ca! trestuit a moi, Se vos estïez trente et sex!

II. Theil.
Hypothetische Satzgefüge im Indicativ.

A.
Vollständige.

1) **Vollständige hypothetische Satzgefüge im Indic. Hauptsatz im Futur, Nebensatz im Praesens.**

Erec 637. 1318. 2788. 3316. 3339. 3458. 3462. 3469. 3553. 3725. 3730. 3739. 3835. 3878. 3981. 4007. 4022. 4231. 4342. 4347. 4414. 4520. 4730. 4781. 4787. 4971. 5479. 5577. 5586. 5616. R. Charr. 14,16. 15,9. 26,27. 27,28. 40,31. 45,30. 50,20. 60,23. 60,26. 61,12. 62,4. 78,29. 81,7. 85,11. 85,29. 94,22. 99,14. etc. Percev. 3575. 4995. 6255. 8128. 8154 etc.

2) **Hauptsatz und Nebensatz im Praesens.**

Erec 843) Se tu vuez avoir l'esprevier, Mout le t'estuet comparer chier. ib. 3515) Et dit, que, s'il le puet ateindre, Por rien nule ne puet remaindre, Que maintenant le chief ne praigne. ib. 3544) Se vos alez en tel meniere, Ne poez de mort eschaper. ib. 4770) Se vos en avez duel et ire, Cuidiez vos, que je m'en merveil? ib. 4798) Se ceste dame se deshaite Por son seignor, qu'ele voit mort, Nuns ne doit dire, qu'ele ait tort. ib. 4893. 5049. 5233. 5575. 5588. 5784. 4430. R. Charr. 3,3. 96,18. 115,6.[1] 158,2. Percev. 6163.

Der Hauptsatz steht im Imperativ: Erec 4333) Frans chevaliers, por Deu te pri, Car secor le mien chier ami, Se tu onques le puez secorre. ib. 4400) S'il vos poise, si l'amendez. ib. 4504) Mais se vos savoir le volez, Et moi de rien nule honorer, Donc alez tost, sanz demorer, A mon seignor, le roi Artu.

Der Hauptsatz hat Wunschform: R. Charr. 51,22) Mais se je riens por vos en les, Dex joie ne me doint ja mes.

3) **Hauptsatz im Praesens, Imperativ oder Futur; Nebensatz im Imperfect, drückt die Unsicherheit der Annahme aus.**

Percev. 7698) Aler i voel, se je savoie Tenir le sentier et la voie. Erec 382) S'ui mais herbergier voliiez, Vez l'ostel aparoillie ci. ib. 6437) Li reconters me seroit griés, Que li contes n'en est pas briés Qui le voudroit recommencier. R. Charr. 93,30) De l'oignement aus trois Maries, Et de mellor, s'en le trovoit, Vos dorrai je. Percev. 959) Et dist, s'el pooit sans fauser, K'en la gaste forest entrer Vorra, et si sera par tans. ib. 1018) Et se vos voliés venir Od moi, bon gre vos eu sarai. ib. 1237) Mais une chose vos deffent. Se vos unes gens i veriés[2] (l. Se vos unes gens veïés) Qui sont issi aparelliés, Com s'il fuscent de fer covert: Ce sont li dyable en apiert. ib. 6932) Et s'or en deviés crever, Si dirai jou cou tote voie.

---
[1] ib. 124,17) Se vostre congie[s] le m'ostroie (l. m'otroie) Toute m'est delivre la voie.

[2] Es liesse sich zur Stütze des Condit. nach se auf Mätzner p. 330§§ verweisen, wenn sich ein zweiter, versteckter, Bedingungssatz denken liesse, zu dem der obenstehende Satz Hauptsatz sein könnte.

4) Umgekehrt steht der Hauptsatz im Conditionalis, der Nebensatz im Praesens.

Erec 1355) Sire, fait ele, molt grant [l. plus?] honte Seroit a vos que a autrui, Se ciz sire en mainne avec lui Vostre niece si povrement Atornee. ib. 4498) Mais quant de vos partir m'estuet, Savoir voudroie, s'estre puet, Qui vos estes et de quel terre. ib. 5408) Et se nostre honors nos i croist, Ce vos devroit estre molt bel. ib. 5573) Ne vos venroit pas de grant sen, Se vos ne creez mon conseil. ib. 5968 ist wie 4498. R. Charr. 124,19) Mes, se il bien ne vos agree, Dont est ele si encombree, Que n'i passeroie por rien. Percev. 528) Car cou seroit moult grans folie, Se vous i alés, cou saciés. ib. 10178) Et cil dist: sire, grant bonté Me feriés, jel vos creant, Se vous mon anel en present Me portés a m'amie ciere.

So steht auch der Hauptsatz im Conj. Imperf. gleich latein. Conj. Plusq. in: Percev. 7232) Car ensi faire le dëusses, Se fame doit faire nul bien.

5) Hauptsatz im Conditionalis, Nebensatz im Imperfect.

Erec 245. 327. 597. 988. 1103. 1252. 1256. 1795. 2839. 2939. 2955. 3212. 3303. 3308. 3346. 3359. 3891. 4410. 4487. 5348. 5365. 5374. 5384. 5567. 5591. 5808. 6156. 6877—5006) Car ja n'en vaudroiz mieuz de pris, Se tu avoies mort ou pris Un chevalier, qui n'a pooir De relever. lege: Ja n'en vaudroies mieuz de pris. R. Charr. 4,33. 7,30. 15,16. 18,10. 31,1. 35,19. 35,21. 40,4. 47,32. 48,1. 51,9. 56,3. 57,23. 61,26. 70,6. 74,20. 77,25. 81,30. 83,12. 90,16. 96,14. 115,13. 107,13. 121,21. 124,27. 124,31. 136,16. (Hauptsatz im Conj. abhängig von ne pas douter). 149,35. 147,4. Percev. 5169) Et dist: Ha! sire Dex puissens, Se ceste ewe passer pooie, Dela ma mere troveroie, Mien ensiant, se ele est vive. ib. 954. 1033. 1092. 1251. 1375. 1482. 1528. 1850. 3302. 3466. 2484. 2703. 2874. 3030. 3072. 3249. 3280. 3567. 3999. 4802. 4846. 5742. 5744. 5977. 6245. 6256. 6476. 6557. 6575. 6738. 6802. 7940. 7984. 7994. 8075. 8077. 8125. 8160. 8773. 9111. 9400. 9706. 9804. 10133. 10143. 10214. 10235.

6) Beide Sätze stehen im Imperfect.

Erec 5696) Mais de l'air ert de totes parz Par nigromance clos li jarz, Si que riens entrer n'i pooit, Se par desore ne voloit.

6a) Der Nebensatz im Indic. Plusq.; der Hauptsatz im Parf. antér.

Percev. 6580) Li vavasours moult l'en prisa, Et dist, que bon gre l'en savoit, Se il por ce laissié l'avoit, [l. laissié avoit] Le tornoi, il ot fait raison.

7) Der Nebensatz ist nicht hypothetisch ausgedrückt.

Erec 1500) nuns, qui le voir en vuet dire, N'en porroit le meillor eslire. ib. 2929) Ce dit li uns, que il aroit La pucele, ou il morroit. [— 1]. ib. 2995) Ne ja vers moi ne regardez, Que vous feriez molt que fole. ib. 5769) Mais cil, qui soner le porroit, Ses pris et ses honors croistroit etc. R. Charr. 21,24) Mes il li convendroit grant poine, Qui en la terre entrer voldroit. ib. 67,25).. Ferïons nos, ce cuit, savoir, Qui iroit enquerre et veoir De quel part les noz genz se tiennent. ib. 107,11).. cil l'ocirroit, Qui combatre li laisseroit. ib. 161,32) Bien set, que por tot l'or d'Arrabe, Qui trestout devant lui metroit, La meillor d'eles ne prendroit. Percev. 3460. 2573. 4664. 4848 ff. 8306.

B.
Unvollständige.

1) **An unzähligen Stellen steht der Hauptsatz im Conditionalis ohne begleitenden Nebensatz.**
Erec 1788. 2045. 2248. 2486. 2934. 2936. 3287. 3328. 3330. 3333. 3356 u. s. w. u. s. w.

Es sind indessen nicht mit hierherzuziehen die Stellen, an denen der Conditionalis aus Gründen der Consecutio temporum anstatt des Futurs im abhängigen Satz nach einem Tempus der Vergangenheit im Hauptsatz eintritt, wie Erec 6168. 6233. R. Charr. 145,12—14. 154,25—29. Percev. 949—952.

Auch Fälle, wie R. Charr. 9,5: „Mes, qui le voir vos voldroit dire, Ou Seneschal molt meschäi", wo ein Relativsatz an Stelle eines Bedingungssatzes steht, sind nicht mit zu den hypothetischen Hauptsätzen, zu denen der Bedingungssatz verschwiegen ist, zu zählen.

2) **Es kommt nicht häufig vor, dass ein Bedingungssatz ohne Folgesatz, im Sinne eines Wunsches steht. (Diez III[4] 327).**

R. Charr. 26,24) Se je au frain a mes deus mains Vos pooie tenir au mains! So im Sinne eines unerfüllbaren Wunsches: Auberi 11,16) Qui les vëist sor les chevax de pris!

III. Theil.
Aneinanderreihung von Bedingungssätzen.

Diez III[4] 417: „Aber auch einige einfache Partikeln, wie si, quando, come kann que in jenem Falle (cfr. den Anfang des Abschnittes) vertreten." „Ursprünglich oder streng bindend ist dies freilich nicht. Die neuere franz. Sprache aber hält darauf." Hirschberg, Auslassung und Stellenvertretung im Altfranzösischen, p. 41: „Diese Conjunctionen (si, quand, comme) werden bekanntlich im Neufranz. nur dann wiederholt, wenn die Nebensätze in keinem inneren Zusammenhange stehen, während sie gewöhnlich vor dem beigeordneten Nebensatze durch die Conjunction que aufgenommen werden." „Im Altfranz. ist die Aufnahme jener Constructionen durch que noch ausserordentlich selten; in der älteren Zeit scheint sich davon keine Spur zu finden, und aus dem 13. Jh. habe ich nur ein einziges Beispiel angetroffen, welches hierher gehört, Henri de Val. § 620. (In Anmerkung fügt Hirschberg dazu noch ein Beispiel: Cleom. 11134), „Es ist im Altfranz. vielmehr das Gewöhnliche, die Conjunctionen si, comme und quand vor dem beigeordneten

Nebensatze auszulassen, und dies geschieht auch dann, wenn die Nebensätze verschiedene Subjecte haben, oder das gleiche Subject wiederholt zeigen."

Hiermit ist aber keine Erklärung für das auffällige Verhalten der Sprache gegeben, welche scheinbar nach Laune bald se wiederholt, bald es vor dem zweiten Bedingungssatz unterdrückt. Eine solche giebt Tobler, wenn er sagt: „Hier ist zu unterscheiden, ob die zwei Bedingungssätze sich so verhalten, dass die gleichzeitige Erfüllung beider Bedingungen die Voraussetzung der Giltigkeit der Aussage des Hauptsatzes ist, oder ob unter jeder einzelnen der zwei Bedingungen das im Hauptsatz Ausgesagte eintritt." Im letzteren Falle wird se wiederholt. Das Verhalten des Neufranzösischen, wo si bald wiederholt, bald durch que vertreten wird, findet eine erläuternde Besprechung bei Hölder, § 238, 1 u. 2, 472 u. 473.

1) Se wird wiederholt.

R. Charr. 40,5) Sire, je m'en iroie Avecques vos en ceste voie, Se vos mener m'i osïez, Et se vos me conduisïez Par les us et par les costumes etc. ib. 40,19) Mes se ele conduit eust Uns autres, se tant li plëust [l. D'un autre], Quant [l. Qu'n], celui bataille en fëist Se par armes le conquist [l. conquëist], Sa volente en puet [l. pëust] fere Sant honte, et sans blame retrere. Guill. d'Angl. 107,3) S'il ëust emblés les tapis, N'i pëust il venir plus tost U se il vëist le provost Venir, qui prendre le vausist. ib. 108,22) Et s'avoeques moi vos seusse, U se devant moi vos seusse, Nule cose ne vos fausist (lege statt des ersten seusse — ëusse). Percev. 7126) Si nel faites mie a envis, Mais trestout d'autresi bon cuer, Com se vos estiés sa suer,. Et som s'il estoit vostre frere.

2) Se wird nicht wiederholt. Der zweite Bedingungssatz steht in demselben Modus, wie der erste.

Erec 3891) Mais itant seulement vos pri, Que, se nuns besoing me croissoit, Et la novele a vos venoit, Que j'eusse mestier d'abie, Adonc ne m'oblesiez mie (l. Adonc ne m'obliassez mie). R. Charr. 147,5) Et neporquant, s'il vos plesoit, Et Dex si franche vos fesoit, Que vos aler me lessissiez etc. Percev. 1254) Sacies, se jou tel gent veoie, Molt tost ariere revenroie, Se jou m'en pooie venir, Et Diex m'en done le loisir. ib. 10133) Car voir, il n'en porteroit point De la tieste, se jel tenoie, Et jou au desus en venoie. Lyon 4034) Et sachiez bien certainnemant, Que volentiers et boenement, Se trop n'eusse grant besoing, Et mes afeires ne fust loing, Demorasse encor une piece. Percev. 1035) Mais, se vos homes feissiés Tous mander, et lor deissiés, Que vostre fil volés mener etc.

3) Se wird nicht wiederholt. Der zweite Bedingungssatz steht im Conjunctiv, während der erste im Indicativ steht.

Den Uebergang von 2 zu 3 bildet: Percev. 9804—5) Mais se vous laissiés ce port, Et ensamble od moi veniiés Vers cel arbre, et vos feissiés Une chose, que mes amis ... Faisoit por moi, quant je voloie, Adont por voir tesmoigneroie, Que vos vaurriés mius, que cil. Erec 2712) Mais je vos pri, que qu'il aviegne, Se je muir, et ele reviegne, Que vos l'amez et tenez chiere. ib. 3440) Mais ainz le jor, se ele puet, Et ses sires la vuille croire, Auront aparoillié lor oirre. Percev. 2363) Honnie soit la gorge toute, Qui ce kerroit, ne loing ne pres Ses bons dras doinst por nus mauves. R. Charr. 107,15) Molt tost le conquerroie, Se vos ne nos destorbïez, Et combatre nos lessiez (lege: lessessiez).

4) Der zweite Bedingungssatz trägt die Form der bei Hölder p. 387 Nro 3; p. 451, Zusatz zu I und II, Nro 2. Mätzner, p. 528 § 231 angeführten Sätze. Kein Beispiel bei Chrestien. Guill. d'Angl. 96,4) Et lor parole est si tote une, Que, si par lui [l. li] oiiés cascune, Mais que les enfans ne vissiés gehört unter die mit mais que „wofern" eingeleiteten Sätze; auch sind die Formen vissiés statt vëissiés und oiiés statt oiiés bei Chrestien nicht möglich, und auch durch die Heranziehung von Commines, ed. Petitot, Paris 1820, tome XI p. 512: Ledit duc respondit soudainement, sans y penser: „S'il ne le veut prendre, mais que vous faciez qu'il soit content, je m'en rapporte a vous deux" — wird nichts geholfen.

In der That hierher gehörig ist: Auberi 9.10) S'il ont mestier, ne qu'il aient bustin, Isnelement se metront au chemin.

5) **Der Bedingungssatz wird rücksichtlich der Art und Weise seines Geschehens durch einen mit adverbialem que anhebenden Satz determiniert.**

Erec 4999) Se ci n'ëust ore qui toi, Que sous fusses et sans ahie, Mar fust faite ceste envahie. Percev. 530) Remanés ci, n'i alés mie, Car cou seroit trop grant folie, Se vous i alés, cou saciés, Que vostre terre laississiés Toute seule et desconsillie. ib. 3008) Le front ot haut et blanc et plain, Come s'il fust ovre de main (l. uevre) Que de main d'ome ovree fust De piere, d'ivoire, ou de fust. ib. 4093) Et si fu soie toute quite La tiere, se il li plëust, Que son corage allours n'ëust.

Ein neueres Beispiel zu Nro III ist: Commines, tome XI p. 517: „Et avoit peur aussi que, s'il s'accordoit et le Roy ne lui tinst verité, il auroit perdu son amy et son partage, et demourast en mauvais party."

Dass noch neufranz. auch beigeordnete Bedingungssätze mit si eingeführt werden, wenn unter jeder einzelnen der verschiedenen Bedingungen das im Hauptsatz Ausgesagte eintritt, zeigt z. B. Buffon, Sur le Style: Si l'on s'est élevé aux idées les plus générales, et si l'object en lui-même est grand, le ton paraîtra s'élever à la même hauteur; et si, en le soutenant à cette élévation, le génie fournit assez pour donner à chaque objet une forte lumière, si l'on peut ajouter la beauté du coloris à l'énergie du dessin, si l'on peut, en un mot, représenter chaque idée par une image vive et bien terminée, et former de chaque suite d'idées un tableau harmonieux et vivant, le ton sera non-seulement élevé, mais sublime."

Anders steht es dagegen mit: ib. „L'esprit humain ne peut rien créer; il ne produira qu'après avoir été fécondé par l'expérience et la méditation; ses connaissances sont les germes de ses productions; mais, s'il imite la nature dans sa marche et dans son travail; s'il s'élève par la contemplation aux vérités les plus sublimes, s'il les réunit, s'il les enchaîne, s'il en forme un tout, un système par la réflexion, il établira sur des fondements inébranlables des monuments immortels."

Hier hat man es mit lauter gleichwerthigen, unverbundeu neben einander gestellten Sätzen zu thun, welche in einer Art Klimax das Fortschreiten von der künstlerischen Nachahmung der Natur bis zur selbständigen Schöpfung eines einheitlicheu Gesammtwerkes darstellen.